Raimund und Carola Engler

AARON
Rat und Führung aus der geistigen Welt

Raimund und Carola Engler

AARON

Rat und Führung
aus der geistigen Welt

Verlag Hermann Bauer
Freiburg im Breisgau

Die Deutsche Bibliothek – CIP-Einheitsaufnahme

Engler, Raimund:
Aaron : Rat und Führung aus der geistigen Welt /
Raimund und Carola Engler. – 5.–8. Tsd. –
2. Aufl., Freiburg im Breisgau : Bauer, 1994
    ISBN 3-7626-0470-3
NE: Engler, Carola:

2. Auflage 1994 – 5.–8. Tsd.
ISBN 3-7626-0470-3
© 1994 by Verlag Hermann Bauer KG, Freiburg
Alle Rechte vorbehalten
Umschlag: Werbung und Design Schwarzer, Freiburg
Satz: Fotosetzerei G. Scheydecker, Freiburg
Druck und Bindung: Wiener Verlag GmbH, Himberg
Printed in Austria

INHALT

FÜR ALEKS UND BEATE,
OHNE DIE DIESES BUCH
NICHT ENTSTANDEN WÄRE.

VORWORT

Liebe Leserin, lieber Leser, wir wissen, wie lästig ein Vorwort sein kann, wenn man eigentlich zum Buch kommen will, aber haben Sie noch ein wenig Geduld und lesen Sie dieses Vorwort trotzdem – denn es ist wichtig für uns, Ihnen folgendes mitzuteilen:

Auch *Sie* hätten dieses Buch schreiben können, denn tief in Ihrem Inneren besitzen Sie all dies Wissen genauso, besitzt es jeder Mensch.

Es läuft seit Jahrhunderten gewissermaßen ein Experiment in der Menschheit als Kollektiv, das innere Wissen zu verdrängen, um zu sehen, was die Menschheit sozusagen »auf sich gestellt« erreichen kann. Es wurde ohne Frage sehr viel erreicht – physisch gesehen. Oder glauben Sie, das Telefon und das Faxgerät wären jemals entwickelt worden, wenn die Menschheit die Telepathie bewußt beherrscht hätte?

Nun aber ist es Zeit für einen Wandel. Es ist Zeit, daß sich die Menschheit wieder an die »andere Hälfte« ihrer Fähigkeiten erinnert, sozusagen wieder »ganzheitlich«, wie wir es nennen, wird.

Es ist natürlich nicht so, daß dieses »andere« Wissen je ganz aus der Welt verdrängt worden wäre, aber es wurde eben »esoterisch« – geheim, nur einem ganz bestimmten Kreis von Interessierten und Eingeweihten zugänglich und zu einem Teil auch verfälscht. Die Menschheit in ihrer Überzahl versuchte, es tief in sich zu verstecken und sozusagen unbelastet davon auf der polaren Welt zu experimentieren. Dieses Experiment hat nun einen Höhepunkt erreicht und ist zugleich in eine Sackgasse geraten, so daß neues altes Wissen, eine neue Bewußtheit, an den Tag treten muß.

Dieses Buch möchte einen Anstoß dazu geben, daß jeder Leser dieses tief in ihm verborgene Wissen wieder auszugraben beginnt.

Wir möchten mit diesem Buch vor allem jedem Leser eindringlich klarmachen, daß auch er jederzeit mit seiner inneren Stimme, seinem Höheren Selbst in Kontakt treten kann und daß er dadurch jederzeit und in jeder Situation Informationen und Einsichten erlangen kann, die sein Bewußtsein erweitern und ihm eine Hilfe sein können. Niemand ist jemals allein und verlassen, wenn er sich diesem Kontakt öffnet.

Das Phänomen des Channelns hat sich in den letzten Jahren sehr verbreitet. Einerseits ist das erfreulich, weil es der Beginn des Wiederauftauchens jenes Wissens ist, das die Menschheit als Kollektiv verdrängt hatte. Andererseits gehen viele Mißverständnisse damit einher. Die meisten Medien verstehen sich als »Kanal« für ein höheres Wesen aus einer nicht-physischen Welt. Oftmals handelt es sich um berühmte Menschen oder Meister, die nicht mehr auf der Erde weilen. Wir möchten dies nicht anzweifeln, aber meist ist es eher ein Hilfsmittel für den Übergang. Die wenigsten Menschen, auch die wenigsten Medien, können sich vorstellen, daß dieses Wissen ihnen selbst *direkt über ihr Höheres Selbst* zugänglich ist, daß sie selbst es in sich haben, da es auf »höheren« Ebenen diese Trennung in Ich und Du nicht auf diese strenge Weise gibt, die wir auf unserer polaren Welt hier für selbstverständlich halten.

Wir sollten an dieser Stelle vielleicht erklären, *wer* in diesem Buch zu Ihnen spricht oder vielmehr schreibt.

Im herkömmlichen Sinne ist dies auch ein »gechanneltes« Buch, aber Aaron legt Wert darauf, festzustellen, daß er eben nicht als abgetrenntes Wesen aus einer »höheren« Sphäre verstanden werden will, das während spiritistischer Sitzungen über den Häuptern der Autoren schwebt und ihnen weise Worte eingibt. Er möchte als die innere Stimme oder das Höhere Selbst der Autoren verstanden werden, das immer zugegen ist und das jederzeit »angezapft« werden kann.

Ihr Höheres Selbst, lieber Leser, steht genauso mit Ihnen in Kontakt, Sie brauchen sich diesem Kontakt nur zu öffnen. Anregung dazu, Mut dazu und vor allem Vertrauen für einen Versuch möchte Ihnen dieses Buch vermitteln.

Haben Sie sich diesem Kontakt einmal geöffnet, dann keine Angst: Das Leben wird nicht langweilig für Sie werden, Sie werden nicht allwissend sein in dem Sinne, daß das Leben dann nur noch aus »Friede, Freude, Eierkuchen« besteht, weil Ihr Höheres Selbst sozusagen die Fernsteuerung für Sie übernimmt. *Leben* müssen auch dann immer noch *Sie* Ihr Leben. Und Probleme wird es immer wieder geben, denn Sie sind ja auf diese Welt gekommen, um sich mit Herausforderungen kreativ auseinanderzusetzen und nicht, um vor Langeweile und in Schönheit zu sterben. Aber aus Problemen werden dann zunehmend eben Herausforderungen werden, Gelegenheiten für kreative Auseinandersetzungen mit bestimmten Themen; der Alltag wird bunter werden. Sie werden neue Seiten am Leben entdecken, die Ihnen bisher entgangen sind.

WIE DAS AARON-MATERIAL ENTSTAND

Sieben Jahre vor dem Zustandekommen des Buches begannen wir in einem kleinen, heute noch bestehenden Kreis zu experimentieren. Dies geschah mehr oder weniger zufällig: In einem esoterischen Gesprächskreis, den wir ins Leben gerufen hatten, zeigte uns eines Tages eine Teilnehmerin, wie sie Kontakt zu »Geistwesen« herstellte. Wir versuchten es ebenfalls, nahmen die Sache aber zunächst wenig ernst, sondern betrachteten sie eher als eine Art »Gesellschaftsspiel«.

Doch die Informationen wurden schneller konkret als wir jemals erwartet hatten, und wir erhielten Antworten aus einem uns bisher unbekannten psychischen Raum, die uns im Innersten erschütterten. Wir erkannten, daß es sich hier um für uns geltende Wahrheit handelte, denn unsere Gefühle und Erfahrungen stimmten mit den Aussagen überein.

Geschickt drückten wir uns zunächst davor, die Empfehlungen und Ratschläge, die wir auf diese Weise erhielten, in die Tat umzusetzen, um statt dessen immer weiter und weiter Fragen stellen zu können. Das ist uns allerdings erst später bewußt geworden. Inzwischen ist uns klar, daß jeder dieses innere Wissen in sich hat. Weit schwieriger als der Empfang von kosmischen Botschaften ist oft die Umsetzung derselben. Das liegt nicht an den Botschaften, sondern an der uns innewohnenden Trägheit, wenn es darum geht, eingefahrene Geleise zu verlassen. Im Laufe der Jahre haben wir Hunderte von Sitzungen gehalten und sind dabei völlig »normale« Menschen geblieben.

Als wir mit diesen Kontakten begannen, galten solche Kommunikationsformen tatsächlich als etwas Gefährliches, Okkultes, Gewagtes. Viele unserer Bekannten hatten Angst davor, warnten uns oder liefen vor uns davon. Manchmal war es nicht einfach, plötzlich als Außenseiter dazustehen, aber die Bereicherung, die unser Leben durch diesen Kontakt erfuhr, hielt uns »bei der Stange«. Außerdem tauchten viele neue Menschen auf, Gleichgesinnte, neue Freunde und Bekannte.

In der letzten Zeit werden »gechannelte« Informationen mehr und mehr verfügbar, und für den Interessierten bietet sich ein breites Angebot an Literatur und Beratungsmöglichkeiten und jeder kann auswählen, welche Informationen für ihn zutreffen. Und natürlich freuen wir uns jedesmal, wenn wir *außen* immer wieder auf Informationen stoßen, die wir *innen* vor Jahren oder auch erst vor kurzem schon erhalten haben.

Dieses Buch ist entstanden, um alle Leser an das zu erinnern, *was sie sind.*

Es ist in einer Form geschrieben, die man heutzutage als »Channeling« bezeichnet, also in einem Zustand einer anderen Bewußtheit als dem Alltagsbewußtsein, aber *nicht* unbewußt. In diesem anderen Bewußtseinszustand wurden die Informationen, die hier aufgeschrieben sind, empfangen und diktiert.

Der Einfachheit halber nannten wir gemeinsam das innere oder höhere oder eigentliche Selbst, von dem die Informationen stammen, »Aaron«. Es ist nicht der Name *einer* Wesenheit und es ist nicht eine »Person« in irgendeiner anderen »Sphäre«, sondern es ist der *innere Kontakt zum eigentlichen Selbst,* den jeder Mensch hat. Und jeder Mensch steht mit diesem inneren eigentlichen Selbst in permanenter Verbindung.

Wer diese Zeilen liest, nimmt nicht nur die Information auf, die intellektuell dargeboten wird, sondern kommt dadurch auch wieder in Kontakt mit dem, was er *eigentlich* ist: Nicht nur in der Meditation oder auf bestimmten Seminaren oder beim Gebet, sondern eben auch beim Fahrradfahren, beim Einkaufen, am Schreibtisch – gerade da, wo es im Alltag notwendig ist, brauchen wir diesen Kontakt zu unserem inneren eigentlichen Selbst. Wir haben ihn alle vergessen. Und vergessen, wie einfach es ist, diese Verbindung herzustellen.

Letztlich soll dieses Buch nicht einfach ein weiteres Buch von vielen sein, sondern es soll dazu anregen, nicht mehr auf andere zu hören, sondern auf sich SELBST.

Die Informationen haben wir in zahlreichen Sitzungen, die wir seit vielen Jahren zu zweit oder auch in Gruppen machen, bekommen, und sie beziehen sich vor allem auf unser Leben, auf das, was wir eben in unserem Leben für Fragen haben, sei es zu irgendeiner augenblicklichen politischen Situation, sei es zur Kindererziehung, sei es zur Ernährung, sei es zur Partnerschaft. Es sind alles Fragen, die aus unserem eigenen Leben stammen oder aber von Freunden und Bekannten, die bei Gruppensitzungen dabei waren.

Das innere höhere Selbst, »Aaron«, ist nicht ein für sich selbst abgeschlossenes Wesen. In dem Moment, wo eine Sitzung stattfindet, verbindet es sich sozusagen mit den »Selbsten« derjenigen, die anwesend sind oder über die gesprochen wird. Wir empfinden uns ja immer als abgegrenzt, als ein Ich, also ich, die ich jetzt diese Zeilen schreibe, und als ein Du, also du, der du jetzt diese Zeilen liest. Aber es gibt einen Punkt, an dem es da keine Trennung mehr gibt. Deshalb seid es auch *ihr*, die an diesem Buch mitgewirkt habt, da es auch eure Fragen sind und die Antworten darin gewissermaßen auch von eurem eigenen inneren Selbst stammen. Für jeden gibt es nur verschiedene Sprachen, jeder drückt die gleiche Wahrheit anders aus, aber ihr fühlt die Schwingung, die dahintersteht.

Wir alle zusammen hoffen, daß wir dadurch einen Schritt zur Ermutigung getan haben, damit immer mehr das innere Wissen, das jetzt in uns allen erwacht, auch im ganz normalen Leben zum Ausdruck kommt und nicht weiter nur in der Meditation, nur in geschlossenen Räumen oder wo auch immer, verborgen bleibt, sondern allüberall regelrecht erblüht. Es gibt *keine* Situation, wirklich überhaupt keine, die zu banal oder zu gering wäre, um das EIGENTLICHE, das jeder ist, zuzulassen, geschehen zu lassen. Früher nannte man das Beten, Nach-innen-hören.

Unser größtes Anliegen ist es, daß ein jeder, anstatt außen zu suchen, *erfährt* – und es sich erlaubt, er selbst zu sein.

In diesem Sinne wünschen wir Ihnen nun viel Spaß beim Lesen und übergeben an Aaron.

Raimund und Carola Engler

Einleitung

Eine der eigenartigsten Überzeugungen, die ihr Menschen euch zugelegt habt ist jene, daß ihr einen Kontakt zu dem, was ihr seid, zu eurem Höheren Selbst, zu eurem inneren Selbst, zu eurem Schutzgeist, zu Gott, zu Alles-was-ist – nennt es, wie ihr wollt – *suchen* müßt, daß ihr diesen Kontakt verloren zu haben glaubt oder noch schlimmer, daß ihr annehmt, diesen Kontakt niemals besessen zu haben.

Oftmals gibt es auch die Meinung, daß man sich einen solchen Kontakt durch besonderes Verhalten verdienen müßte. Dieses besondere Verhalten ist dann meist in gut oder böse, je nach Glaubensrichtung der jeweiligen Gruppe, geordnet.

Nun seht, diese Annahme ist ganz einfach falsch. Ihr wärt ohne eine ständige Verbindung zu eurem Gesamtselbst überhaupt nicht am Leben – ich meine jetzt dieses physische Leben – so wie ja auch euer Körper ohne eine ständige Verbindung zu eurem Gehirn, zum Teil auch zu eurem Bewußtsein, nicht funktionieren würde.

Es ist nur so, daß ihr diese ständige lebendige Verbindung durch verschiedene Überzeugungen zugedeckt habt, also daß ihr sie zum Teil nicht mehr bewußt wahrnehmt. Das ist aber ein großer Unterschied zu eurer Annahme, daß diese Verbindung erarbeitet werden müßte.

Es ist in etwa so, wie ihr selbst eure Körperfunktionen steuert. Ihr nennt es euer Unterbewußtsein, das dies tut. Ihr werdet euch kaum mit eurem Bewußtsein damit beschäftigen, wie eure Verdauung funktioniert, ob die Enzyme richtig arbeiten und so fort. Trotzdem steuert ihr diese Vorgänge, nur belastet ihr euch bei euren alltäglichen Arbeiten, die ihr verrichtet, nicht mit diesen Dingen. Lediglich wenn es Komplikationen gibt, beginnt ihr wieder mehr auf eure eigene Steuerung Einfluß zu nehmen.

Ihr wißt ja, daß die verschiedensten Leiden, beispielsweise ein zu schneller Pulsschlag, durch das sogenannte autogene Training, also durch die bewußte Selbststeuerung des Körpers, ohne weiteres in kurzer Zeit behoben werden können. Ihr schaltet dann also kurz euer Bewußtsein dazu. Auch bei bestimmten Atemtechniken, beispielsweise um andere Bewußtseinszustände zu erreichen oder aber um Schmerzzustände zu verringern, nehmt ihr ganz bewußt eure Steuerung wahr.

So verhält es sich auch bei dieser ständigen Verbindung zu eurem eigentlichen Selbst. In kritischen Situationen nehmt ihr *immer* diesen Kontakt wahr, also in Situationen, in denen euer Ego und eure Überzeugungen nicht eingeschaltet werden können. Ein jeder von euch kennt sicherlich solche spontanen Einfälle. Viele von euch nennen es auch ein inneres *Gefühl* oder eine innere *Stimme*, die beispielsweise im richtigen Moment die richtige Lösung für ein Problem weiß. Dann kommt aber meist die Stimme des Ego – so nenne ich es jetzt einfach – dazwischen, die gewissermaßen eine Art Streitgespräch mit dieser anderen Stimme führt, bis diese schließlich verstummt. Aber sie verstummt nicht wirklich, sie ist nur nicht mehr hörbar, sie wird überdeckt.

Mit diesem Kontakt zu eurem eigentlichen Selbst steht ihr auch in Kontakt zu Allem-was-ist. Und damit meine ich jetzt nicht nur ein anderes Wort für Gottheit oder für Gott, sondern ich meine Verbindung mit tatsächlich *allem, was ist*: mit jeder Pflanze, mit jedem Tier, mit jeder eurer Körperzellen, mit jedem lebenden Menschen, mit jedem Menschen, der einmal gelebt hat oder leben wird und mit allen Wesen oder Entitäten, die nicht in der physischen Welt verkörpert sind. Ihr steht also nicht nur mit etwas Persönlichem in Verbindung, das zu euch gehört, sondern mit allem, was ist.

Diese Verbindung deutlicher wahrzunehmen kann man gewissermaßen trainieren. Es bedarf dazu nicht mehr als ein wenig Spaß an dieser Sache und einer Portion Durchhaltevermögen. Es handelt sich nicht um komplizierte Übungen, und niemand braucht bestimmte Lehrer dazu. In allen möglichen Situationen könnt ihr versuchen, diesen Kontakt zu überprüfen, das heißt, ihr könnt euch selbst Fragen stellen und die Antworten, die dann ganz spontan auftauchen werden, niederschreiben.

Ihr könnt auch zunächst beispielsweise mit lebenden Personen auf diese Art und Weise kommunizieren, etwas, das jeder von euch sowieso schon tut. Wenn ihr überlegt: Wie oft sprecht ihr in Gedanken beispielsweise mit eurem Vorgesetzten, mit eurem Mann, mit eurer Frau, mit euren Kindern, mit euren Eltern! Wie oft überlegt ihr in euren Gedanken, was ihr lieber gesagt hättet oder was ihr gerne sagen würdet. Wieviele solcher Zwiegespräche finden in euren Köpfen statt!

All diese Zwiegespräche sind eigentlich sehr ernst zu nehmen, das heißt, sie haben eine Realität. Ihr könnt diese Realität spielerisch nachprüfen, indem ihr jemandem etwas mitteilt, was ihr ihm schon lange sagen wolltet, wozu ihr euch aber aus verschiedenen Gründen nicht in der Lage seht. Bei einem Treffen mit der betreffenden Person könnt ihr dann die Wirkung eurer nicht-physischen Gespräche ablesen.

Euch selbst werden ganz bestimmt sehr viele Varianten zu diesem Thema einfallen. Es gibt dafür keine Regeln. Die einzige Regel dabei ist eure Phantasie und Kreativität.

Ihr braucht euch also niemals in irgendeiner Form abgetrennt von irgend etwas Großem, Göttlichen zu empfinden. Diese Trennung existiert nicht. Die Verbindung wird lediglich für gewisse Zeiträume aus dem Bewußtsein geschoben, das heißt aber nicht, daß sie nicht existiert.

Wenn ihr nicht darüber nachdenkt, wie ihr atmet, wie euer Herz schlagen soll und ähnliches, hört deswegen doch euer Körper nicht auf zu existieren und unter eurer Kontrolle zu stehen. Ihr nennt diese Vorgänge, weil sie so wichtig sind, eben gerne unbewußt oder instinktiv. Ich wiederhole mich hier. Genauso wichtig und genauso instinktiv und tief verwurzelt ist dieser Kontakt zu eurem eigentlichen Selbst.

Es gibt mannigfaltige Formen des Ausdrucks. Die Sprache, das heißt der sprachliche Ausdruck, ist eher eine begrenzte Form, nur ein Träger der Schwingung, die bei diesem Kontakt vorhanden ist. Am einfachsten und direktesten wahrzunehmen ist dieser Kontakt über eure Gefühle und über eure Phantasien. Manche von euch werden es bevorzugen, diese Verbindung eher bildlich wahrzunehmen oder in Form von Tönen, andere wiederum werden Mischungen erzeugen.

Ihr seid nicht getrennt von allem, was ist. Ihr habt lediglich aus verschiedenen Gründen das *belief*, die Überzeugung, getrennt zu sein und versucht nun, diese Trennung aufzuheben – die gar nicht existiert. Wenn jemand versucht, eine Wand abzubauen, die gar nicht existiert, wird er gewisse Schwierigkeiten damit haben, und so könnt ihr Schwierigkeiten haben, wenn ihr annehmt, Trennungen regelrecht abbauen oder niederreißen zu müssen, die eigentlich nicht existieren.

Euer Wachbewußtsein schränkt sich speziell wegen sehr interessanter und kreativer Erfahrungen auf das, was ich weiterhin als Ego bezeichnen möchte, ein. Ihr filtert Dinge, die im Augenblick von euch selbst nicht als wichtig erachtet werden, aus eurer Wahrnehmung heraus, so daß ihr ganz selektiv das wahrnehmen und erleben könnt, was ihr euch ausgesucht habt. Das heißt aber nicht, daß die anderen Dinge nicht existieren. Ihr braucht ja nur eure Wahrnehmung auf etwas anderes einzustellen.

Ein einfaches Beispiel: Wenn ihr vor dem Fernsehapparat sitzt, so werdet ihr oft nicht mehr wahrnehmen, daß ihr euch in eurem Haus oder in eurer Wohnung befindet und auch diese Umgebung nicht mehr wahrnehmen. So ähnlich ist es, wenn euer Ego sich auf bestimmte Erfahrungen einschränkt, um sie besser erleben zu können, und dann nicht mehr wahrnimmt, daß es mit allem verbunden ist, ja sich sogar mitten darin befindet, so wie ihr euch in diesem Beispiel in eurer Wohnung befindet. Wenn es aber notwendig sein sollte, beispielsweise wenn ihr Durst bekommt, werdet ihr sehr wohl imstande sein, eure Wahrnehmung so weit auszudehnen, daß ihr noch zu eurem Kühlschrank findet. Niemand käme auf die Idee, daß nun die Wohnung und der Kühlschrank nicht mehr existieren würden. Wenn ihr in eurem Leben irgendein Bedürfnis habt, das im Moment von eurem Ego nicht erfüllt werden kann, ist es ebensowenig ein Problem, eure Wahrnehmung auszudehnen und die richtige Antwort auf eine Frage eben von dem Größeren, was ihr seid, zu erhalten.

Es ist natürlich so, daß ihr diese Verbindung nicht wahrnehmen müßt, aber könnt. Es hat auch nichts mit gut oder schlecht zu tun. Die Wahrnehmung dieser größeren Verbindung wird euch in diesem Sinne nicht eure Entscheidungsfreiheit oder Entscheidungsabhängigkeit abnehmen, die ihr ja als physische Wesen ständig in irgendeiner Form besitzt. Ihr habt dadurch jedoch jederzeit die Möglichkeit, euch zu vergewissern, auch die einfachsten Wege für ein momentan von euch gestecktes Ziel herauszufinden. Vor allem erhaltet ihr die Gewißheit eurer eigentlichen Freiheit von den Gegebenheiten des Ego, so wie ihr ja in Wirklichkeit frei seid von dem Spielfilm, der gerade im Fernsehen gezeigt wird. Ihr könnt euch frei entscheiden, einen anderen Sender zu wählen, also euer Ego anderen Dingen zuzuwenden. Ihr könnt euch frei entscheiden, den Film zu Ende anzusehen oder einfach abzuschalten, wenn er euch langweilt, und etwas anderes zu tun.

Dies könnte ihr aber nur, wenn ihr euch bewußt werdet, daß ihr diese Fähigkeit habt und euch eben ständig geborgen in eurem eigentlichen Sein befindet und daß ihr lediglich einmal den Blick weg von eurem eingeschränkten Ego – vom Fernsehschirm – lenken müßt, um zu erkennen, in welcher Wohnung ihr euch befindet.

Diese Ausweitung eures eingeschränkten Blickwinkels könntet ihr jederzeit vornehmen und ihr solltet es sehr oft tun, also nicht nur in speziellen Meditationen oder Übungen, sondern gerade in der U-Bahn, im Auto, am Arbeitsplatz, beim Einkaufen, also in Alltagssituationen; sicherlich auch in speziellen Übungen, die ihr euch dafür zusammenstellen könnt.

Schafft euch für den ersten Schritt in solche Übungen eine

Umgebung, die euch angenehm ist: zieht die Kleidung an, mit der ihr euch am liebsten identifiziert. (Vielleicht zieht ihr diese Kleidungsstücke in der Außenwelt überhaupt nie an, weil ihr annehmt, daß sie sich nicht schicken, oder daß sie nicht zu euch und eurem Status passen). Versucht also ganz symbolisch, euch für eine solche Übung das Umfeld zu schaffen, das ihr gerne haben möchtet. Vielleicht besorgt ihr euch sogar einige Gegenstände dafür, Gegenstände, die ihr eigentlich gerne habt, von denen ihr aber annehmt, daß ihr sie euch entweder nicht leisten könnt oder daß sie aus bestimmten Gründen nicht zu eurer Wohnung passen oder ähnliches. Scheut euch also nicht davor, euren äußeren Innenraum für eine solche Übung wenigstens andeutungsweise und in Kleinigkeiten für euch selbst auszustatten.

Mit Hilfe von bestimmter Musik oder bestimmten Gerüchen – wer das mag – könnt ihr dann versuchen, euch einfach einmal in euch selbst umzusehen. Schließt dazu die Augen und wandert in eurer Vorstellung 360 Grad mit euren Augen um euren Kopf herum. Seht nach innen, nach hinten, nach oben und nach unten. Ihr könnt diese Vorstellung, diese Phantasien dann später ausweiten und hinblicken wo immer ihr wollt.

Wenn ihr in einem solchen Moment Fragen auf dem Herzen habt, so stellt eine solche Frage und nehmt auf, welche Gedanken und Bilder in einem solchen Augenblick zu euch kommen, und schiebt sie nicht weg von euch, so banal sie euch auch erscheinen mögen. Es sind nämlich genau die Antworten von eurem größeren Selbst!

Ich wünsche euch sehr viel Erfolg beim bewußten Erkennen der bestehenden Verbindungen zu dem, was ihr seid und ich möchte euch versichern, daß in gewissem Sinne ich und sehr viele andere euch darin unterstützen.

1 DER ALLTAG MIT DEM
»HÖHEREN SELBST«

Zu eurer Ansicht, daß es in irgendeiner Form einer bestimmten Vorübung, einer bestimmten Gnade, eines bestimmten Bewußtseinszustandes oder ähnlichem bedürfe, um einen Kontakt zu dem, *was ihr eigentlich seid*, zu erhalten, habe ich ja bereits angedeutet, daß dies lediglich eine einschränkende Überzeugung darstellt und in keiner Weise der Realität entspricht.

Die meisten eurer Religionen und Mythen – auch das, was jetzt unter dem Begriff Esoterik auf euch zukommt oder darunter angeboten wird – sprechen ja davon, daß es das höchste Ziel sei, diesen Zustand der Gnade, diesen Zustand der Kommunikation mit dem eigenen höheren inneren Selbst zu erhalten, daß dies das eigentliche Ziel sei. Dafür werden die vielfältigsten Techniken und Theorien angeboten, die für die verschiedenen Individuen durchaus anwendbar sind, aber wie gesagt, nicht notwendig. Es sind Hilfestellungen, die euch dabei unterstützen, euer starres *Belief-* und Überzeugungssystem zu durchbrechen, aber keinerlei Notwendigkeiten.

Wenn ihr begonnen habt, ein wenig näher auf diese inneren Impulse, auf euer inneres Selbst zu hören, ihm zuzuhören, werden vielleicht gewisse Zweifel kommen: Zum allerersten seid ihr vielleicht erstaunt und glaubt, weiter suchen zu müssen, weil ihr ja diese Stimme, dieses Gefühl so gut kennt, weil es eben *nicht* fremd ist. Vor allem meine ich damit diese innere Stimme. Auch wenn ihr euch irgendwelcher äußerer Techniken bedient, wie beispielsweise des Aufschreibens innerer Impulse, so werdet ihr doch immer wieder in Zweifel geraten, weil ihr annehmt, daß ihr selbst ja diejenigen wart, die diese Informationen in gewissem Sinne hervorgebracht haben, einfach, weil sie euch so bekannt erscheinen, weil ihr bereits wußtet, was da steht und was ihr da gehört habt. Es ist in den meisten Fällen nur eine erneute Bestätigung, vieles wird euch vielleicht später, wenn sich der Kontakt vertieft hat, auch neu erscheinen, aber dennoch ist immer zugleich etwas Bekanntes da.

Vorher habe ich ganz bewußt die Formulierung »von euch selbst hervorgebracht« gebraucht. Ihr gebraucht diese Formulierung in eurer Alltagssprache, ohne zu wissen, was ihr damit meint. Ich habe euch gesagt, daß ihr nicht getrennt seid von eurem größeren Selbst, daß ihr es kennt, daß ihr es erfühlt und daß ihr ständig mit ihm in Verbindung seid. Warum sollte es euch also wundern, wenn ihr euer eigenes Selbst kennt?

Dies wird eure Zweifel bei den ersten Versuchen nicht auf die Seite räumen, aber es sollte euch zumindest bestätigen und ermuntern, wenn ich euch sage, daß es das untrügliche Anzeichen dafür ist, daß ihr einen möglichst unverzerrten Kontakt gefunden habt, wenn euch diese Stimme eben sehr bekannt vorkommt, wenn diese Aussagen so gehalten sind, daß ihr am liebsten sagen würdet: »Aber das wußte ich ja schon!«

Im späteren Verlauf werden – je nachdem, welche Fragen ihr habt oder welche ihr stellt – natürlich auf diesem Wege auch Informationen auf euch eindringen, die euch scheinbar bisher noch unbekannt waren. Wenn es sich bei bestimmten Fragen um sehr gewichtige handelt, beispielsweise eine berufliche oder partnerschaftliche Entscheidung, so kann es aufgrund eurer Überzeugungen zu Schwierigkeiten in der Aufnahme kommen. Das heißt, ihr werdet dann bestimmte innere Impulse so übersetzen, daß sie in euer *Belief*-System hineinpassen.

Wenn ihr beispielsweise mit eurem Partner gerade Streit habt und eigentlich das Gefühl habt, daß er an diesen Streitigkeiten irgendwie schuld ist, so werdet ihr große Schwierigkeiten dabei haben, selbst herauszufinden, warum ihr euch diese Situation mit diesem Partner im Moment erschaffen habt. Die Stimme eures eigentlichen Selbst spricht nie von Schuld oder mit einer Wertung über andere! Gerade dies kann euch Schwierigkeiten bereiten, da es *euch* als die alleinigen Verursacher darstellt.

In einem solchen Fall wärt ihr also eher geneigt, eine Information in die euch beliebige Richtung zu drängen. Das heißt beispielsweise, daß eine an sich neutrale Information – nehmen wir einmal an, ihr arbeitet damit, diese Informationen niederzuschreiben, also in Worte zu fassen – innerhalb eurer Emotionen wie in einer Art Raster verzerrt wird. Das ergibt dann zum Beispiel eine Information wie: des Partners schlechtes Karma sei schuld an seinem jetzigen Verhalten, ihr könntet ihm vielleicht dabei helfen, dieses Karma aufzuarbeiten, oder es sei euer eigenes Karma, diesen Partner zu erdulden, oder ihr müßtet beispielsweise lernen, euch aggressiv zur Wehr zu setzen und der andere bedürfe wohl einer solchen aggressiven Behandlung.

Solche Informationen, wie ich sie jetzt beispielhaft zitiert habe, müssen nicht immer falsch sein. Sie sind lediglich verzerrt. Das ist ein Unterschied.

Wie – fragt ihr euch nun – ist es dann möglich, eine relativ unverzerrte Information zu erhalten?

Zum einen, indem ihr euch möglichst nicht im Zustand großer Emotionalität an ein Thema wagt.

Wenn ihr beispielsweise Angst vor einer Person oder vor einer Entscheidung habt, so wird das, was ihr innen empfangen könnt, von dieser Angst geprägt, »gerastert« sein. Das ist weiter nicht schlimm, solange ihr euch dessen bewußt seid. Wenn möglich, wartet in einer solchen Situation ab, bis die größten Emotionen sich gelegt haben. Das heißt nicht, daß ihr in einem solchen Zustand nicht fragen könnt oder sollt, ganz im Gegenteil, sondern nur, daß ihr immer wieder nachfragen sollt, bis ihr erspürt – und ihr erspürt es wirklich –, daß ihr nun eine relativ unverzerrte Antwort besitzt, die nicht mehr allzusehr von eurem eigenen *Belief*-System gefärbt ist.

Außerdem gibt es die Möglichkeit, die ich euch anraten möchte: niemals nur einen Weg zu wählen. Wenn ihr also bei einem wichtigen Thema nach innen fragt, euer Höheres Selbst direkt befragt, so verwendet zu ein und derselben Frage mehrere Methoden. Zum einen die wörtliche, verbale: Dabei ist es günstig, nach innen zu fragen und eine direkte Antwort zu hören, beispielsweise in einer bestimmten Meditation. Wählt des weiteren auch eine bewußtere Vorgehensweise, also das direkte Aufschreiben, das dann meistens bereits eine längere Information beinhaltet. Dann ist es aber auch wichtig, die andere Seite, also die emotionale, zum Zug kommen zu lassen. Die intuitive Seite drückt sich in Bildern aus und solche Bilder solltet ihr zusätzlich zu verbalen Informationen in euch selbst auftauchen lassen und auch zu Papier bringen.

So wie ihr auf eine Frage intuitiv schreiben könnt, könnt ihr auch intuitiv malen. Achtet bei intuitiven Gemälden genauso wie beim intuitiven Schreiben darauf, daß ihr nicht versucht, euch irgendwie einzuengen: Versucht also, ein Bild, das in euch vielleicht kurz aufgeflackert ist, nun auch so hinzuzeichnen. Versucht nicht, einen bestimmten Stil zu benutzen und redet euch schon gar nicht mit der Ausrede heraus, nicht malen zu können. Meistens sind solche Bilder nicht gegenständlich. Ich sage »meistens«. Ihr werdet auch nicht immer eine bewußte Information darin entdecken. Ihr werdet eine intuitive Information erhalten, wobei es *nicht* unbedingt notwendig ist, daß ihr das Bild deutet. Seid mit einer solchen Deutung eher vorsichtig. Es kann dabei nämlich sein, daß ihr versucht, bestimmte Akzente zu setzen, das Große, den Gesamtausdruck des Bildes im Hintergrund laßt und euch lediglich einige Dinge herauspickt.

Laßt das Bild wie ein Mandala auf euch wirken, und die Information wird auf einem anderen Weg als auf dem normalen bewußten zu euch dringen. Vielleicht könnt ihr sogar erleben, daß ihr die Information formulieren könnt. Es ist ganz einfach: Wenn ihr zu einer Frage eine sehr düsteres Bild hevorbringt, so werdet ihr daraus eine bestimmte Information ziehen können, wenn es jedoch eher heiter und farbenfroh vor euch steht, so werden genauso Informationen, Gefühle und Phantasien in euch frei.

Diese verschiedenen Komponenten gemeinsam ermöglichen euch eben bei sehr wichtigen Fragen die größtmögliche Abdeckung. Das heißt, ihr werdet euch selbst sicherer fühlen, wenn ihr von mehreren Seiten immer wieder gewissermaßen die gleiche Frage beantwortet bekommt: einmal auf innerem Wege, einmal auf bewußtem Wege, einmal auf bildnerischem, symbolischem Wege.

Nur noch kurz angemerkt sei dazu die Wichtigkeit der Traumarbeiten auch auf diesem Gebiet.

Wenn ihr bereits seit einiger Zeit bewußt euren Kontakt wahrnehmt, werdet ihr sehr stark spüren, daß ihr euch mit anderen Menschen darüber austauschen wollt, nicht nur um eure Freuden, Ängste und Zweifel mit diesen neuen Erlebnissen zu teilen, sondern vor allem um des Austausches willen. Ihr möchtet vielleicht auch gerne einmal jemand anderen auf diesem Weg – also auch das Höhere Selbst eines anderen – zu diesem Thema befragen, weil ihr euch immer noch nicht sicher seid, ob ihr selbst – da ihr euch zu verstrickt glaubt – die richtigen Antworten habt.

Wenn dieser Wunsch auftaucht, so könnt ihr euch sicher sein, daß ihr in der nächsten Zeit genügend Menschen dafür anziehen werdet. Ihr könnt dann auch verschiedene Fragen ganz spielerisch gemeinsam miteinander auf diesem Wege beantworten, und ihr werdet sehen, wie interessant es ist, auch einmal eine Antwort scheinbar von einer anderen Person, beziehungsweise von deren Höherem Selbst zu erfahren. Auf das höchste erstaunen wird euch in den meisten Fällen, daß eine Art Gleichklang vorliegt. Die Informationen unterscheiden sich im Grunde genommen nicht allzusehr voneinander – ein Phänomen, das ihr vielleicht auch schon bei den Veröffentlichungen von verschiedenen Medien festgestellt habt. Es gibt verschiedene Sprachen, verschiedene Ausdrucksweisen, aber der Inhalt ist sehr ähnlich.

Wenn ihr in einer Partnerschaft lebt – ein Kapitel, auf das ich später noch sehr viel genauer eingehen werde –, so solltet ihr auf alle Fälle mit eurem Partner zusammenarbeiten.

Die nächste Frage, die sich euch stellen wird, wenn ihr eine gewisse Sicherheit mit eurem neuen Erleben einer größeren Seinsweise erlangt habt, wird sein, wie ihr denn all diese Dinge umsetzen sollt. Ihr werdet euch selbst plötzlich an viele Grenzen stoßen sehen, überfordert fühlen. Manchmal kann sich sogar eine Art Trauer darüber breitmachen, weil ihr vielleicht geglaubt habt, schon allein mit der Kontaktaufnahme eine Wende in eurem Leben erzielt zu haben. Ihr habt dann zu diesem Zeitpunkt sicherlich bemerkt, daß ihr zwar jetzt einen größeren Blickwinkel besitzt, aber nach wie vor diejenigen seid, die die Schritte tun müssen. Das heißt, daß ihr jetzt auch aufgrund ganz anderer Hintergründe, eines größeren Erfahrungsschatzes andere Schritte tun könnt, die vielleicht zum Teil sogar konträr zu eurem bisherigen Leben verlaufen.

Die Umsetzung, das solltet ihr euch immer vornehmen, sollte im Kleinen beginnen. Ihr müßt nicht nur Fragen stellen über eure Lebensaufgabe, über frühere Leben, über größere Zusammenhänge, die das Leben und die Lebendigkeit an sich betreffen, sondern ihr könnt ruhig auch einmal nachfragen, warum ihr beispielsweise euren geliebten Kugelschreiber verloren habt oder warum es euch denn so fürchterlich schwer fällt, am Morgen aufzustehen. Beginnt also damit, kleine alltägliche Dinge auf diesem Wege zu erhellen und zu verändern.

Ein einfaches Beispiel: Wenn eine Pflanze in eurer Umgebung kränkelt, so werdet ihr die richtige Information über die Ursache dieses Kränkelns und Empfehlungen zur Behebung erhalten und darüber hinaus noch den Zusammenhang mit euch, nämlich warum gerade *ihr* diese kränkelnde Pflanze in eurem Zimmer habt und was ihr selbst an euch verändern müßt, damit diese Pflanze wieder gesund wird.

Dies sind kleine Dinge, die dann in den meisten Fällen auch einen durchschlagenden Erfolg zeigen. Das heißt, was dieses Beispiel betrifft: Wenn ihr die Ratschläge einhaltet und selbst auch mit Hilfe eures größeren Seins eure »Probleme« bewältigt habt, dann wird höchstwahrscheinlich diese Pflanze wieder erblühen, beziehungsweise ergrünen.

Das Vertrauen, die Sicherheit im Umgang mit eurem »neuen Leben« wird euch erst aus vielen solchen kleinen Beweisen erwachsen. Wenn ihr sofort versucht, euch selbst und euer ganzes Leben zu verändern, so verlangt ihr etwas viel von euch. Sicher ist es notwendig, diese Bereitschaft zu besitzen und diese Bereitschaft ist ja in euch vorhanden, wenn ihr überhaupt diesen Kontakt zu eurem eigentlichen Sein sucht, aber es ist nicht notwendig, von heute auf morgen alles »umzuschmeißen«. Die Zeit, die ihr dafür braucht, spielt eigentlich gar keine Rolle.

Euch werden zu eurer direkten Umgebung, zu eurem alltäglichen Leben genügend Fragen einfallen, und ihr werdet sehen, daß es oft viel leichter ist, anhand von beispielsweise einer verlorenen Geldbörse oder eben einer kranken Pflanze etwas über sich selbst herauszufinden und zu verändern, als wenn ihr sehr große, idealistische, geistig-seelische Ziele habt.

Diese Umsetzung in eurem Leben, die Anwendung auch auf den *kleinsten alltäglichen Bereich* – also auch beispielsweise wenn euch der Kuchen angebrannt ist und dies euch Sorgen macht – ist eigentlich das *Allerwichtigste*. Eure großartige innere Kreativität und Schöpferkraft möchte sich ja ausdrücken, sie möchte nicht in stillen Meditationen innen in euch bleiben. Sie möchte sich in euch und natürlich in eurer Umgebung ausdrücken, und ihr werdet auch einen sehr großen Wunsch danach verspüren.

Vielleicht quälen euch dann manchmal Zweifel oder Sorgen, wenn ihr bemerkt, wie weit ihr scheinbar noch von eurem selbstgesteckten Ziel entfernt seid. Es sei euch gesagt, daß ihr niemals an irgendein Ziel kommen müßt und daß ihr infolgedessen niemals von irgendeinem Ziel entfernt seid. Ihr könnt immer jetzt in diesem Moment mit dem, was ihr alltäglich tut, eure gesamte Kreativität ausdrücken, und deshalb ist es ja so wichtig und werde ich es noch öfters betonen, daß ihr in euren *Alltäglichkeiten* eure innere Stimme befragt.

Es ist also nicht notwendig, gleich alles Bisherige umzuwerfen, beispielsweise die Arbeitsstelle zu wechseln oder ähnliches. Es ist aber notwendig, in den kleinsten Dingen, die ihr tut, diese Wahrnehmung eurer Verbindung zu eurem größeren Selbst immer wieder zu trainieren, euch immer mehr bewußt-zumachen. Die wirklich großen äußeren Veränderungen kommen eigentlich immer automatisch. Das heißt nicht, daß ihr in keinem Fall etwas dazu tun müßt, also daß nicht irgendeine Art von Bewegung von euch notwendig ist. Es heißt aber, daß ihr es nicht beabsichtigen könnt.

Nun muß ich auf ein anderes damit zusammenhängendes Thema eingehen, das mit diesem Beabsichtigen zu tun hat.

Es ist möglich, daß ihr gewissermaßen Enttäuschungen erleidet, wenn ihr euch aufgrund egohafter Überzeugungen bestimmte Antworten wünscht.

Ein einfaches Beispiel: Wenn ihr in eurem begrenzten egohaften Bewußtseinszustand davon träumt, endlich der Geldsorgen enthoben zu sein – und glaubt, mit Hilfe eures Höheren Selbst die nächsten Lottozahlen herausfinden zu können, so kann es sein, daß ihr sehr schnell zu der Überzeugung kommt, daß euer Höheres Selbst eben doch nicht mit allem in Verbindung ist und ganz einfach eben doch nicht alles weiß, weil es euch die Lottozahlen nicht verraten hat.

Dieser Wunsch nach Reichtum ist in diesem Beispiel ein egohafter Wunsch, was bedeutet, daß es nicht euer eigentliches Bedürfnis ist, viel Geld zu haben, sondern daß euer Ego aufgrund der Überzeugungen in eurer Gesellschaft glaubt, beispielsweise nicht mehr arbeiten zu müssen, wenn es genug Geld hätte. Solche Fragestellungen oder Bitten – auch Bitten, die das Verhalten von anderen verändern wollen, wie zum Beispiel die Frage, wie man einen geliebten Partner wieder zu sich zurückholen kann oder wie das Kind oder der Kollege, mit dem man unzufrieden ist, wieder so wird wie man ihn haben möchte – führen zu keiner befriedigenden Antwort.

Wenn ihr einmal bemerkt, daß ihr eine solche Frage gestellt habt – und das kommt sehr oft vor – und darauf keine Antwort oder nur eine enttäuschende erhaltet, so fragt weiter. Fragt beispielsweise nach dem *Grund*, weshalb ihr euch einen

Lottogewinn wünscht. Dieser Grund wird euch erklärt werden. Es ist weit wichtiger für euch zu erfahren, warum ihr reich sein wollt, als reich zu werden. Dies könnte unter Umständen nur eine weitere einschränkende Erfahrung für euch sein. Wenn ihr das Verhalten eines Menschen ändern wollt, so fragt nicht, wie ihr diesen Menschen ändern könnt, sondern warum dieser Mensch in eurer Umgebung ist und was er euch spiegelt.

Mit der Zeit werdet ihr lernen, welche Arten von Fragen wie beantwortet werden, und euer Bewußtsein wird sich immer mehr erweitern. Dies kann dann in eurem alltäglichen Leben auch oft zu grotesken Situationen führen. Ihr werdet sehr oft eine große Diskrepanz feststellen zwischen dem, was ihr tut und dem, was ihr beispielsweise fühlt. Ihr werdet auch immer wieder und immer öfters in der Lage sein, mitten in einer Situation direkten Kontakt aufzunehmen und eine Antwort zu erhalten, die es euch dann vielleicht unmöglich macht, mit dem, was ihr gerade macht, in dieser Form fortzufahren, oder die euch vielleicht dazu bringt, mit dem Vorgesetzten oder dem Ehepartner zu reden.

Bei all diesen Dingen könnt ihr ruhig in kleinen Schritten vorgehen. Ihr braucht niemals zu glauben, daß ihr euch *selbst*, daß also euer größeres, euer eigentliches Selbst sein eigenes Ego verurteilen würde, daß euer Höheres Selbst für irgend etwas, für ein bestimmtes Problem, für eine Angst, die ihr davor habt, etwas umzusetzen, kein Verständnis hätte.

Ihr werdet auch bemerken, daß ihr nie mehr Antworten oder Erweiterungen erhaltet, als ihr im Moment bewältigen könnt. Wenn ihr trotzdem annehmt, etwas im Moment nicht bewältigen zu können, dann werdet ihr Hilfeleistungen sowohl von eurem Inneren als auch in vielen Fällen ganz plötzlich von außen erhalten.

Ich habe jetzt sehr lange und ausführlich über verschiedene Probleme gesprochen. Ich tue das natürlich nicht, weil ich euch abschrecken möchte. Ich mache das aus dem Grund, weil ihr vielleicht, wenn ihr euch bereits auf diesen Weg begeben habt, mit diesen Dingen konfrontiert seid und nun glaubt, ihr müßtet jetzt an euch zweifeln. Ihr haltet euch vielleicht selbst nicht für fähig, oder ihr haltet den Kontakt, den ihr habt, nicht für richtig oder nicht für breit genug, als daß er euch die richtigen Informationen liefern könnte.

Ihr müßt wissen, daß solche »Schwierigkeiten« so etwas wie die anfänglichen Muskelkrämpfe oder der äußerst schmerzhafte Muskelkater bei einem Menschen sind, der sich entschlossen hat, Sportler zu werden. Auch bei Behandlungen beispielsweise mit homöopathischen Mitteln können ja Erstreaktionen, ja sogar Krankheiten auftreten, die vorher gar nicht da waren. Wenn ihr darüber nichts wißt, könnt ihr allzuleicht in den Irrtum verfallen zu glauben, etwas falsch gemacht zu haben – oder aber, noch schlimmer, wieder damit aufhören.

Ein wenig möchte ich jetzt noch darüber sprechen – einfach als Anregung –, in welchen Situationen Fragen gestellt werden können oder welche Fragen überhaupt gestellt werden können: Es sind ganz einfach *alle*!

Ihr könnt über kollektive Zusammenhänge nachfragen und werdet darüber Wissen erhalten, beispielsweise über eine Nachrichtensendung. Ihr könnt, wie gesagt, über etwas ganz kleines Alltägliches nachfragen, aber auch über frühere und zukünftige Leben, über den Aufbau der Realität schlechthin und darüber, wie ihr selbst eure von euch erlebte Realität aufbaut und wie ihr sie verändern könnt.

Ihr steht über euer Höheres Selbst in Verbindung mit allem, was ist. Ihr könnt deshalb beispielsweise auch herausfinden, weshalb es in eurem Garten nicht so recht wächst, weil ihr Kontakt zur Erde und zu den Pflanzen aufnehmen könnt und in gewissem Sinne in eurem Höheren Selbst den Übersetzer für diese Schwingungen habt. Das heißt, die eigentliche Übersetzung findet in eurem Ego statt: in die Sprache, die ihr versteht.

Ihr könnt Kontakt zu eurem eigenen Körper herstellen, um herauszufinden, wie es ihm geht, und ihr könnt natürlich auch

Kontakt über euer eigenes Höheres Selbst zu anderen Menschen herstellen.

Das Wichtigste erscheint mir jedoch, daß ihr erkennen könnt und daß ihr für euch selbst Vertrauen erhaltet, wie sehr eure eigene Vorstellungswelt und ihr selbst durch das, was ihr seid, eure Umgebung beeinflußt und das, was ihr erlebt bis hin zur Materie, die euch umgibt, erschafft. Diese Zusammenhänge sind zwar sicherlich theoretisch begreiflich, jedoch nur, wenn sie erlebt wurden wirklich verständlich. Dazu bedarf es eben keinerlei größerer Unternehmungen. Es genügt, wenn ihr euren Alltag in verschiedenen kleinen Dingen einmal verändert.

Ihr dürft nicht in den weit verbreiteten Irrtum verfallen, zu glauben, daß ihr selbst oder eure Wahrnehmung, also euer Ego, irgendwie geringer wäre als euer Höheres inneres Selbst, daß es geringfügiger wäre, kleiner oder was da sonst noch an Attributen existiert.

Wenn ihr in Kontakt tretet zu eurem größeren Selbst, so tritt dieses größere Selbst auch gleichzeitig in Kontakt zu euch. Es handelt sich also um eine Art Gleichzeitigkeit, eine Wechselwirkung , die einander bedingt. Ihr existiert nicht unabhängig voneinander. Der eine Blickwinkel ist der größere oder unbegrenzte, und der andere ist der begrenzte Blickwinkel, der aber ganz spezifische Erfahrungen erst ermöglicht. Es ist nichts Getrenntes, sondern ein perfektes, harmonisches, kreatives Zusammenspiel.

Ihr könnt auch nicht sagen, daß euer Körper getrennt von eurem Herzen existiert oder euer Herz getrennt von eurem Körper. Beides hängt in seiner Lebendigkeit und in seinem Sein voneinander ab.

Auch eure physischen Erfahrungen, das, was euer Ego tut, eure bewußten Einschränkungen, eure Glaubensmuster, *beliefs*, eure Vorstellungen sind eigentlich ein grandioses Werkzeug. Es geht nicht darum, daß ihr euch aus dem physischen Leben zurückzieht, daß ihr gewissermaßen euer Ego soweit zurücknehmt, bis ihr glaubt, keines mehr zu besitzen, und wieder vollkommen zu eurem Höheren Selbst werdet. Ihr seid *immer* euer Höheres Selbst – nur ein begrenzter und spezialisierter Blickwinkel davon.

Viele der euch bekannten Menschen, die in irgendeiner Form so etwas wie eine Verbindung zu ihrem Höheren Selbst aufgenommen haben, auch zum Teil heute noch lebende Menschen, Meister, Führer, Gurus und ähnliches, haben sich ja – es gibt auch andere heutzutage – aus dem normalen Leben zurückgezogen. Sie nehmen meist von einer nicht-alltäglichen Warte mit einem größeren Bewußtsein wahr, was um sie herum geschieht, und können dies in vielen Fällen auch noch an andere weitervermitteln.

Es geht aber nicht bei jedem Menschen darum, eine Art Bote oder Lehrer zu sein, was diese Figuren ja oft für ganze Kulturepochen darstellen. Es geht vielmehr darum, daß ihr euer vorzügliches Werkzeug, euer Ego und eure *beliefs*, zu gebrauchen lernt und nicht in eurem Ego erstarrt, sondern merkt, daß ihr es bewegen könnt und daß ihr eure Vorstellungen, eure *beliefs* verändern könnt und damit das, was ihr erlebt. Ihr selbst habt damit einen weit reicheren Erfahrungsschatz im physischen Erleben und gewissermaßen auch euer Höheres Selbst, das ja durch euch fließt und durch euch erlebt, jedoch nicht in seinem Kern an die Raum-Zeit-Kontinuität gebunden ist.

Ihr sollt also nicht versuchen, euch gewissermaßen vom physischen Erleben abzugrenzen, sondern eher ins physische Erleben weiter hineinzugehen, mehr Facetten wahrnehmen zu können, Glaubensmuster und Vorstellungen ab- und aufbauen zu lernen. Auf diesen Zusammenhang werde ich noch genauer eingehen.

Das, was euer Ego darstellt, ist von euch selbst geschaffen, um äußerst intensive Erfahrungen in dem, was ihr als Physis kennt, zu machen. Diese sollten natürlich möglichst vielfältig sein. Ihr könnt dies einmal nachprüfen: Ihr habt eine bestimmte Vorstellung, beispielsweise, daß Böden zu putzen unangenehm sei. Das ist ein *belief*, eine Vorstellung, von der ich behaupte, daß sie einschränkend ist, wenn sie das Nonplus-ultra eures Erlebens darstellt. Wenn ihr euch beobachtet – und das solltet ihr immer und bei allen Handlungen tun! –, werdet ihr bemerken, daß das Bodenwischen äußerst unterschiedlich sein kann. Es kann einmal tatsächlich fürchterlich sein. Ihr könnt sehr negative, ja fast haßerfüllte Gefühle dafür haben. Beim nächsten Mal aber ereifert ihr euch dermaßen darüber, einen spiegelnden Boden zu bekommen, daß ihr euch fast erschrocken fragt, ob ihr jetzt überpenibel geworden seid, weil ihr eine solche Freude am Putzen an euch überhaupt nicht mehr kennt. Ihr erschreckt vielleicht sogar darüber, daß ihr euere eigene Überzeugung, daß das ja keinen Spaß macht, nicht erfüllt.

In Wirklichkeit ist es so, daß die äußeren Dinge, die äuße-ren Handlungen, niemals ein Faktum darstellen, wie eure Ge-fühle es sind, aber alle eure Glaubenssätze und Vorstellungen sind so aufgebaut. Überprüft dies einmal! Ihr nehmt an, wenn dieses oder jenes außen ist, dann ... Das heißt, immer wenn dieses oder jenes in der Außenwelt in Erscheinung tritt, dann fühle ich mich so oder so. Wenn ihr es aber im direkten Er-leben überprüft, werdet ihr immer feststellen, daß das so nicht stimmt, sondern daß euer Erleben immer verschieden ist und vollkommen unabhängig von euren Glaubenssätzen.

Zusätzlich also zum bewußten Austausch mit eurem größe-ren Blickwinkel, nehmt auch diesen Austausch zu euren ech-ten momentanen Gefühlen wahr, möglichst bei allem, was ihr tut, vor allem aber bei den Dingen, von denen ihr wißt, daß sie mit äußerst unangenehmen Vorstellungen verbunden sind.

Wenn ihr beispielsweise eine Arbeit täglich verrichten müßt, eine Tätigkeit, von der ihr ganz bestimmt wißt, daß sie euch keinen Spaß macht, so laßt es einmal zu, euch dabei wirklich zu *empfinden*, und ihr werdet neue Gefühle dabei be-merken, die nicht unbedingt zu eurer Vorstellung passen. Die-ses Gefühl oder die verschiedenen Gefühle, die dabei auftau-chen, solltet ihr formulieren oder aber in irgendeiner Form ausdrücken. Ihr könnt dies für euch selbst tun, ihr könnt solche Dinge jemand anderem erzählen oder aufschreiben, und ihr könnt sie sicherlich auch malen.

Ihr werdet mehr und mehr in eurem Bereich, im kleinen Rahmen entdecken, daß ihr eigentlich völlig frei und unbegrenzt seid, daß ihr euer Ego verschieden einstellen könnt auf die gewünschte Wahrnehmung, daß es eben gewissermaßen nichts anderes ist als ein wenig »eingerostet«, weil es ja so lange in der gleichen Einstellung, also in den gleichen Überzeugungen und Glaubensmustern verhaftet blieb, obwohl es eigentlich beweglich ist.

Wenn ihr Schwierigkeiten habt oder interessante Dinge entdeckt habt, so könnt ihr dies ja mit eurem Höheren Sein besprechen und regelrecht austauschen.

Bestimmt wird euch auch die Seinsweise eures Höheren Selbst interessieren. Darüber werde ich noch Näheres berichten. Jedoch seid ihr sicherlich auch daran interessiert, aus eurer *eigenen* Quelle zu erfahren, wie diese Seite von euch, die euch wachbewußt normalerweise nicht zugänglich ist, wahrnimmt, wo und wie sie »lebt«.

Ihr habt eine Zeit äußerst vielfältiger Erfahrungen vor euch, die sicherlich am Anfang mehr Fragen als Antworten aufwerfen werden.

Ich versichere euch jedoch, daß ihr, wenn ihr versucht, Informationen eures größeren Selbst in euer Leben einfließen zu lassen, eine ungeheure Lebensfülle dadurch erhaltet, ein weit größeres Begreifen der Gegenwart; das, was viele von euch Erfüllung nennen. Ihr werdet erleben, daß der Augenblick, in dem man lebt, die Gegenwart, gefüllt ist und nicht leer oder sinnlos erscheint. Die Sinnfrage eures Tuns und Seins wird sich dadurch sehr schnell beantworten.

Ich darf euch viel Interessantes wünschen in eurer direkten Umgebung, eine bunte und reiche Erfahrungswelt, der ihr in eurem Alltag begegnen werdet!

2 »ESOTERIK« UND ALLTAG

Ich gebrauche dieses Wort *Esoterik* nicht so gerne, da es in eurer Welt pauschal für alles mögliche verwendet wird. Dennoch spreche ich in diesen Vorträgen eben wirklich alle Bereiche an, die so pauschal mit Esoterik bezeichnet werden.

Ihr beschäftigt euch mit großer Mühe in eurer freien Zeit mit den verschiedensten sogenannten »Disziplinen«, die je nach Art der Disziplin zur Entspannung, zur Erleuchtung oder einfach nur dazu dienen sollen, wieder in die eigene Mitte zu kommen, einen Ausgleich zu finden. Die Zahl der verschiedenen Techniken ist vielfältig, und ich gehe nicht näher auf sie ein.

Jeder, der sich in solchen »Disziplinen« übt, hat aber daneben das, was ich nun etwas pauschal mit Alltag bezeichnen möchte, nicht wahr? Ihr seht euch selbst immer wieder in eurem Alltag, also in euren alltäglichen Bereichen, als unvollkommene Wesen, und ihr versucht dann mittels irgendwelcher esoterischer »Disziplinen« wieder zu vollkommeneren Wesen zu werden.

An sich ist gegen Übungen jeder Art nichts weiter einzuwenden. Sie dienen eurer Kreativität und Erweiterung. Aber weit wichtiger als irgendwelche Übungen – egal ob Yoga, Meditationen, Wochenend- oder Wochenkurse – ist das Leben und die Umgebung, in der ihr jetzt im Moment seid.

Jeder Augenblick eures Lebens ist Esoterik, nicht nur die Momente, in denen ihr euch in euch versenkt und dort vielleicht endlich etwas von eurer göttlichen Herkunft spürt, sondern auch die Momente, in denen ihr beispielsweise im Supermarkt das tiefgefrorene Hähnchen nach irgendeinem Gesichtspunkt auswählt, auch in dem Moment, in dem ihr euch auf der Urlaubsfahrt in der Autoschlange bewegt; wenn ihr in der Badewanne sitzt und genauso, wenn ihr gerade beim Abspülen seid; an eurer Arbeitsstelle, in eurer Familie, in euren vielen verschiedenen Rollen als Arbeitnehmer, Arbeitgeber, Familienvater, Mutter, Kind und was dergleichen noch viele Rollen sein mögen, die ihr in eurem Leben spielt: In all jenen Bereichen, die ihr gemeinhin nicht zu eurer Vervollkommnung zählt, sondern sogar schlimmstenfalls als notwendiges Übel – damit ihr euch das nächste Seminar leisten könnt, geht ihr vielleicht arbeiten.

Ich hoffe, ihr seht den großen Widerspruch, der sich darin auftut. Das, was ihr innen hört und das, was ihr seid, seid ihr zu *jedem Augenblick*. Und ihr seid jederzeit unbegrenzte Wesen. Ihr habt jederzeit die Möglichkeit, kreative und vielfältige Erfahrungen zu machen, und sei es im Spülbecken.

Ihr seid diejenigen, die ihre Erlebnisse auf bestimmte Erfahrungen eingrenzen, die ihr selbst für gut haltet, und auf andere, die ihr vielleicht gerade noch für notwendig, aber keinesfalls für eurer Entwicklung dienlich erachtet.

Somit fordere ich euch dringlich auf, diese Bereiche nicht mehr zu trennen! Eine wirkliche Vielfalt, Erfüllung in jedem Moment eures kreatürlichen Daseins erfahrt ihr nämlich nur dann, wenn ihr aus euch selbst heraus jeden Moment eures Lebens als *Esoterik* erfahrt.

Sicher könnt ihr kreative Übungen als Hilfestellungen dazu nehmen. Aber vergeßt nicht, daß jede Meditation, jedes Seminar eine Hilfestellung für euren Alltag ist und nicht ein Weg, um aus eurem Alltag auszubrechen.

Versucht folgendes: Nehmt die Übungen, die ihr ja sonst nur in bestimmten Räumen, in bestimmten Gruppierungen, zu bestimmten Anlässen macht, wie beispielsweise eine Meditation, und vollführt eine solche auch bei einer alltäglichen Aufgabe. Zunächst wird euch dies vielleicht ein wenig schwerfallen, und es wird ganz bestimmt immer Bereiche geben, von denen ihr glaubt, daß ihr sie halt eben zuerst erledigen müßt, um euch danach euch selbst und eurer Entwicklung widmen zu können. Jedoch ist das Leben, in dem ihr jetzt steht, die Bühne, auf der ihr eure ganze Kreativität und Kreatürlichkeit entfalten könnt und nirgendwo anders.

Versucht vielleicht auch, euch bei euren Tätigkeiten andere Blickwinkel zuzulegen. Seht euch beim Zur-Arbeit-Fahren einfach einmal zu, versetzt euch als Angestellter in die Position des Arbeitgebers, versetzt euch beim Bodenschrubben in den Boden, in das seifige Wasser. Ihr habt eine Vielfalt von Blickwinkeln! Ich habe wirklich nur ein paar wenige angedeutet, um eurer Phantasie auch Spielraum zu lassen.

Ich wiederhole mich noch einmal: Immer wieder werdet ihr annehmen, daß es ganz bestimmte Dinge gibt, die hinderlich sind für euch. Wenn ihr das Gefühl habt, so tut die Dinge nicht einfach, um danach gewissermaßen als Eigenbelohnung irgend etwas für euch selbst tun zu können, sondern überprüft, während ihr das Ungeliebte tut, eure Überzeugungen diesbezüglich. Eure *Überzeugungen* sind es nämlich, die euch beispielsweise sagen, daß die morgendliche Fahrt durch überfüllte Straßen zur Arbeitsstelle unangenehm sei. Nehmt das Erlebnis so wie es ist, wie in einer Meditation wahr, laßt es wirken und seht nach, ob denn eure Überzeugungen überhaupt darauf zutreffen, und ihr werdet in vielen Fällen merken, daß das Ungeliebte eigentlich ganz schön wäre, wenn ihr nur nicht davon überzeugt wäret, daß es eben hinderlich sei. Eine Fülle von einschränkenden Glaubensmeinungen werden euch hierbei auffallen.

Vielleicht könnt ihr für den Anfang ganz einfach ein Heftchen bei euch führen und immer wieder aufschreiben, was euch dazu einfällt – dann seid ihr es zumindest aus euren Köpfen los.

Eine Esoterik, die nicht in eurem täglichen Leben, in eurem Alltag ihre Entfaltung findet, ist keine, sondern sie existiert nur in euren Köpfen, und das soll sie ja nicht. Sie führt euch dann vom Leben weg, anstatt zum Erleben hin. Ihr seid dann wie immer auf der Jagd nach neuen Eindrücken und neuen Erlebnissen auf diesem Gebiet und nehmt immer mehr scheinbar

Unangenehmes auf euch, um euch beispielsweise eine Schulung oder ein neues esoterisches Werk oder ein paar Mußestunden, die ihr bei Räucherstäbchen, Meditationsmusik und Meditation verbringt, leisten zu können, und das ist nicht Sinn der Sache. All diese Dinge sind Hilfsmittel, die dazu dienen sollen, daß ihr eure inneren neuen Überzeugungen in eurer alltäglichen Welt anwendet und nicht, daß ihr der alltäglichen Welt entflieht.

Insgesamt wird ja dieses ganze Werk von der Umsetzung innerer Überzeugungen in eine banale und abwechslungsreiche Alltagswelt handeln. Deshalb vorab – bis es insgesamt und im Detail erörtert wird – diese Einführung, über die ihr etwas nachdenken solltet, bevor ihr glaubt, daß ihr all diese Dinge in eurem Leben bereits verwirklichen würdet. Wenn euch eure Grenzenlosigkeit nicht bewußt ist, wenn ihr auf die Straßenbahn wartet, den Gefrierschrank einräumt, einen Stapel Akten erledigt, auf der Baustelle seid, dann *ist* sie euch nicht bewußt oder nur zum Teil. Deshalb ist es so wichtig, daß ihr in jedem Moment versucht, euer gesamtes kreatives Selbst nach außen zu bringen und eure Grenzenlosigkeit im Erleben in jedem noch so kleinen Augenblick erfahrt und erfüllt.

Bei diesen Experimenten wünsche ich euch sehr viel Spaß und Erfolg, und ich bin mir sicher, daß ihr ihn haben werdet, wenn ihr aufhört, nach irgendwelchen großartigen Erlebnissen zu schielen, die jenseits eures Alltags liegen. Eure Grenzenlosigkeit ist dort, wo ihr euch im Moment befindet.

3 KINDER. KINDER? KINDER!

Wenn in den folgenden Sätzen von Kindern die Rede ist, so werde ich der Einfachheit halber Bezug nehmen auf physische Kinder. Physische Kinder sind jedoch nur eine der unzähligen Möglichkeiten, etwas kreatives, selbständiges Neues in die Welt zu bringen.

Ich werde auch viel von Frau und Mann, Mutter und Vater sprechen. Hier mag es dann so aussehen, als wärt ihr in euren Rollen als Frau und Mann, Mutter und Vater biologisch festgelegt, deshalb weise ich ganz bestimmt noch einmal darauf hin, daß jedes Individuum männlichen Geschlechts sowohl Mutter als auch Vater als auch Kind und unzählige andere Rollen darstellt und in sich birgt. Umgekehrt, also im Fall einer Frau, verhält es sich natürlich genauso.

Damit jedoch die Ausführungen nicht zu »ausufernd« werden, beschränke ich mich auf diese einfache Symbolsprache und schicke dies lediglich voraus.

Man hat euch erzählt, und es ist die feste vorherrschende Meinung bei euren Verhaltensforschern, Psychologen und so fort, daß das, was ihr als Kinder erlebt habt und als Kinder wart, mehr oder weniger richtungsweisend und ausschlaggebend für die gesamte Entfaltung eurer Persönlichkeit ist. Die Praxen eurer Psychologen sind voll von Menschen, die in ihrer Kindheit und in den ersten Kindheitsmonaten und -jahren herumwühlen, um da eine Ursache zu finden für die Probleme, die sich heute am Arbeitsplatz, in der eigenen Familie oder sonstwo stellen.

In anderen Bereichen sucht man nach Ursachen sogar in vorgeburtlicher Zeit, an die Prägung im Mutterleib erinnernd, und noch weiter zurückliegend in früheren Leben. Dort wiederum hat die Kindheit eine große symbolische Bedeutung.

Die herrschende Glaubensmeinung des Kollektivs in eurer Gesellschaft ist ja, daß die Eindrücke, die man auf die Seele eines frischen neuen Menschen prägt, unauslöschlich in die Form des Ego für sein späteres Leben eingehen. Höchstens noch durch spezielle Therapien kann man solche Prägungen wenn nicht auslöschen, so doch bewußtmachen und erweichen.

Wenn ihr selbst Eltern geworden seid, dann wird euch in Stapeln von Büchern und guten Ratschlägen ans Herz gelegt, daß ihr dieses kleine winzige Wesen mit äußerster Sorgfalt behandeln müßt, da ihr ja die Weichen für seine spätere Persönlichkeit stellt. Das, was *Kindern* Kindsein bedeutet, daran gehen all diese Meinungen vorbei.

Es ist richtig – wenn ihr innerhalb der Zeit denkt –, daß ihr von euren Eltern die *beliefs*, die Überzeugungen, zunächst einmal übernehmt. Aber auch hier gibt es ja gravierende Unterschiede, wie ihr seht, beispielsweise bei Geschwistern, die in der gleichen Umgebung, bei den gleichen Eltern aufwachsen, also folglich ähnliche Glaubenssätze haben müßten, ähnliche Prägungen erlebt haben müßten. Dennoch kann der eine daraus ein kreatives, fröhliches Leben schöpfen und für den anderen dieses häusliche Klima zum Stolperstein für sein ganzes Leben werden.

Das, was ihr in euch fühlt, wenn man von Impulsen spricht, von einem plötzlichen inneren Antrieb, wenn eine neue Idee aufkeimt, ein neues Verständnis der bisher bekannten, geordneten Wirklichkeit – das ist das Kind in euch, das immer staunend, immer nach vorn blickend und immer begierig ist, sich weiter zu entfalten, etwas Neues zu entdecken und etwas neues Kreatives aus sich selbst heraus zu wagen.

Das Kind blickt nicht in Vergangenheit oder Zukunft, das Kind blickt in das, was vor ihm steht.

Kinder glauben keine festen Grundsätze, Kinder haben keine Überzeugungen, außer der, daß das, was sie tun wollen, auch irgendwie machbar ist. Wenn es unter Umständen einmal nicht machbar ist, so wird dem Gefühl darüber Ausdruck gegeben, egal in welcher Form. Es gibt aber keine einschränkende Vorstellung. Es gibt das, was man das absolute Vertrauen in die eigene Kraft, in die eigene Kreativität und auch das, was man als das absolute Vertrauen in die Umwelt bezeichnen könnte. Ein Kind weiß sich vollkommen ausgeliefert an seine Umgebung und fühlt sich trotzdem mächtig und kraftvoll genug, diese Umgebung nach seinen Bedürfnissen zu gestalten. Es hat das festwurzelnde Vertrauen, daß das, was es umgibt, sein Wollen, sein Tun, sein Wachsen unterstützen wird und nicht hemmen.

Erschreckend und erstaunlich ist deshalb eine Erfahrung, die eine Hemmung der Kreativität zu sein scheint. Das sind dann die tiefen Wunden, von denen eure Psychologen annehmen, daß sie Blockaden aufbauen können, einschränkende Glaubensmuster darüber, daß dieses oder jenes Verhalten nicht erwünscht ist, daß es nicht möglich ist, einen bestimmten inneren Traum zu verwirklichen, daß man nicht stark genug ist, daß man noch nicht alt genug ist, daß man vorher erst dieses oder jenes tun sollte.

Weit mehr als ihr glaubt, projiziert ihr heute – immer noch Kinder – eure Väter und Mütter auf das, was euch umgibt. Es sind nicht mehr der physische Vater, die physische Mutter, die ein bestimmtes Verhalten fordern, sondern es ist die augenblicklich euch umgebende Umwelt. Es sind vielleicht eure eigenen Kinder – darauf komme ich gleich zu sprechen –, es ist euer Mann, es sind die Vorgesetzten, es ist der Freundeskreis und so weiter und so fort.

Jedoch all das sind nur Symbole für die verinnerlichten und dadurch auch außen physisch erscheinenden Überzeugungen, die ihr euch zugelegt habt. Wenn ich sage, daß ihr immer noch Kinder seid, so heißt das, daß ihr auch immer noch fähig seid, in der Gegenwart zu sein und – egal welche – Überzeugung zu *verändern*. Der einfachste und direkteste Weg dazu führt über eure eigenen Kinder.

Wenn ihr selbst zu Eltern werdet, dann habt ihr außen in physischer Form das Symbol einer Neugeburt eures *eigenen Kindes*. Mit dem »eigenen« meine ich jetzt natürlich nicht den Besitzanspruch, sondern die Bedeutung, daß es das innere kreative Eigene ist, was da wieder in die Physis drängt. Ihr habt Gelegenheit, dieses Kind kennenzulernen und ihr habt vor allem Gelegenheit, Vater und Mutter zu sein. Vater und Mutter als Symbol für die Kräfte, die eure Überzeugungen von der Wirklichkeit gestalten.

Jetzt gibt es nicht mehr den eigenen Vater, die eigene Mutter, sondern ihr seid jetzt Mutter und Vater geworden und solltet aufhören, ein unmündiges Kind zu sein: nicht das Kindsein aufhören, sondern das Unmündige aufgeben. Ihr könnt also *der* Vater und *die* Mutter sein, die ihr selbst haben wollt.

In eurer Überzeugung ist es gemeinhin so, daß ihr annehmt, daß die sogenannten Erziehungsfehler aus der eigenen Kindheit auch wieder auf die eigenen Kinder übertragen werden. Das heißt, daß kein Prozeß der Bewußtwerdung und wieder Kindwerdung eingetreten ist und somit die ungeliebten *beliefs* und Vorstellungen der Eltern wieder an die eigene Kreativität, an die eigenen Kinder weitergegeben werden.

Überzeugungen gestalten sich durch eine Erfahrung, die ihr ja zunächst körperlich nicht machen könnt; vorher geht sie gewissermaßen emotional-geistig vor sich. Ihr entwickelt eine Vorstellung davon, wie etwas sein soll, bevor ihr es umsetzen könnt.

Ihr könnt euch nur Dinge vorstellen, die in eurer Welt mehr oder weniger üblich sind. So gibt es beispielsweise Schwierigkeiten, euch Wesen auf anderen Planeten vorzustellen, die vollkommen andere Attribute tragen als ihr: die beispielsweise keine Augen haben. Wenn sie schon keine Augen haben, dann müssen sie irgend etwas Ähnliches, sagen wir, am großen Zeh haben. Daß eine Wahrnehmung vollkommen anders funktionieren kann, daß es ganz andere Formen geben kann oder daß es so etwas wie Form beispielsweise gar nicht gibt oder daß es andere Dimensionen gibt – das ist für euch vielleicht fühlbar, aber nicht mehr vorstellbar; es kommt also kein inneres Bild mehr dazu.

Grundsätzlich wird – ganz vereinfacht – also eine Überzeugung bildhaft-symbolisch von Vater und Mutter dargestellt. Beispielsweise gibt es die Überzeugung, daß ihr alle laufen könnt. Im differenzierteren Teil – und ihr spürt worauf ich hinaus möchte – entstehen über diese beiden Pole von Gefühl und Intellekt (Mutter und Vater) eine Vielzahl von Annahmen dessen, was ihr sein solltet oder seid und dessen, was ihr nicht sein solltet und auf gar keinen Fall werden dürft.

Der Zeitpunkt, zu dem ihr in eurer Gesellschaft erwachsen werdet, ist auch der Zeitpunkt, zu dem ihr normalerweise beginnt, selbst Kinder zu bekommen, das heißt, daß das Erwachsensein auch wiederum eine Neugeburt ist in ein bewußtes Verständnis. Es ist nicht so, daß die biologische Tatsache, daß ihr Menschen euch auf eine doch sehr mühselige Art reproduziert, keinen »Sinn« hätte, daß es nur eine Qual oder Laune der Natur wäre, daß dem so ist. Es liegen darin ganz großartige Möglichkeiten der Bewußtwerdung. Wenn ihr selbst zum Schöpfer des Lebens werdet, so solltet ihr euch darüber bewußt werden. Ihr solltet diese Möglichkeit erkennen und als Mutter und Vater ausweitenden neuen *beliefs* Raum schaffen.

Wenn ihr eure Überzeugungen unter die Lupe nehmt und sie als einschränkend erkennt und verändert, so ist das die eine Sache, wenn dies in der Vorstellung und auf dem Papier geschieht. Dennoch scheint euch doch wie ein dunkler schwerer Umhang eure Vergangenheit und vor allem eure emotionale Erinnerung an eure Kindheit anzuhängen: »Mein Vater war eben so oder so, und meine Geschwister waren dieses und jenes, und meine Mutter hat trotzdem immer gesagt ...«

Dieses Bild, das ihr von euren eigenen Symbolen *Vater* und *Mutter* habt, könnt ihr vollkommen verändern: Ihr könnt euch also die Mutter mit der emotionalen Wärme, die ihr zum Wachstum benötigt, bei euren eigenen Kindern erschaffen. Ihr seid ja selbst wieder formbar Kind geworden und seid aber jetzt gleichzeitig – anders als damals – Mutter oder Vater.

Es wird schwierig sein, wenn jemand von euch versucht, beispielsweise die eigene physische Mutter zu verändern oder den eigenen physischen Vater. Das ist zwar sehr nützlich, wenn man es in einer Vorstellungsübung tut – und das Verhalten der eigenen Eltern wird sich dann auch tatsächlich verändern, beziehungsweise es wird zumindest anders erlebt werden können –, aber eine wirkliche Veränderung eures innersten Gefühls zu diesen Qualitäten, aus denen heraus ja eure Überzeugungen gebildet werden, tritt erst dann ein, wenn ihr selbst diese Rolle für euch neu erschafft.

Das was euch eure Kinder also in jedem Moment zurückgeben, ist die grandiose Möglichkeit, daß ihr selbst beginnt, selbstverantwortlich eure Realität, eure Überzeugungen zu gestalten, daß ihr euer eigener Vater und eure eigene Mutter werdet. Da gibt es keine Projektionen mehr, da gibt es keine Ursachen mehr in der Vergangenheit. Das gesamte Potential eurer selbst wird euch ebenfalls durch eure Kinder wieder geschenkt als vollkommen neues und frei entwicklungsfähiges kreatives Potential. Ihr werdet gewissermaßen physisch-biologisch daran erinnert, welche Möglichkeiten in der Gegenwart und im Moment liegen. Über die Beschäftigung mit euren eigenen Kindern solltet ihr eigentlich selbst zu neuen Menschen werden. Ihr solltet euch mehr von euren Kindern erziehen lassen, als zu versuchen, sie zu erziehen.

In einem anderen Kapitel werde ich näher auf die Alltäglichkeit mit den tatsächlichen physischen Kindern eingehen. Hier geht es jetzt mehr um den theoretischen Überblick.

Wenn ihr euch eure Welt anseht, eure Umwelt, euren Alltag, so gibt es durch die Neugeburt eines Wesens, abgesehen von ein paar Feierlichkeiten, eigentlich keinen allzugroßen Umbruch. Bei manchen wird das schon sichtbarer, wenn nämlich ein Umzug erforderlich wird, wenn plötzlich ein Elternteil seinen Beruf aufgibt oder ihn wechselt.

Insgesamt gilt aber doch bei euch und in eurer Vorstellung sehr viel mehr als besonders tüchtiges Elternpaar, beziehungsweise als tüchtige Mutter oder tüchtiger Vater jemand, bei dem das Leben durch seine Kinder mehr oder weniger ungestört verläuft, der also mehr oder weniger so wie bisher weitermachen kann und durch seine Kinder nicht daran gehindert oder gestört wird. Das aber wäre genau das, was Kinder ja tun sollen! Sie *sollen* ja die Verkrustungen, die Begrenzungen, die eingeschränkten Überzeugungen bewußtmachen und auch die Möglichkeit, sie jederzeit zu verändern, indem man die Verantwortung für die Erschaffung der eigenen Glaubensmuster übernimmt, indem man selbst Mutter und Vater wird und eben nicht nur Mutter und Vater für das eigene physische Kind, sondern für die eigene Kreativität.

Es wird zwei zugehörige Kapitel geben, in denen ich deutlicher auf die beiden Pole eingehe: den männlichen väterlichen und den weiblichen mütterlichen, auf Intellekt und Gefühl, und wie sich aus dem Zusammenspiel dieser beiden Pole eine Überzeugung formt. Wenn ihr so wollt, so ist eben das, was daraus geformt wird, dieses Kind, diese Kreativität, das was von eurer unerschöpflichen Energie nach außen physisch sichtbar wird.

Zuletzt noch ein paar Beispiele, damit wir gedanklich nicht nur bei den kleinen süßen Babies oder den rotznasigen Schuljungen hängen bleiben:

Kinder sind alle eure Erfindungen, die ihr getätigt habt, Kinder sind Bücher, Kinder sind die Musik, die ihr hört, Kinder sind die Häuser, die ihr baut, und Kind ist die Landwirtschaft, Kinder sind diese Zeilen hier, Kind ist das Buch, das ihr im Moment in der Hand haltet, Kind ist die gesamte Kunst, die euch umgibt, und Kinder sind die Spiele, die ihr spielt. Alles, was ihr von eurer unbegrenzten göttlichen Kraft manifestiert, sind Kinder, und in euch wohnt diese unbegrenzte Fähigkeit, jederzeit etwas kreativ in diese physische Welt zu bringen, und das ist das, was das große unerschöpfliche Potential der Menschheit darstellt. Es gibt dabei keinerlei Abhängigkeiten, keinerlei Einschränkungen von irgendwelchen äußeren Müttern und Vätern, durch irgendwelche Gegebenheiten.

Nehmen wir einmal an, daß es eurer Überzeugung nach für

ein bestimmtes Projekt am Geld mangelt oder daß ihr annehmt, etwas nicht durchführen zu können, weil ihr nicht genügend Vertrauen habt. All das sind scheinbare äußere Mütter und Väter, die sich nicht so verhalten, wie es dem Wachstum und der kreativen Selbstverwirklichung ihres Kindes guttun würde.

So nehmt doch diese Möglichkeit, selbst zu Eltern zu werden, dazu her, um euch darüber bewußt zu werden und um nachzuerleben, wie ihr selbst Vater und Mutter, alleinige Erschaffer eurer Überzeugungen werdet.

Wenn ihr wollt, könnt ihr dazu ein paar innere und äußere Übungen tätigen.

Wenn ihr physische Kinder habt, wird euch das nicht allzu schwer fallen. In diesem Falle sucht euch einmal den scheinbar wunden Punkt, das was in eurer Erinnerung als überaus unangenehm in eurer eigenen Erziehung erinnert wird: irgendein Verhalten eurer Mutter, irgendeine Situation, in der ihr euch vollkommen mißverstanden gefühlt habt. Und nun erkennt, daß ihr inzwischen erwachsen, selbst Mutter oder Vater seid und daß gewissermaßen eure eigene Kindlichkeit in Form eures eigenen Kindes vor euch verkörpert ist.

Nehmt dieses Erlebnis, das euch bedrückt und malt genauso wie ein Maler phantastisch ein neues dazu, das heißt, verhaltet euch in eurer Vorstellung als eure Mutter oder euer Vater agierend so, wie ihr gerne gehabt hättet, daß sie sich verhalten. Prüft dann nach, welche Auswirkungen dies zeitigt, indem ihr den Film eurer Erinnerung auch ein wenig weiterlaufen laßt und dann versucht, diese Qualität euren eigenen Kindern gegenüber zum Ausdruck zu bringen. Seht weiter, wie sie sich damit fühlen und welche neue Interaktion zwischen euch und euren Kindern dadurch entsteht.

Wenn ihr keine physischen Kinder habt, so nehmt das Kind, das euch im Moment am liebsten ist. Ich habe ja schon einige Beispiele aufgezählt: also das, womit ihr euch beschäftigt, das was ihr hervorbringt, das was ihr erschafft. Das sind eure Kinder. Nehmt also eines dieser Projekte und verfahrt mit diesem

Projekt genauso. Dabei ist es egal, ob dieses Projekt nun ein Stapel Bügelwäsche ist – denn auch das ist kreativ und *Kind*, wenn sie hernach wieder geordnet und gebügelt im Schrank liegt – oder ob es ein großes Projekt zur besseren Ausnutzung von Solarenergie ist.

Nehmt also dieses kindliche Wesen, dieses kreative Projekt und seht, daß ihr es als Vater und Mutter behandelt und großzieht, in die Wirklichkeit kommen laßt. Verfahrt dabei genauso, wie ihr mit einem physischen, leiblichen Kind verfahren würdet. Erkennt, wie ihr euch diesem Kind gegenüber verhaltet: Habt ihr Forderungen, wollt ihr, daß das Projekt euch etwas ganz Bestimmtes einbringt? Ist es euch mehr oder weniger eine Mühseligkeit, dieses Projekt in die Welt zu bringen?

Vielleicht müßt ihr euch mit diesen einführenden Zeilen, die, wie schon gesagt, für mehrere Kapitel eine Einführung darstellen, etwas öfter beschäftigen.

Ich wünsche euch bei der Entdeckung, daß ihr selbst die Schöpfer eurer Selbst seid, viel Freude, vor allem Geduld und Ausdauer bei den neuen Spielen, zu denen euch euer inneres Kind herausfordern wird.

4 VÄTER UND MÜTTER

Ich möchte hier zwei Unterkapitel bringen. Das eine heißt »Mütter« und das andere »Väter«. Ich beginne mit

DIE »VÄTER«

Wenn im folgenden vom »Vater«, vom Intellekt, vom Aktiven gesprochen wird, dann bedeutet das keinesfalls, daß es sich hier um eine Klassifizierung handeln soll, die bedeutet, daß nur der männliche Mensch, also der Mann, über diese Funktionen und Eigenschaften verfügen würde, nur weil er den körperlichen Repräsentanten dieses Teils darstellt.

In der Polarität, in der ihr lebt, hat jede Erscheinungsform – *jede!* – diesen väterlichen männlichen intellektuellen Anteil. Sehr genau muß ich wohl darauf nicht eingehen, da es in jeglicher »Lehre« genauestens und deutlich beschrieben ist, am schönsten oder am einfachsten vielleicht im Yin-Yang-Symbol.

Wenn ihr etwas Kreatives – ein Kind – manifestiert, dann braucht es dazu einen Vater und eine Mutter.

Wenn ihr etwas erschafft, habt ihr zuerst, zuallererst die Idee dazu. Das ist der Vater: die Idee, der Gedanke wie etwas sein soll und warum es so werden soll. Es ist meist ein phantastischer Gedanke. Dieser Gedanke nimmt dann über den anderen Pol, die Mutter, Form an. Diese Form ist bedingt durch die Gefühle.

Ich kann mich nicht ganz auf eine Besprechung aufgeteilt in Gefühl und Intellekt beschränken, weil diese beiden Pole zu eng miteinander verbunden sind, als daß man das eine ohne das andere betrachten könnte.

Also – ihr habt einen kreativen Gedanken. Nun, ich habe euch immer geraten: Wenn ihr etwas Neues erschaffen wollt, eure Überzeugungen, eure *beliefs* verändern wollt, dann tut das mit euren Gedanken, denn die Gefühle folgen den Gedanken. Ausgeformt wird dann die Manifestation – um mich zu wiederholen – über die Gefühle. Eure Idee zieht automatisch Gefühle an.

Ein einfaches Beispiel: Ihr wollt euch einen neuen Anzug besorgen, manifestieren. Da ist zunächst einmal der Gedanke. Doch sofort, im Grunde genommen sogar gleichzeitig, sind die Gefühle dazu da: Wie fühlt ihr euch in diesem Anzug, wenn ihr ihn einmal tragen werdet?

Dann kommt wieder der väterliche Teil, der Gedanke, wie ihr an diesen Anzug kommen könnt: ob ihr ihn kaufen oder bestellen sollt, ob ihr einfach darauf warten sollt, daß ihn euch jemand zufälligerweise schenkt, ob ihr einen Schneider aufsuchen sollt, und so weiter.

In der Manifestation, stark vereinfacht, sollt ihr euch in einer Übung einfach vorstellen, wie ihr euch fühlt. Das ist der mütterliche Teil, auf den ich noch eingehen werde. Ihr solltet euren Intellekt, euren väterlichen Anteil nicht dazu gebrauchen, immer neue Überzeugungen zu schaffen, wie denn das zu bewerkstelligen sei, daß ihr nun zu diesem schönen neuen Anzug kommt, sondern ihr sollt ihn dazu gebrauchen, das Gefühl, das euch am besten gefällt zu ernähren, zu hegen, zu pflegen, zu beschützen vor allen anderen Gefühlen, die da vielleicht hinein wollen: daß der Anzug aus diesem teuren Stoff euch vielleicht nicht steht oder daß ihr ihn euch nicht leisten könnt. Dies ist ein Gefühl, das da ja eigentlich nicht hinein soll, wenn ihr manifestieren wollt, nicht wahr?

Benutzt eure intellektuelle Fähigkeit also dazu, eure Gefühle, die ihr zur Manifestation braucht, in einen Rahmen zu bringen, in dem sie immer größere und stärkere Form annehmen können. Wenn ihr das tut, dann werdet ihr bemerken, daß in eurem Vorstellungsbild, in eurer Übung die Gefühle, wie herrlich ihr euch in eurem neuen Anzug fühlt – und vielleicht sind da auch noch ein paar Bilder von einer Party, bei der ihr den Anzug als erstes tragen werdet und so fort –, daß also diese stark emotionalen Bilder immer kräftiger werden.

Der väterliche Anteil sorgt also dafür, daß nach Erschaffung der Idee der Rahmen für die Gefühle erhalten bleibt, der ein optimales Wachsen der kreativen Idee ermöglicht.

Am Beispiel, das ich ja anfangs schon gewählt habe, als ich die körperliche Ebene zur Erklärung herangezogen habe – also beim physischen Vater – könnt ihr dies ja sehr gut erkennen. Der »Vater«, der väterliche Anteil in einer Familie, egal ob diesen nun der Vater, die Mutter oder sonst irgend jemand verkörpert, sollte dafür sorgen, daß der emotionale Rahmen für das heranwachsende Kind so geartet ist und so bleibt, daß eine optimale Entwicklung dieser Idee »Kind« ermöglicht wird.

Auf einer sehr einfachen Ebene geschieht das, wenn – wie es in eurem Kulturkreis üblich ist – der Mann in der Familie dafür sorgt, daß genügend Geld vorhanden ist, um das Essen zu bezahlen, die laufenden Kosten zu tragen und so weiter. Das ist dann ein Rahmen, der zur Entfaltung des Kindes notwendig ist.

Bei der Entwicklung des Kindes hat der Vater den wichtigen Anteil, daß er die Ideen der kindlichen Kreativität fördert.

Früher war der Intellekt, also der Vater, sehr einfach charakterisiert: Er war nämlich derjenige, der Gebote und Verbote aussprach. Ihr seht dieses einfache Charakteristikum beispielsweise auch im väterlichen Gott eurer katholischen Bibel. Auch innerhalb der Familie war der Vater dafür zuständig, Entscheidungen zu treffen, ganz einfache, klare Linien zu schaffen und Strafen zu verhängen, wenn eine solche Entscheidung, also ein solcher Rahmen, gegen seinen Willen zerbrochen wurde, übertreten wurde oder etwas ähnliches.

Dabei wurde oftmals ein sehr starres Beliefsystem gewählt, das nicht unbedingt eine optimale Entwicklung kreativer Ideen gewährleistete, sondern eher eine Reproduktion der bisherigen, altergebrachten Beliefsysteme.

Ihr könnt euch – ein jeder für sich – für eine Übung ein Beispiel wählen. Wer Kinder hat, kann dies ruhig der Einfachheit halber mit diesen versuchen, aber auch jede andere kreative Tätigkeit ist für eine solche Übung geeignet, um herauszufinden, welches Verhältnis, welche Glaubensmuster ihr über diese intellektuelle, ordnende, einteilende Rolle habt.

Ganz entgegen der herrschenden Glaubensmeinung bin ich nicht der Ansicht, daß der Intellekt selbst in eurer Welt überbetont wird, sondern nur die Einschränkung. Wie eine solche über den Intellekt entsteht, habe ich eingangs bei unserem Anzug-Beispiel schon beschrieben.

Gut. – Ihr sucht euch irgendeine Situation, ein Ereignis, bei dem ihr das Gefühl habt, daß mit eurer Kreativität, mit euren Kindern, gegen das väterliche Gebot – also gegen das, was ihr glaubt, was aus eurer Kreativität werden soll – verstoßen wurde. Das kann ganz einfach sein: Es kann eine vom Junior zerbrochene Fensterscheibe sein, es kann ein Wutanfall der kleinen Tochter sein, es kann die Unselbständigkeit des inzwischen zum Teenager herangereiften großen Sohnes sein, das kann der Stapel Akten auf eurem Schreibtisch sein, der scheinbar nicht mehr eurer Kontrolle unterliegt und eurer Kreativität, sondern der ganz im Gegenteil euch nun ständig fordert und herausfordert, so daß jeglicher Spaß an der Arbeit nun hintenansteht. Beispiele findet ihr sicherlich genug dafür.

Nehmt dann diese Situation in eurer Vorstellung, stellt sie auf eine Bühne, nehmt die Beteiligten und wißt, daß ihr der Regisseur seid. Ein Regisseur hat eine schwierige, verantwortungsvolle Aufgabe. Er soll ein kreatives Stück entwickeln, das ihm nicht entgleiten darf, und auf der anderen Seite ist es notwendig, daß er jeden Funken von Können aus den Schauspielern herausarbeitet und ihre eigene Persönlichkeit so einsetzt, daß sie am allerbesten zur Geltung kommt. Am Beispiel der trotzigen Zweijährigen möchte ich fortfahren. Tut ihr das mit euren Beispielen.

Wenn also die kleine Schauspielerin ihren Wutanfall hat, ist es Sache des Regisseurs zu überlegen, ob er sie falsch eingesetzt hat, ob die Rolle, die er ihr da zugewiesen hat, vielleicht nicht ganz paßt oder aber, ob ein anderer Schauspieler einen hemmenden oder störenden Einfluß ausübt oder aber ob diese trotzige, unangenehme Reaktion vielleicht im Gesamtbild des Stückes, der Kreation, ganz gut paßt.

Je nachdem wie ihr euch dann entscheidet, spielt ihr es durch – die Dialoge, die ihr als Regisseur mit euren Schauspielern führt – und verändert dann vielleicht den Ablauf. Ihr könnt die Szene ja wiederholen lassen und zwar so lange, bis sie euch gefällt, bis sie in das Gesamtbild des Stückes, das ihr spielen wollt, hineinpaßt.

Jetzt soll nicht der Eindruck entstehen, daß ihr mit eurem väterlichen Anteil eure Kinder in Bühnenschauspieler verwandeln sollt, die euch aufgrund eurer väterlichen Autorität als Regisseur mehr oder weniger zu gehorchen haben. Daß dem nicht so ist, wie es sich jetzt in diesen Zeilen liest, werdet ihr ja bei der Übung schon bemerkt haben.

Dennoch ist dieser wichtige, zentrale, feste, auch behütende Rahmen der väterlichen intellektuellen Seite notwendig. Er soll nicht zum Gefängnis werden. Insofern ist es notwendig, seine Überzeugungen, die ja intellektueller Art sind, immer wieder zu überprüfen. Aber wenn man dann eine Überzeugung gefunden hat, die man glaubt für eine phantastische, bereichernde Kreativität und einen schöpferischen Ausdruck derselben verwenden zu können, dann ist es notwendig, daß man diesen Grundpfeiler wieder und wieder neu errichtet.

In diesem Rahmen drücken sich nun Gefühle aus, werden sichtbar über den Gegenpol, der jetzt schwierigerweise auch wieder in jedem von euch zu finden ist – im »Beispiel der Familie« ist es eben die Mutter oder die Frau. Stark vereinfacht sollte der männliche Anteil, der Vater, die intellektuelle Sicherheit geben, die es der Frau ermöglicht, ihre Gefühle voll und ganz auf die gemeinsame Kreativität zu richten.

Das hört sich jetzt an, als sollte die Mutter all ihre Gefühle auf die Kinder werfen. Aber die gemeinsame Kreativität einer Familie besteht ja nicht nur in den Kindern, sie sind nur *ein*

Ausdruck. Die gemeinsame Kreativität ist auch die Wohnung, die sie bewohnt, das Haus, das die Familienmitglieder gemeinsam haben, der Urlaub, den sie gemeinsam planen, das Essen und so fort. Diese Gefühle müssen sozusagen immer wieder aufgeladen werden.

Um es wieder sehr vereinfacht darzustellen – nicht, daß mich jemand mißversteht und meint, ich wäre ein Anhänger jener Richtung, die annimmt, der Mann gehöre in die Arbeit und die Frau in die Küche –: Die Gefühle sollten von eurem Intellekt so geführt werden, daß sie ihre emotionale Schöpferkraft auf das richten, was gemeinsam geschaffen werden soll, und nicht auf irgend etwas anderes.

Wenn ihr irgendeine Idee habt, müßt ihr euren Gefühlen ein sicheres Gerüst, eine sichere Linie geben, innerhalb derer sie gewissermaßen fließen können. Schafft ihr diese Linie zu schmal, dann wird die emotionale Kraft wie ein Fluß, der über die Ufer tritt, dieses Rahmengerüst einfach sprengen, und ihr habt dann das Gefühl, daß ihr irgendwelchen emotionalen Trieben ausgeliefert seid. Schafft ihr das Gerüst zu breit, dann werdet ihr nicht allzuviel von eurer Kreativität und von euren Gefühlen erkennen können, da sich die Gefühle – wenn ich sie wieder mit Wasser vergleiche – gewissermaßen im Sande verlaufen werden und nicht sichtbar werden können.

Andererseits sind es ja eure Gedanken, die eben oftmals bereits zu starr geworden sind, so daß sie einschränkend sind für eure Gefühle, für eure Kreativität. Ein Beispiel dazu wäre, wenn der Vater in der Familie darauf bestehen würde, daß jeden Tag immer alles gleich abläuft, daß kein neues Geschirr ins Haus kommt, daß kein anderes Essen gekocht wird (ja, er würde sogar den Speiseplan überwachen), daß jedes Jahr zum gleichen Urlaubsziel gefahren wird, daß also alles immer wieder in den gleichen Bahnen verläuft. Das wäre dann für die Frau und die Kinder und sicherlich auch für den Mann in seiner Kreativität natürlich äußerst einschränkend. Und genauso verhält es sich mit einschränkenden *beliefs*.

Der zugehörige zweite Teil zu den Manifestationen ist der

mütterliche emotionale Teil. Im Normalfall sorgt er sowohl in der Familie als auch bei den Manifestationen dafür, daß eine solche Starrheit, die Unbeweglichkeit bedeutet, nicht geschieht. Nun, wenn ihr eure Witzblätter anseht oder auch eure kollektiven Glaubenssätze über das Verhalten von Ehefrauen, dann wißt ihr, was ich meine. Sie sind nämlich unzufrieden und schimpfen: entweder über das Einkommen des Mannes oder daß sie nicht genügend Kleider im Schrank haben oder über sonst irgend etwas.

Ein jeder von euch kennt das Gefühl der Unzufriedenheit, und es bedeutet, daß ihr eure Glaubenssätze, eure Ideen unter die Lupe nehmen müßt, euren väterlichen Anteil, der euch zu sehr einengt und einsperrt.

Ich weiß, daß das etwas schwierig klingt, aber ihr werdet es schon begreifen.

Ein wenig ausführlicher nun der andere Teil, den wir überschrieben haben mit

DIE »MÜTTER«
ODER »DAS GEFÜHL«

Eine Idee – eine kreative Idee – wird sofort von einem Gefühl aufgefangen, und im Normalfall nährt das Gefühl im wahrsten Sinne des Wortes das Heranwachsen dieser Idee, bis sie zu einer selbständigen Kreation geworden ist.

Wenn ihr eure biologischen Voraussetzungen anseht, dann wird euch das vielleicht auf einer ganz einfachen Ebene deutlich.

Von sich aus verändern die Gefühle nichts, das heißt, daß sie lediglich die Matrix, die Idee umsetzen. Ihr könnt aber über eure Gefühle sehr viel über die grundlegende Idee erfahren, also über den Intellekt, über den Vater.

Innerhalb des sicheren männlichen, intellektuellen Rahmens hegen und pflegen also die emotionalen Anteile die Entstehung eines Ereignisses oder einer Sache. Normalerweise, oder besser gesagt im Idealfall, ist der intellektuelle Rahmen so gestaltet, daß durch die »Nahrung« der Gefühle im richtigen Zeitpunkt eine Manifestation hervortritt, die ihr dann ansehen könnt.

In eurer Welt sind diese hegenden und pflegenden Anteile der emotionalen Seite etwas – nun ich möchte fast sagen – negativ. Und auch in eurem Sprachgebrauch ist das Männliche das Positive und das Weibliche, Beschützende, Ernährende, Emotionale das Negative, das Dunkle. Alles, was intellektuell ist, was scheinbar verändert, hat in euren Augen einen höheren Stellenwert. Alles was das, was ist, wie es ist, hegt und pflegt und zur Vervollkommnung bringt, hat irgendwie den Beigeschmack von unattraktiv, manchmal sogar gefährlich oder ähnlichem. Angefangen damit – um wieder das Beispiel Familie heranzuziehen –, daß sich heute weder Mann noch Frau großartig darüber freuen, wenn sie den hausfraulichen oder den hausmännlichen Beruf ausüben: Das Erbauen eines Hauses ist eine Leistung, für die man anerkannt wird, das Hegen und Pflegen des Hauses aber, so daß es innerhalb der Manifestation bleibt, ist in euren Augen keine Leistung, sondern nur das Verändern.

So kommt es zu sehr schnell-lebigen und auch unattraktiven Manifestationen, beispielsweise wenn ihr eure Architekturen betrachtet, die ja eigentlich immer nur darauf gerichtet sind, daß noch schneller noch mehr entsteht, was noch weniger Pflege bedarf und damit auch beispielsweise nicht so dauerhaft ist wie die älteren Gebäude. Da könnt ihr es sehr gut ablesen.

Eine Landschaft, die nicht mehr gehegt und gepflegt, sondern in die aktiv sehr stark eingegriffen wurde, beispielsweise durch Flurbereinigung, bedarf nicht mehr so vieler Gefühle, so vieler Pflege, damit man daraus eine Kreativität, einen Nutzen ziehen kann. Aber ihr seht ja, daß ihr dadurch in euren Aktivitäten, in eurem Lebensgenuß unzufriedener werdet, immer mehr eingeschränkt werdet, weil ein jeder von euch die Unzufriedenheit der Gefühle über die Enge der damit gesetzten Rahmen spürt.

In unserer Übung, die wir im vorigen Kapitel miteinander gemacht haben, waren wir in das Gewand eines Regisseurs geschlüpft. In der jetzigen Übung, die euch mit euren Gefühlen bekannt machen soll, versuchen wir die Rolle des »Gegenteils« oder der Entsprechung des Regisseurs einzunehmen. Hierbei müssen wir uns in mehrere Personen verwandeln. Wir sind also der Bühnenbildner, wir sind die Bühne, wir sind der Beleuchter, der Kameramann, wir sind das nette Fräulein, das immer gerade dann den Kaffee bringt, wenn es unerträglich wird, wir nähen die Kostüme, bringen das Filmmaterial.

Nehmt diese Rolle, die eine Vielzahl von Körpern in unserem Beispiel trägt, in eurer Vorstellung an und versucht nun, alles zu tun, damit der Regisseur – dessen Idee ihr kennt, dessen Idee ihr aufnehmt und auch umsetzen wollt – diese Idee auch mit den Mitteln, die er hat, umsetzen kann. Also alles, was ihr gewissermaßen dazu braucht.

Nehmt auch jetzt wieder das gleiche kreative Ereignis, bei dem ihr vorher das Gefühl hattet, daß eure intellektuellen Vorstellungen über euer »Kind« nicht so in Erscheinung getreten sind, wie ihr das gerne gehabt hättet. In meinem Beispiel war es die trotzige Zweijährige. Jetzt habt ihr eine Vielzahl von Gesichtern, die etwas an dieser Situation verändern können.

Ich habe in meinen Ausführungen unterteilt zwischen Kind, Mann und Frau, zwischen Idee und Gefühl, Intellekt und Emotion, Vater und Mutter, obwohl es im täglichen Leben nicht so einfach zu bewerkstelligen ist, herauszufinden, wo nun der intellektuelle und wo der emotionale Anteil liegt.

Wenn ihr etwas – egal was – in die Manifestation bringen wollt, etwas Neues durch eure Gedanken und Gefühle erschaffen wollt – und ihr tut dies ja fortlaufend –, dann achtet darauf, daß ihr gerade *am Anfang(!)* diese Manifestationen mit genügend Gefühl, mit genügend Pflege verseht, mit Beachtung, damit euch gewissermaßen dieses kleine Pflänzchen, das ihr da bereits sehen könnt, nicht dahinschwindet.

Ihr könnt auch, wenn ihr Lust habt, in einem der Kapitel, die sich nun wirklich um die physische Familie und auch um

Kindererziehung drehen werden, noch einmal nachlesen und anhand dieses vortrefflichen Beispiels der Familie vielleicht noch einigen Aufschluß über das Zusammentreffen und das Zusammenspiel von Gefühl und Intellekt gewinnen.

Wenn eine Manifestation noch nicht in der Physis ist oder noch nicht selbständig in der Physis bleibt – egal was es ist, sagen wir, ihr wünscht euch ein hübscheres Aussehen – dann denkt immer daran, daß dieser Wunsch ein hübscheres Aussehen zu haben, am Anfang genauso gewissermaßen noch ein kleines Kind ist, wie eben ein physisches Kind. Und wenn es nicht immer wieder umsorgt und genährt wird, dann wird es sich nicht entwickeln können. Es dauert gewissermaßen eine Zeitlang – wie lange, das ist sehr unterschiedlich, im Idealfall kann ein *belief*, ein Glaubenssatz also, über Nacht verändert werden. Aber stellt euch besser darauf ein, daß es normalerweise eine Zeitlang dauert.

So müßt ihr also einen solchen neuen Glaubenssatz, eine solche neue Kreativität genauso umsorgen wie ein kleines Kind, bis es erwachsen ist: In diesem Falle würdet ihr plötzlich feststellen, daß ihr schön seid, daß ihr ein hübsches Aussehen gewonnen habt und jetzt nichts mehr dazu tun müßt. Ihr müßt diese Überzeugung nun gewissermaßen nicht mehr umsorgen, denn sonst würde sie unselbständig. Das ist genauso schwierig wie bei euren physischen Kindern, die ja auch irgendwann einmal nicht mehr umsorgt werden, sondern selbständige Menschen sind.

Sollte also einmal irgend etwas nicht so recht zu eurer Zufriedenheit funktionieren, dann überprüft den »Vater« und die »Mutter«. Ist sich der Vater, euer Intellekt, vielleicht seiner Idee nicht ganz sicher, glaubt er, er hätte eine größere Idee haben müssen, eine andere, oder glaubt er, daß diese Idee überhaupt nicht richtig durchführbar ist, so gibt es keine Sicherheit für eure weibliche, mütterliche Seite, die ja dieses Kind nähren soll. Schreibt eure Glaubensmuster dazu auf!

Wenn ihr aber das Gefühl habt, daß eure Überzeugung hundertprozentig eine ist, die kein unzufriedenes oder wankelmütiges Gefühl aufkommen läßt, dann solltet ihr euch fragen, ob ihr die kleinen Erfolge, die ihr ja ganz sicher schon gehabt habt, genügend bemerkt habt. Habt ihr sie genügend beachtet oder wart ihr sozusagen eine schlechte Mutter und mehr oder weniger enttäuscht, daß ihr da ein kleines hilfloses Wesen vor euch habt, das sich ohne eure Hilfe überhaupt nicht richtig bewegen kann, das noch vollkommen auf euch und eure emotionale Unterstützung angewiesen ist? Wenn ihr euch das am Beispiel eines kleinen Kindes vorstellt, versteht ihr es.

Ihr könnt entweder als Mutter euer Kind ständig herabsetzen, indem ihr sagt, wie hilflos es noch sei und wie wenig noch könne und daß es fürchterlich sei, daß man es ständig ernähren muß und die ganze Zeit dafür da sein muß. Ihr könnt euch aber auch über jeden kleinen Schritt in die Selbständigkeit freuen und es ermuntern, größer zu werden, es beschützen und größer werden lassen an eurer Hand.

Das ist, wenn ihr so wollt, der häufigste Fehler, der begangen wird, wenn scheinbar die Veränderung der Realität *nicht* euren Wünschen entspricht, daß ihr euch zu wenig um diese Kreativität, die da am Entstehen ist, kümmert.

Nun aber: Wie kümmert man sich um eine kleine neue Idee, um eine Kreativität, um einen neuen Glaubenssatz, um ein neues Leben, das da entstehen soll? Im Grunde genommen gibt es nicht allzuviel Unterschiede. Es gibt sehr viele verschiedene Hilfsmethoden, die euch ein solches Kümmern erleichtern.

Beispielsweise, wenn ihr den Glaubenssatz verändert wollt, daß ihr minderwertig seid, und euch statt dessen die neue Überzeugung zulegen wollt »ich bin wertvoll«, dann habt ihr die Möglichkeit, euch immer wieder daran zu erinnern, daß euer Glaubenssatz »ich bin wertvoll« ganz klein und hilflos noch vor euch liegt und gewissermaßen emotional großgezogen werden muß. Ich rate euch, bewegt euch in Kreisen, in denen ihr euch wertvoll fühlt, macht einen Spaziergang in dem Bewußtsein »ich bin wertvoll«, hängt euch ein Bild an die Wand von euch selbst, das euch sehr gut gefällt und das genau dies ausstrahlt.

Ihr müßt euch immer wieder daran erinnern. Auch ein kleines Kind würdet ihr oft vergessen, wenn es nicht schreien würde.

Je mehr ihr euch gewissermaßen erinnert, ständig in eurem Tagesablauf – ihr könnt euch kleine Zettel schreiben und sie überall hinhängen, ihr könnt euch bei diesem neuen Glaubenssatz einen Ring kaufen und ihn nicht mehr ablegen, so daß ihr immer wieder daran erinnert werdet, daß etwas umsorgt werden muß –, desto weniger kommt die Pflege eurer Manifestation zu kurz. Ehe ihr es euch verseht, ist die Manifestation aus ihren Kinderschuhen herausgewachsen und selbständig, und ihr *seid* wertvoll.

Ich wünsche euch wertvolle Erfahrungen!

5 Geld und Besitz

Diese »Dinge« Geld und Besitz haben in eurer Welt einen äußerst zweifelhaften Stellenwert.

Die finanzielle Energie, das Geld, ist eine vollkommen neutrale Manifestation der unendlichen Energie, genauso neutral wie ein Baum, ein Laib Brot, ein Huhn, ein Samenkorn und so weiter. Dennoch ist es bei euch mit äußerst starken Vorurteilen und auch äußerst einschränkenden Glaubenssätzen behaftet.

Ihr erkennt beispielsweise kaum mehr, daß Geld an sich nicht existiert, sondern lediglich eine Hypothese darstellt, also eine Vereinfachung, die den Austausch, das Fließen zwischen den Individuen, das natürlich vorhanden ist, erleichtert und eine größere Individualität ermöglicht. Ich werde es mit der Luft vergleichen.

Ein jeder von euch, so er nicht krank ist, atmet automatisch ein und aus und macht sich nicht allzugroße Sorgen darüber, ob die Luft einmal ausgeht und wie und wo und warum er sie mit anderen teilt. Auch gibt es niemanden von euch, der sich einen größeren Luftvorrat zulegt, um beispielsweise in einer Notsituation nicht zu ersticken, oder der andere Menschen aus dem Raum schickt, weil er meint, sonst nicht genug Luft zu bekommen. Ihr seid fest davon überzeugt, daß dieses Lebensnotwendige euch allen ständig zur Verfügung steht.

Beim Geld verhaltet ihr euch aber so, daß ihr mehr einatmen als ausatmen wollt. Manche von euch versuchen auch mehr auszuatmen als sie eingeatmet haben. Wenn ihr das aber beim Atmen probiert, werdet ihr sehen, daß ihr ganz schnell schlimme körperliche Probleme bekommt. Es gibt ja auch Krankheitsbilder, beispielsweise das Asthma oder selbst eine einfache Bronchitis, die auf einen solchen Problemkreis, nämlich Austausch von Energie mit anderen, schließen lassen. Ihr müßt euch einfach klar darüber sein, daß Geld genauso Allgemeingut und als reine Energie ständig verfügbar ist wie Luft.

Sicher habt ihr gewisse kollektive Probleme im Moment mit der gesamten Natur und so auch mit der Luft und mit dem Geld. Aber lassen wir das für den Moment beiseite. Auf diese Dinge gehe ich in einem anderen Kapitel ein. Beschränken wir uns darauf, daß ihr ja dennoch immer noch das Gefühl habt, daß euch allen genug Luft zum Atmen zur Verfügung steht. Und ganz genauso steht einem jeden von euch genügend Energie zur Verfügung – eigentlich.

Eure Überzeugungen in bezug auf Geld sind, wie gesagt, äußerst verwirrend. Ich werde euch nicht predigen, daß ein Leben in Armut das Erstrebenswerte sei, ganz im Gegenteil. Aber ein Leben in Reichtum werde ich euch auch nicht predigen, sondern ein jeder hat im Grunde genommen immer soviel Energie zur Verfügung, wie er eigentlich im Moment braucht – solange er sich nicht verkrampft aufgrund seiner Überzeugung.

Nun zum Besitz.

Achtet allein auf das Wort. Das Wort »Besitz« bedeutet bereits in eurem Sprachgebrauch das Gegenteil von »frei *gehen* können«. Man muß sich auf etwas beschränken, man muß sich auf etwas draufsetzen, um es zu besitzen. Werdet euch in eurem Leben bewußt, daß ihr jederzeit genau das besitzt, worauf ihr euch wirklich im Moment gesetzt habt, oder wohin ihr eure Füße im Moment gestellt habt. Mehr könnt ihr ganz physisch im Moment nicht besitzen.

Zu eurem größten Ärgernis hält in den allermeisten Fällen der so angestrengt angestrebte Besitz nicht das, was er in euren Träumen versprochen hat. Es existiert nämlich eine kollektive Überzeugung, daß Befriedigung und Sicherheit durch möglichst großes Besitztum in materieller und finanzieller Form gesichert sind. Viele von euch glauben, dies erreichen zu müssen, um dann, wenn dies alles gesichert ist, endlich frei sein zu können. Leider ereignet sich dann sehr oft das Gegenteil, nämlich daß man sich dann nicht gestützt, getragen, geborgen fühlt von seinem Besitz, sondern ganz im Gegenteil besessen von dem, was man sein eigen nennt.

Solch ein Eigentum hat nichts mit dem Wert oder der Größe zu tun. Beispielsweise kann ein sehr armer Mensch genau so versessen oder besessen sein davon, seine Jacke behalten zu müssen, wie ein Multimilliardär davon besessen sein kann, seine Milliarden auch weiterhin zu vermehren. Es hat also nichts mit der Form zu tun, die dieser Besitz angenommen hat – damit ihr mich nicht mißversteht und meint, ihr müßtet jetzt so wie es in vielen Mythen, Märchen und Religionen beschrieben ist, alles, was ihr habt, verschenken! Es kommt auf eure *Einstellung* zu den Dingen an. Und hier empfehle ich euch jetzt eine Übung, die ihr tunlichst oft, sehr oft, wiederholen sollt:

Begebt euch in eure Landschaft. Diese ist individuell verschieden, bei jedem wird sein Bild auftauchen.

Ihr könnt euch zunächst umsehen, dann legt euch auf den Boden eurer Vorstellung, entspannt euch und seht dann, wie ihr von allen Hüllen, Kleidern usw. befreit werdet, bis ihr nackt, warm und geborgen daliegt.

Entspannt euch, genießt dieses Frei-sein von allem und dieses Sein, das ihr eigentlich seid. Anschließend umhüllt euch mit reiner Energie, die ein strahlend lichtes, goldiges Aussehen besitzt.

Steht auf und bittet euren Besitz vor euch. Fordert ihn auf, so wie er ist, vor euch zu erscheinen, er kann also auch irgendwelche Gestalt annehmen. Wenn jemand beispielsweise ein Auto besitzt, dann muß da nicht das Auto auftauchen, es kann auch ein Zwerg daherkommen oder ein Riese. Ihr solltet euch dann ganz konkret und klar all die Dinge, die euch umgeben, wenn ihr sie in der Übung zu euch ruft, ansehen, ohne sie zu verändern oder zu werten. Fragt sie, was sie sind, wie sie sind, weshalb sie bei euch sind, weshalb sie bei euch sein wollen, so als wären es Menschen.

Beachtet, daß ein äußerst beliebter Besitz beispielsweise auch Schulden sind oder Krankheit.

Auch Menschen können – scheinbar – zum Besitz werden: Kinder, Eltern, Partner und so weiter. Ein Beruf kann einen besessen gemacht haben. Jemand ist vielleicht »nur« davon besessen, ein edler Mensch zu werden. Beschränkt das ganze nicht nur auf die materielle Form von Besitz auf der »positiven« Seite. Gerade die Schulden sind oft ein sehr starrer Besitz.

Nachdem ihr euch die ganzen Figurationen in Ruhe angesehen habt, schickt sie alle weg: jedes einzelne, das ihr besitzt, wegschicken, freilassen, gehen lassen. Seht dann, welche Gedanken und Gefühle in euch auftauchen. Manche Sachen werdet ihr kaum wirklich loswerden können. Sie erscheinen zu wichtig. Dann fragt diesen Gegenstand, diese Person, dieses geheime Sparkonto im Hintergrund oder was immer es auch sein mag, warum es nicht gehen will, und ihr werdet Antwort erhalten.

Wenn ihr dann alles weggeschickt habt, genießt euch selbst als vollkommen frei und unabhängig und wißt, daß ihr aus der Energie, von der ihr umgeben seid, aus diesem goldenen Licht, jederzeit wieder entweder genau diesen oder einen anderen Besitz erschaffen könnt, aber nur, solange ihr ihn auch wieder freilassen könnt. Dann werdet ihr natürlich diese Dinge in der Übung zurückholen, aber vielleicht in einer veränderten Form, sie also aus der Energie, die euch umgibt, neu erschaffen. Holt also nicht die zurück, die ihr freigegeben habt, sondern erschafft sie aus dem, was euch umgibt, neu: das Auto neu, die Teller zu Hause neu, die Versicherung neu und so fort. Und seht dann, ob es sich anders anfühlt, oder ob ihr vielleicht bestimmte Dinge gar nicht mehr erschaffen wollt, sondern dafür andere.

Diese Übung solltet ihr sehr, sehr oft machen.

Nun zurück zu eurem alltäglichen Leben und dem Umgang mit Geld und Besitz.

Wenn ihr mehr habt, als ihr *braucht*, wird es zur Belastung, zur Einschränkung. Dieses *Brauchen* kann aber individuell äußerst verschieden sein. Für den einen *kann* die obligatorische Schüssel Reis genügen, und der andere *braucht*, um eine gewisse Erfahrung zu machen, im Moment vielleicht eine ganze Hotelkette. Also schränkt dieses Brauchen nicht wieder durch eure Vorstellung von Armut oder sonst irgend etwas ein. Aber dieses Brauchen ist innerhalb von Raum und Zeit verschieden.

Ein einfaches Beispiel: Wenn ihr nur einen einzigen Löffel zuviel habt in eurem Haushalt, dann kann er wirklich anfangen, euch zu terrorisieren. Wenn es gar sehr viele Gegenstände sind, also *einige* Löffel oder Haushaltsgeräte oder ähnliches, dann fangen diese an, euch zu terrorisieren. Ihr müßt euch also immer überlegen, was ihr *braucht* oder ob der Gegenstand nicht etwa angeschafft wurde, um eine grundsätzliche Überzeugung zu überdecken, nämlich, daß man ohne diesen Gegenstand wertlos wäre. Die Wertlosigkeit oder das Unglücklichsein, aus dem heraus vielleicht ein solcher Gegenstand angeschafft wurde, steigert sich durch die Manifestation dieses Gegenstandes. So wie ich euch empfehle, daß es nicht so sehr darauf ankommt, was ihr eßt, sondern wie ihr eßt, sage ich euch auch, es kommt nicht so sehr darauf an, was ihr besitzt, sondern wie und warum ihr es zu euch genommen habt.

In eurer Welt erscheint es fast notwendig, schuldig zu werden, schuldig zu bleiben, eine Schuld erfüllen zu müssen. *Achtet auf eure Sprache!* Wenn jemand Schulden hat, glaubt er, daß er nur dann, wenn er beispielsweise ein Haus besitzt, ein wertvolles Mitglied der Gesellschaft, der Familie, ein richtiger Ehepartner oder sonst irgend etwas ist. Schulden weisen also immer darauf hin, daß ihr glaubt, erst etwas tun zu müssen, kaufen zu müssen, um dann das zu sein, was ihr ja eigentlich seid.

Wenn euch Schulden drücken und diese in euren »Besitz« übergegangen sind, dann müßt ihr euch überlegen, was ihr glaubt, der Menschheit oder wem auch immer schuldig zu sein, um leben zu dürfen. Es ist nicht generell notwendig, solch eine Schuld als absolut einschränkend zu werten. Es kann eine durchaus kreative und letztlich befreiende Erfahrung sein.

Nehmt euch einen Moment Zeit, und stellt euch eine Welt vor, in der jeder Mensch nur das besitzt, was er im Moment *braucht*, wirklich haben will. Vielleicht fällt es euch zunächst schwer, oder ihr bekommt sogar Angst vor dieser Vorstellung. Aber versucht es immer wieder, und versucht es zunächst bei euch.

Ich wünsche euch ein freies, kreatives Umgehen mit den neutralen Energien, die Geld und Besitz eigentlich sind, und fordere euch auf, kreativer, spielerischer, *frei* damit umzugehen.

Wann immer ihr glaubt, ohne einen bestimmten Gegenstand, ohne einen bestimmten Menschen, eine Versicherung, ohne irgend etwas nicht *sein* zu können, dann setzt euch hin und schreibt eure Überzeugungen auf – und zwar so lange, bis ihr begriffen habt, daß dieser »Gegenstand« euch nur auf eine solche einschränkende Überzeugung aufmerksam machen wollte.

Alles, was ihr nicht jederzeit frei lassen könnt, beschränkt euch. Gewisse Beschränkungen, *frei*willige, sind kreativ und notwendig, um Erfahrungen zu machen, aber eben nur *frei*willige.

6 Der Körper
und die Natürlichkeit

Ihr alle, die ihr das lest, bedient euch dabei eures Körpers und eines mannigfaltigen, ungeheuer kreativen Zusammenspiels seiner »Einzelteile«.

Wenn ihr daran geht, euren Körper nach rein wissenschaftlichen Aspekten zu untersuchen, dann erkennt ihr wohl seine wundersame Bauweise und seine faszinierende »Technik«, aber euch entgeht das, was euer Körper eigentlich ist, nämlich ein freiwilliges, lebendiges Gebilde, zusammengesetzt aus vielen Bewußtseinseinheiten, die sich – vorsichtig ausgedrückt – unter eurer Oberherrschaft zu diesem eurem Körper zusammengefunden haben.

Euer Körper ist nicht nur eine wunderbar funktionierende natürliche Maschine, sondern vielmehr eine Gruppe von jeweils einzelnen, für sich selbst bewußten Einheiten, die ihrerseits ein eigenes Lebendigsein führen. Euer Körper ist insofern nicht euer »Eigentum«, genausowenig wie es die Welt ist, beziehungsweise das, was ihr von der Welt um euch her wahrnehmt, sondern sie ist, wie auch der Körper, ein Geschenk des Augenblicks.

Ihr selbst zieht durch eure Gedanken und Gefühle diejenigen Baustoffe an euch heran, die euren Körper bilden – und ihr tut das ständig, das heißt, euer gestriger Körper ist in keiner Weise identisch mit eurem heutigen, und euer morgiger Körper wird es ebenfalls nicht sein. Das ist ein unaufhörlicher Wachstumsprozeß. Selbst euer Altern, das, was ihr als Altern wahrnehmt, ist ein Wachstumsprozeß, ein Ausweitungsprozeß.

Das war als Einführung gedacht.

Ihr nehmt viel zu wenig die Chance eures Körperbewußtseins wahr. Wenn ich von Körperbewußtsein spreche, dann spreche ich nicht vom Un- oder Überbewußten, sondern vom Körperbewußtsein. Am ehesten käme vielleicht das Wort »Instinkt« oder »natürliches Gefühl« dem nahe, was ich meine.

Eine jede eurer Zellen, ein jeder Baustein, verfügt gewissermaßen über Bewußtsein, und das ist es, was ich mit Körperbewußtsein meine. Und eine jede eurer Zellen nimmt Anteil an eurem Leben. Das vergeßt ihr nur allzuoft.

Wenn ihr euch mit eurem Körper irgendwohin begebt, etwas zu euch nehmt, zum Beispiel Nahrung, oder wenn ihr über irgendein Problem nachgrübelt, seht ihr euch nicht nur isoliert von eurem Höheren Selbst, sondern auch isoliert von den verschiedenen Bewußtseinseinheiten, die freiwillig euren Körper bilden.

Ihr könnt ein völlig anderes *Selbstgefühl* erhalten, wenn ihr euch einen Moment Zeit nehmt und darüber nachdenkt, was es bedeutet, aus freiwilligen bewußten Bausteinen zusammengesetzt zu sein und nicht aus einem Haufen lebloser Materie, die automatisch, weil irgendwelche Eltern euch gezeugt haben, zu eurem Körper heranwuchs. So ist das nicht, sondern es sind jederzeit freiwillige Bausteine, die sich *eurer Idee* angeschlossen haben. Sie operieren auch nicht gegen euch, auch nicht im Falle einer Krankheit, ihr aber operiert allzuoft gegen euren eigenen Körper und gegen diese Bausteine!

Die wenigsten von euch sind mit ihrer Körperlichkeit zufrieden. Das fängt schon damit an, daß man den Körper, anstatt ihn als kreatives und wunderbares Instrument zu betrachten, als Gefängnis ansieht, aus dem man die Seele oder sonst etwas befreien müßte. Ihr habt euren Körper erschaffen, um gewisse Erfahrungen zu machen, und die Materie, die sich über eure Gedanken und Gefühle angeschlossen hat und euren Körper bildet, ist ebenso wie ihr nur freudig daran interessiert, diese Erfahrung *mit euch* zu machen, nichts anderes.

Die Überzeugung, daß ein Körper in irgendeiner Form eine Einschränkung sei, ist natürlich äußerst hinderlich, und sie widerspricht dem, was euer Körper, das Körperbewußtsein, euch mitteilt. Die einzelnen Bausteine, nämlich, die Zellen, fühlen sich durchaus nicht eingeschränkt, weil sie sich nun beispielsweise als Hautzelle oder als Zelle eurer Zehennägel verkörpert haben und nicht im Gehirn sitzen. Sie wissen um ihre lebendige Verbindung mit allen anderen Zellen und dem lebensnotwendigen Austausch, der sowieso ständig stattfindet, und sie erfüllen normalerweise freudig die Aufgabe, die sie sich selbst gewählt haben.

Ihr werdet fragen: »Was ist dann mit Krankheit und Schmerzen?« Nicht alle Krankheiten sind wirklich für euren Körper und für euch negativ. Manche bedeuten eine Ruhepause. Eine Grippe, ein leichtes Unwohlsein oder Fieber kann zum Beispiel bedeuten, daß ihr euch zurückziehen wollt und das aber von eurem Bewußtsein her nicht könnt, und deshalb agiert es euer Körper für euch aus. Auch ein Beinbruch oder sogar eine schwerwiegende Behinderung wie eine Lähmung kann einen ähnlichen Wunsch ausdrücken und ist in diesem Sinne dann nicht als Krankheit zu verstehen.

Krank ist euer Körper dann, wenn ihr euch selbst gegen eure Körperlichkeit richtet, und dann kann bereits ein harmloser Schnupfen oder leichter Kopfschmerz »Krankheit« sein, während ein anderer, der *mit* seiner selbstgeschaffenen Materie Erfahrungen macht, durchaus auch einen Herzinfarkt oder eine lebensbedrohende Krankheit wie Krebs *nicht* als Einschränkung und *nicht* als Strafe, sondern als *Erfahrung* erleben kann. Er betrachtet in diesem Moment seinen eigenen Körper als die einzige Ebene, in der er bestimmte Erfahrungen machen kann, und das ist von Fall zu Fall völlig unterschiedlich. Es ist also nichts davon zu halten, wenn irgendwelche Therapeuten euch einreden wollen, ein Schnupfen bedeute *immer*, daß man »die Nase voll hat«. Was ein Symptom bedeutet, ist individuell so unterschiedlich wie beispielsweise die verschiedenen Traumsymbole.

Wenn ihr das Gefühl habt, krank zu sein, dann fragt euch zunächst einmal selbst, ob ihr mit eurer *Körperlichkeit einverstanden* seid. Ihr müßt dabei immer bedenken, daß ihr selbst es ja wart und immer noch seid, die den Körper zusammenhalten und erschaffen. Somit widerspricht eine Überzeugung, die gegen die Körperlichkeit gerichtet ist, diesem Grundsatz, und das kann zu Schmerzen und zu Krankheiten – auch zu lebensbedrohlichen – führen.

Euer Körper verfügt normalerweise über eine *absolute* Gabe der Selbstheilung. Das gilt auch für die Krankheiten, die eurer Ansicht nach »irreparabel« sind. Wenn ihr Einblick darüber hättet, was sich jetzt in diesem Moment, in dem ihr diese Zeilen lest, in eurem Körper abspielt, dann würdet ihr zu Tode erschrecken. Versteht ihr? Das heißt, daß *ständig* Lebensbedrohliches in euch ist und euer Körper spielend damit fertig wird. Plötzlich aber ist es nicht mehr so.

Manchmal ist es dann tatsächlich so, daß ihr eure Körperlichkeit aufgeben wollt und davon überzeugt seid, daß dies nur mit Hilfe einer Krankheit möglich ist. Doch das muß überhaupt nicht sein, genausowenig wie es sein muß, daß ihr euch nur dann Ruhe gönnen könnt, wenn ihr krank seid, beispielsweise einen Schnupfen habt.

Schmerzen oder Einschränkungen sind immer so etwas wie eine innere Stimme, die euch daran erinnern soll, daß ihr in dieser Körperlichkeit lebt. Das gilt grundsätzlich. Diese Stimme hat nichts Negatives an sich, sondern ist, wenn ihr so wollt, wie ein Alarmlämpchen, das euch bedeutet, daß ihr euch zu weit von eurem eigentlichen körperlichen Dasein entfernt habt. Normalerweise ist es so, daß dieses Lämpchen, wenn ihr euch wieder auf eure Körperlichkeit besinnt, erlischt. In den meisten Fällen aber geht ihr entgegengesetzt vor und versucht, die Schmerzen wegzubringen, anstatt das zu tun, worauf irgendeine Krankheit euch eigentlich hinweisen möchte. Was das jeweils ist, ist, wie gesagt individuell sehr unterschiedlich.

Ich möchte noch einmal betonen, daß selbst sogenannte lebensbedrohliche Krankheiten an sich *ohne* Zutun irgendwelcher Ärzte oder Heiler vom Körper selbst regeneriert werden könnten. Ihr habt jedoch sehr wenig Zutrauen zu dem, was euer Körper ist, und es ist natürlich, daß ihr nicht von heute auf morgen dieses Zutrauen schaffen könnt. Ich möchte euch also nicht davon abraten irgendwelche Hilfen in Anspruch zu nehmen – ganz und gar nicht. Ich möchte aber, daß ihr euch mehr und mehr darauf besinnt und daß euch bewußt wird, daß euer Körper jeden Moment mit irgendwelchen Viren oder sonst etwas Lebensbedrohlichem umgeht, von dem ihr überhaupt nichts wahrnehmt, das aber zu einem anderen Zeitpunkt zumindest zu einer Krankheit führen könnte.

Ich möchte aber nicht nur über den kranken Körper sprechen, sondern vor allem über die unzähligen Möglichkeiten, die ihr bisher völlig ungenutzt laßt, nämlich wie eingangs erwähnt, über das Bewußtsein, das in jeder Zelle verankert ist.

Ihr braucht ein Problem nicht allein zu lösen. In den allermeisten Fällen – auch wenn euch das ganz anders vorkommt – reagiert eure *Körper*. Ich nehme nur einfache Beispiele: Wenn ihr jetzt lest, tut das euer Körper für euch, das tut nicht ihr bewußt; wenn ihr irgendeine Handlung begeht, dann tut das euer Körper für euch, das tut nicht ihr bewußt. Nur wenn es darum geht, daß ihr irgend etwas Bestimmtes entscheiden sollt, dann stellt sich euer Ego sozusagen dazwischen und verhindert ein natürliches Handeln eures Körpers.

Was beispielsweise die Nahrungsaufnahme betrifft, so gibt es ja sehr viele Ratschläge, was gut oder schlecht für euren Körper und eure Gesundheit sein soll. Im Grunde genommen wissen euer Körper und ihr das allein. Ihr seid jedoch der Ansicht, daß ihr das verlernt habt. Nur als Anhaltspunkt: generell gilt, daß die Nahrungsmittel, die aus eurer Umgebung kommen, förderlich sind und daß sehr stark gemischte oder von weit herkommende Nahrungsmittel, es sei denn zu einem bestimmten Zweck, eher *irritierend* sind. Ich sage nicht »schädlich«, sondern »irritierend«! Irritierend sind sie dann, wenn nicht ein bestimmter Zweck hinter dieser Nahrung steht, wie beispielsweise der, daß man sich mit einem bestimmten Kulturkreis beschäftigen will oder daß man einen besonders aktiven Tag einlegen will und daß für einen selbst beispielsweise »Afrika« Aktivität symbolisiert, weil in Europa gerade Winter herrscht.

Ihr zählt eure Kalorien zusammen und überprüft, ob ihr alle Vitamine zu euch genommen habt. Ihr stellt euch auf die Waage und befindet euch für zu dünn oder zu dick. Ihr haltet euch an eine bestimmte »gesunde Ernährung« und habt Schuldgefühle, wenn ihr euch einmal aus einem Schnellimbiß bedient habt. *All dies tut eurem Körper nicht gut!* Eine freudige und bewußte Nahrungszubereitung und -aufnahme ist weit wichtiger als das, *was* ihr eßt! Essen ist gewissermaßen die materielle Informationszufuhr für euren Körper. Wenn ihr es nüchtern betrachtet, ist es eigentlich ganz einfach: Euer Körper braucht von eurer Umwelt außer der Atemluft auch eine ganz materielle Information, das sind Nahrung und Getränke. Je nachdem wie eure Umwelt gerade beschaffen ist, gebt ihr eurem Körper diese Information verschlüsselt durch den Code der Nahrung, die ihr zu euch nehmt.

Ungesund ist nur etwas, das *widersprüchlich* ist. Wenn ihr in Eile seid, aber überzeugt, euch ganz gesund ernähren zu müssen und euch deshalb nich traut, eine Dose aufzumachen, dann ist das widersprüchlich, denn wenn ihr in Eile seid, kann euer Körper die Information eines Dosenfutters sehr wohl vertragen. Er braucht sie sogar. Damit möchte ich im übrigen nicht sagen, daß Dosenfutter unbedingt das geeignete Dauernahrungsmittel ist. Trotzdem: viele eurer »Unwohlheiten« rühren von eurer falschen Einstellung zur Ernährung her, weil ihr glaubt, ihr könntet eurem Körper damit etwas »Schlechtes« antun. Wie schon gesagt, könnt ihr ihm nur etwas »Widersprüchliches« antun. Dazu gehören auch solche Dinge wie: Ihr glaubt zu dick zu sein und eßt deshalb nichts, obwohl ihr Hunger habt. (Das ist etwas ganz anderes als bewußtes Fasten, bei dem ihr euch in euch selbst zurückziehen und still werden wollt, nichts mehr von außen aufnehmen, auch nicht in euren Geist, sondern reflektieren wollt. Dies ist die richtige Einstellung zum Fasten, und entsprechend nehmt ihr auch in dieser Zeit wenig, gar keine oder nur eine spezielle Nahrung

zu euch). Zu fasten, um abzunehmen ist dagegen widersprüchlich, denn wenn ihr euch mit eurem Körper nicht einverstanden fühlt, dann hat das andere Ursachen, als daß ihr scheinbar
ein paar Kilo zuviel auf die Waage bringt. Diese sind dann nur
ein Ausdruck eurer Unzufriedenheit, und ihr werdet dann gewissermaßen immer mehr Körper, um euch selbst darauf aufmerksam zu machen, daß ihr Körper habt. Wenn ihr zu dünn
seid, gilt entsprechend das Gegenteilige: Ihr werdet immer
weniger Körper, um euch darauf aufmerksam zu machen, daß
ihr zu sehr auf die materiellen Dinge achtet und zu wenig auf
die Dinge, die jenseits des Materiellen liegen.

Wie ihr schon sehen könnt, ist in eurer Zivilisation – obwohl es widersprüchlich scheint – eher die Flucht aus der Körperlichkeit verbreitet, also das Dicksein. Ihr helft euch dadurch wieder in den Körper hinein. Widersprüchlich nenne ich
es deshalb, weil ihr doch annehmt, eine Kultur zu sein, die
sehr viel auf äußere Werte gibt. Dennoch sind diese äußeren
Werte, wenn ihr genau hinseht, nur vordergründig: Es dreht
sich meistens um ein »Wenn-ich-das-habe-dann ...«, nicht um
ein »Ich-habe«. So werden sehr viele materielle Güter an-
gehäuft, um daraus eine *nichtphysische* Befriedigung zu ziehen. Nun, das sollte als Ausführung zum weit verbreiteten
Problem des Dick- oder Dünnseins genügen.

Wie sollt ihr nun mit diesem »Wesen«, eurem Körper, etwas
anfangen?

Zunächst einmal: Seid all diesen Zellen dankbar, die für
euch so wunderbar funktionieren. Ich meine jetzt nicht diese
falsche Dankbarkeit, sondern ein Bewußtwerden. Öffnet euch
dafür! Versucht einmal bei irgendeiner Tätigkeit, euch für eine
kurze Zeit darüber bewußt zu sein, daß eine Unmenge von
ebenfalls freien Bewußtseinseinheiten freiwillig für euch etwas
tut. Das ist ein sehr ungewohntes Gefühl, und ihr werdet am
Anfang damit Schwierigkeiten haben.

Es ist nicht so, daß ihr nicht euer Körper *seid*, und es ist
nicht so, daß ihr *nur* euer Körper seid.

Vergleicht euch einmal bei einer Innenschau oder Meditation mit der äußeren Welt. Das bedeutet, daß ihr innerlich eigentlich ein getreues Abbild eurer Außenwelt oder dessen, was ihr von eurer Außenwelt wahrnehmt, seid. Innen existiert also der gleiche Kosmos wie außen.

Fühlt einmal nach, wo innen eure Wälder sind, eure Flüsse, eure Seen, eure Kontinente, euer Weltall. Gibt es Gezeiten, gibt es Stürme, gibt es auch einmal Gewitter? All dies kennt ihr ja auch aus der Außenwelt. Fühlt einfach wirklich einmal nach, und seht dabei euren Körper anders als nur als einen funktionierenden Haufen Fleisch.

Zum dritten könnt ihr bei *allen* Problemen – wohlgemerkt, ich sage bei *allen* und nicht nur bei körperlichen Problemen – auch eurem Körper vertrauen, wie ihr das auch bei eurem Höheren Selbst tut, von dem ihr ein Teil seid. Spaßhaft ausgedrückt kann euch euer kleiner Zeh sehr wohl einen Rat in einem Eheproblem geben. Viele eurer Sprichwörter deuten auch ganz unbewußt auf diese Fähigkeiten.

Eure körperlichen Regungen, eure Gefühle, wie angenehme Wärme oder Kälte, wie zu heiß oder zu kalt, überhaupt alles, was ihr mit eurem Körper empfindet, eure Sinne, werden von euch allzuhäufig nur zum Funktionieren eingesetzt anstatt zum *wirklichen Gebrauch.* Wann habt ihr zum letzten Mal mit euren Händen etwas wirklich gefühlt und nicht bloß angefaßt? Wann habt ihr durch eure Augen hindurch wirklich etwas gesehen und nicht bloß angeschaut? Wann habt ihr das letzte Mal etwas wirklich gehört, gerochen, geschmeckt?

Ruft euch diese Ereignisse ins Gedächtnis und versucht dann irgendwann während des Tagesablaufs (bitte nicht während einer Übung oder Meditation, sondern während ihr mitten im Leben steht), diese Empfindungen wieder heraufzuholen, also wirklich etwas zu berühren: einen Autoreifen, ein Stück Brot, eine Fahrkarte ... wirklich Kontakt aufzunehmen.

Bei diesen Expeditionen wünsche ich euch vor allem sehr viel Ausdauer, denn manches von dem, was ich gesagt habe, mag euch zunächst zu fremd oder zu *einfach* klingen. Trotzdem weiß ich, daß ihr eure physische Existenz erst dann freudig und sinnvoll erleben könnt, wenn ihr *eure* physische Ausdrucksform nicht mehr als Vehikel betrachtet, sondern als euren Kosmos, nicht als gegen euch gerichtet, sondern als wunderbare Vereinigung von Bewußtsein, das mit euch verreist und kreativ sein will.

7 SEX

Eure körperliche Sexualität ist eigentlich das einfachste Mittel, um euer eigentliches Sein, euer »Eins-Sein« jenseits jeglicher Polarität innerhalb der Physis zu erleben. Das, was ihr in den jeweiligen Kulturkreisen daraus gemacht habt, ist eine andere Sache, und ich will darauf zu sprechen kommen.

Alles, was ihr um euch herum seht und alles, was ihr seid, natürlich auch euer Körper, das wißt ihr, ist die natürliche Folge von einer Polverbindung innerhalb einer polaren Welt, sprich: von Sex. Niemand, den ihr um euch seht, ist irgendwie anders entstanden. Es geht weiter: Nichts in der Natur entsteht gewissermaßen anders. Es geht noch weiter: Auch nichts in der scheinbar unbelebten Natur entsteht anders, denn hier handelt es sich zumindest um eine Verbindung von Gedanken und Gefühlen, die meist auch zwischen Menschen besteht.

Alles, was ihr in der Welt tut, ist letztlich irgendeine Interaktion zwischen zwei Polen, nicht wahr? Solange ihr euch in einer polaren Welt aufhaltet, ist es zunächst einmal die Interaktion zwischen dem vermeintlichen Ich und der Außenwelt. Hier fließt eine Spannung, und es entsteht ein Erlebnisrahmen. In irgendeiner Form kommt es dabei *immer*, egal wie das Resultat auch aussehen mag, zu einem kreativen Prozeß.

Eure körperliche Sexualität ist euch deshalb so fremd geworden, weil ihr sie mit polaren Glaubenssätzen belegt habt, obwohl doch die Sexualität ein Mittel ist, zum Nicht-Polaren zu gelangen – und zwar körperlich, innerhalb der Polarität. Deshalb kommt es hier zu so vielen Mißverständnissen.

Ihr spürt es sehr genau, daß ihr am Wesen eurer eigentlichen Möglichkeiten im sexuellen Bereich vorbeigeht, wenn ihr an Enthaltsamkeit denkt, an Pornographie denkt, wenn es darum geht, wer mit wem, wie oft und wie lange, in welchen Stellungen und so weiter und so fort. All das sind Überzeugungen, und darüber müßt ihr euch klarwerden, mit denen ihr versucht, etwas Unfaßbares und auch für jeden von euch sehr intim scheinbar Verletzliches in irgendeinen rationalen Rahmen einzugrenzen. Dabei verliert ihr aber die Möglichkeiten, die euch dadurch gegeben sind, und das macht euch traurig.

Ich spreche jetzt zunächst wirklich nur von der Sexualität, wie ihr sie versteht, und gehe danach noch darauf ein, daß sie nicht nur auf eure Geschlechtsorgane beschränkt ist und auf deren Gebrauch miteinander oder auch ganz persönlich.

Ganz vereinfacht gesagt, ist es doch die Idealvorstellung einer vollkommen erfüllten Liebesnacht (oder eines Liebestages), wenn der Partner oder die Partnerin gewissermaßen zum eigenen Körper wird, das heißt, daß nicht mehr das Gefühl da ist, daß es noch etwas Fremdes gibt, sondern eine vollkommene Harmonie, eine Verbindung, ein Gleichklang entsteht, der überdies auch noch äußerst angenehme Gefühle bereitet.

Ihr liegt vollkommen verkehrt, wenn ihr annehmt, daß diese körperlichen Gefühle es wären, die euch dazu treiben würden, euch irgendeinen Sexualpartner zu suchen. Nein, es ist das Dahinterliegende, es ist dieser Wunsch, die Polarität mit der Welt aufzuheben, zu begreifen, daß der andere ein Spiegelbild und letztlich ein und dasselbe ist – und das körperlich zu begreifen, zu erleben, zu erfahren. Auf keinem anderen Gebiet auch seid ihr so verletzlich, da ihr nämlich hier euer Ego aufgebt, aufgeben müßt.

Ich kann euch nur raten, daß ihr von Grund auf sämtliche Vorstellungen von, wie schon gesagt, »wie lange«, »wie oft«, »mit wem« und so fort fallen laßt. Auch Vorstellungen davon, wo nun irgendwelche erogenen Zonen liegen und ob man nun wann und wie oft einen Orgasmus zu bekommen hätte. Um all das geht es ja gar nicht!

Ihr solltet euch aber die Vorstellung zu eigen machen, daß der Partner, mit dem ihr zusammen seid, das gleiche Ziel hat wie ihr. Sexualität wird meistens zwischen einem weiblichen und einem männlichen Menschen »betrieben«. Hierdurch wird eine körperliche Erlebnisform vom Zusammenspiel der Pole geschaffen, die ein jeder auch in sich selbst hat, beispielsweise Gedanken und Gefühle. Auch eure Gedanken und Gefühle wollen ja nicht gegeneinander arbeiten, sondern streben ständig danach, *miteinander* zu einem konstruktiven Ergebnis zu gelangen.

Bei Mann und Frau kommen beim Sex eventuell physische Kinder heraus, also ein höchst konstruktives Ergebnis, Schöpfer von Leben und von Bewußtsein, ein göttliches Geschenk. Macht euch bewußt, daß ihr mit dieser Gabe Bewußtsein, Energie, neues Bewußtsein, neue kosmische Energie in die Welt bringt. In keiner Weise gibt es irgendeine Verhütungsmethode, die das verhindert. Ihr erschafft bei jedem körperlichen sexuellen Kontakt irgendeine neue lebendige kosmische Energie in der Welt. Sie nimmt irgendeine Form an, und es kommt eben darauf an, ob ihr es unbewußt oder bewußt tut, welche Form sie annimmt.

Selbst wenn ihr keine der normalen Verhütungsmethoden benutzt, kommen nicht einfach Kinder zur Welt, nur weil ihr zu bestimmten Zeitpunkten miteinander schlaft. Das ist nur *eine* der vielen Ausdrucksformen, die möglich sind, und eigentlich könnt ihr wählen. Ihr habt regelrecht Angst vor eurer Macht und der damit verbundenen Eigenverantwortlichkeit, die euch auf diesem Gebiet so sehr bewußt wird.

Ich möchte jetzt wirklich nicht gegen Verhütungsmittel plädieren – vor allem nicht, solange ihr noch nicht davon überzeugt seid, daß ihr selbst diejenigen seid, die sich mit den Kindern, die da kommen, wirklich einigen: ob sie kommen, wann sie kommen, wie sie kommen und in welcher Form.

Es gibt nur ein einziges großes Problem in eurer Welt, das die Verhütung in die Welt gesetzt hat, und das ist eine große sexuelle Frustration anstatt einer großen Freiheit, denn mit einer scheinbar sicheren Verhütung geht ihr an einen Partner heran, um euch angeblich mit ihm verbinden zu wollen, schließt aber gleichzeitig aus, daß dabei »etwas herauskommt«. Wie gesagt, muß das nicht immer so sein. Ihr tut sehr gut daran, wenn ihr euch bei jeder sexuellen Begegnung darüber im klaren seid, daß ihr damit etwas *erschafft* und *was* ihr mit eurem Partner erschaffen wollt. Das können geistige, seelische und letztlich auch physische Dinge sein, nicht nur Kinder. In einem kreativen sexuellen Miteinander könnt ihr euch gewissermaßen das Paradies auf die Erde holen!

Die Erlebensform, daß der andere nicht getrennt ist, sondern genau im gleichen Rhythmus schwingt, genau das tut oder läßt, was dem eigenen Körper angenehme Gefühle bereitet, nichts, wogegen man ankämpfen müßte – diese Erfahrung könnt ihr nach und nach auf eure gesamte äußere Welt übertragen, die ja nichts anderes ist, als eine Vergrößerung dieses einen Partners. Und ihr werdet sehen: Je mehr ihr lernt, euch einem Menschen auf dieser sehr intimen körperlichen, einfachen und zugleich sehr schwierigen Ebene zu öffnen, desto mehr könnt ihr euch auch der Welt gegenüber öffnen und erkennen, daß ihr auch mit ihr in diese Art von harmonischen Kontakt treten könnt, wenn ihr es nur zulaßt.

Es gibt eigentlich überhaupt keinen Grund dafür, daß ihr eure lustvollen Gefühle ganz weit unten in eurem Genitalbereich haltet, sie nicht in eure Hände (bis auf wenige Ausnahmen), Füße oder wo auch immer hinbringt, beispielsweise in den alltäglichen Bereich. Ihr könnt euch das vielleicht nicht vorstellen, daß auch eure tägliche Arbeit solche angenehmen Gefühle verschafft, daß euer ganzes Leben ein solch angenehmer »Tanz mit dem Kosmos« werden kann. Wenn ich etwas sagen kann, dann das: Dies wäre das Ziel der Sexualität!

Zunächst müßt ihr natürlich euren eigenen Körper und seine gesamten Empfindungen annehmen, kennenlernen und akzeptieren können, bevor ihr diese mit einem Partner teilt. Das gilt natürlich auch wiederum für alle anderen Bereiche: Ihr müßt *euch* kennen, bevor ihr euch der Welt öffnen könnt. Ihr müßt euch selbst lieben, bevor ihr Liebe in die Welt hinaustragen könnt. Es gibt nichts, absolut gar nichts, was an irgendwelchen Phantasien verboten, schlecht oder schädlich wäre. Nur das Gefühl oder der Gedanke, daß das nicht in Ordnung ist, kann äußerst einschränkend sein.

Die sexuelle Treue beispielsweise ist ein sehr umstrittenes Thema. Wenn ihr mit mehreren Partnern sexuelle Beziehungen eingeht, dann entspricht euch das in den meisten Fällen nicht unbedingt, sondern es geschieht aufgrund einer inneren Suche, die aber nicht in irgendeiner Form schlecht wäre. Wenn ihr nur mit einem Partner sexuelle Kontakte habt, dann kann das sehr schnell, was die *beliefs* betrifft, zu einer Routine werden, die euch nicht mehr erlaubt, euch in irgendeiner Form frei zu entfalten oder irgendwelche neuen Dinge auszuprobieren und mit in die Beziehung hineinzunehmen. Auch das sollte natürlich nicht der Fall sein.

Das »Ideal« ist eine aus sich selbst heraus treu bleibende Partnerschaft, wohlgemerkt eine *freiwillig* treu bleibende Partnerschaft, in der die Vielfalt der Kontakte ersetzt wird durch die Vielfalt von Erfahrungen, die man in ein und derselben Beziehung hat. Wenn ihr sehr viele verschiedene Erfahrungen mit ein und demselben Menschen macht, dann könnt ihr daraus mehr lernen über euch, als wenn ihr das mit sehr vielen, wechselnden Partner tut, weil dann euer eigenes Kontinuum in dieser Form nicht gewahrt bleibt.

Versteht mich hier bitte nicht falsch: Das bedeutet nicht, daß ihr keine Partner wechseln könnt oder euch nicht trennen könnt. Ich habe hier ein »Ideal« angenommen, nach dem sich ja wohl im Grunde genommen auch ein jeder sehnt. Aber wißt, daß es nicht verkehrt ist, wechselnde Partnerschaften zu haben, nur wißt, daß es eine Suche ist.

Homosexuelle Beziehungen, heterosexuelle Beziehungen, ja auch Gruppenbeziehungen sind *natürlich*. Es kommt immer auf das einzelne Individuum an, aus welchem inneren Antrieb oder aus welchem *belief* heraus es eine solche scheinbar anormale Beziehung, also eine homosexuelle zum Beispiel, eingeht.

Generell gibt es *keine* Ausdrucksform eurer Sexualität, die in irgendeiner Form nicht natürlich oder kreativ wäre und nicht schöpferisch. Bei männlichen homosexuellen Beziehungen handelt es sich sehr oft um zwei »relativ weiblich« geprägte Männer, die eher ihre »Anima« auf eine männliche Art leben, der eine männlicher, der andere weiblicher. Bei weiblichen homosexuellen Beziehungen verhält es sich umgekehrt. Das ist aber genauso natürlich, wie wenn eine Frau mit einem Mann zusammen sexuelle Beziehungen pflegt, um dadurch das Gefühl für ihre eigentliche Eingebundenheit mit dem scheinbar Gegenpoligen, aber Entsprechenden zu erreichen.

Nochmals zur Verhütung. Ich rate euch wirklich nicht dazu, eure Verhütungsmittel abzusetzen, wenn ihr davon überzeugt seid, daß ihr sonst einfach Kinder bekommen könnt. Aber ich weise noch einmal darauf hin, daß euer Sex nicht dazu da ist, um einfach irgendwie Kinder in eure Bäuche hinein oder wieder daraus hervor zu zaubern. Das ist nur *eine* Form, eine von sehr vielen. Kein Kind kommt ungewollt und ungefragt zu seinen Eltern, und ihr entscheidet. Nur seid ihr euch darüber noch nicht bewußt und nehmt das noch nicht wahr. Und solange diese Ängste bestehen, ist es sicherlich sinnvoll, wenn ihr euch irgendeiner Verhütungsmethode bedient, die euch angenehm ist.

Versucht aber dennoch, euch jedesmal vorzustellen, was ihr denn jetzt miteinander erschaffen möchtet. Unterhaltet euch auch darüber, wenn es euch möglich ist. Das kann etwas ganz Profanes sein: ein hübsches gemeinsames Frühstück, eine Flasche Wein, oder es kann auch etwas »Höheres« sein: eine Versöhnung beispielsweise mit irgendwelchen verfeindeten Verwandten. Es kann auch die Bitte sein um einen Einblick in einen höheren Zusammenhang, so wie ihr in Träumen arbeiten könnt. Es kann natürlich auch ein Kind sein. Eurem Ideenreichtum sind keine Grenzen gesetzt.

Hört bitte auf, eure Sexualität unter die Gürtellinie, unter die Bettdeckem in die Nacht hinein zu verbannen. Laßt sie in eurem Körper aufsteigen und Bestandteil eures Lebens werden. Nehmt Abstand von irgendwelchen moralischen oder kollektiven Pflichtvorstellungen, wie Sexualität auszusehen hätte, und experimentiert einfach so darauf los, als wärt ihr kleine Kinder, die ihren eigenen Körper entdecken. Und das bitte *ständig*, nicht nur zu diesem oder jenem bestimmten Zeitpunkt oder an diesem oder jenem Körperteil!

Ich wünsche euch bei diesen lustvollen Experimenten sehr viel Freude und Offenheit.

8 Ich und du
Beziehungen, Freundschaften, Ehe

Bevor ich im einzelnen auf den Themenkomplex eurer mannigfaltigen Beziehungen und Beziehungswünsche eingehe, möchte ich meine »Definitionen« erörtern, denn es kann sehr leicht Mißverständnisse geben.

Die einen sprechen vom Traumpartner, die anderen sehnen sich nach einer Dualseele, der nächste nach einem Gegenpol und so fort. Ich verwende als Begriff für die »Idealbeziehung zwischen Mann und Frau« ENTSPRECHUNG, für die nicht weniger idealen aber anderen Beziehungen zwischen Mann und Frau, bei denen sich gewisse Eigenschaften gegenseitig ergänzen, andere Eigenschaften gegenseitig zur Entwicklung bringen und wieder andere Eigenschaften abstoßen, GEGENPOL. Als nächstes verwende ich in meinen Ausführungen den Begriff SEELENVERWANDTSCHAFT. Hiermit möchte ich in eurer Sprache tiefe freundschaftliche Beziehungen zwischen Menschen oder Menschengruppen bezeichnen, die miteinander, jeder auf seine ganz individuelle Art und Weise, in irgendeiner Form das gleiche tun, die sich wie in einer Familie, schon sehr lange und dauerhaft kennen und die sich auf eine großartige Art und Weise untereinander unterstützen, informieren, aufrichten können und so weiter.

Ihr seid nicht allein auf dieser Welt. Niemand kommt allein auf diese Welt. Selbst wenn ihr im Moment vielleicht ohne Partner seid und euch sogar ohne Freunde glaubt, müßt ihr wissen, daß kein Individuum sich zu irgendeiner Zeit allein inkarniert. Selbst in eurer nächsten Umgebung finden sich eure guten Freunde, die ihr vielleicht nicht immer als solche erkennt, die ihr aber sehr wohl erfühlt.

Ihr trefft auf Menschen, bei denen es euch plötzlich so vorkommt, als müßtet ihr überhaupt nichts erklären, wo ihr euch wundert, weshalb bei aller Verschiedenartigkeit eine so reibungslose Kommunikation auf allen Ebenen möglich ist, wo ein Gefühl da ist von Aufgehobensein und Verstandenwerden. Auch wenn es nicht unbedingt zu einer längerfristigen freundschaftlichen Beziehung kommt – es kann auch einmal ein kurzes Treffen sein –, erhaltet ihr auf irgendeine Art und Weise dennoch von einem solchen Seelenverwandten oder guten Freund eine Information. Sie muß nicht verbal geschehen.

In den meisten Fällen verbindet ihr euch mit »Angehörigen« eurer Seelenverwandten, also mit einer Gruppe von Freunden, immer in gewissen Zeitabständen, wenn ihr bestimmte Entwicklungsschritte macht. Das erscheint euch auch selbstverständlich. Wenn ihr in der Schule seid, habt ihr eure Schulfreunde, wenn ihr etwas älter werdet, habt ihr eure Clique oder Gruppe von jungen Leuten, mit denen ihr euch umgebt, um in Urlaub zu fahren oder Reisen zu unternehmen, später die Arbeitskollegen. Wenn ihr verheiratet seid und Kinder habt, bestehen freundschaftliche Beziehungen eher mit Ehepaaren, die ebenfalls Kinder haben. Also je nach Aufgabengebiet, das ihr euch gerade gestellt habt, kommt ihr auch mit anderen Angehörigen eurer Freunde zusammen. Manche begleiten euch mehr oder weniger euer ganzes Leben hindurch.

Ihr unterstützt euch gegenseitig nicht nur gedanklich. Damit meine ich, daß es nicht immer zu kommunikativen Treffen kommen muß, sondern daß durchaus auch eine Verbindung auf anderen Ebenen, auf der Traumebene beispielsweise, ständig da ist und ihr euch gewissermaßen nur dann trefft, wenn es physisch sinnvoll ist.

Es sind dies sehr gleichberechtigte Beziehungen, wo einer von den Erfahrungen der anderen profitiert. Ihr könnt euch das so vorstellen: Angenommen ihr seid ein Forscher und arbeitet zusammen mit anderen an irgendeinem Experiment. Nun stellt euch vor, ihr wißt, daß überall auf der Welt ebenfalls Forscher an dem gleichen Experiment arbeiten, nur jeder mit anderen Methoden. Dann könnt ihr euch vorstellen, wie dankbar ihr seid, wenn ihr wißt, wie eure Kollegen mit ihren Methoden vorankommen, und daß ihr in den meisten Fällen auch eure Informationen den Kollegen bereitwillig zur Verfügung stellt – denn es gibt in diesem Falle keine Konkurrenz, da jeder seine eigene Methode hat und die der anderen nicht übernehmen will, aber dennoch als Bereicherung für seine Experimente brauchen kann. Genauso verhält es sich mit euren Freunden.

Der Komplex der »idealen Beziehung« zu einem Partner ist etwas, mit dem sich alle von euch mehr oder weniger stark beschäftigen. Mit den Freunden gibt es meist keine Schwierigkeiten.

Ihr habt das Gefühl, daß irgendwo irgend jemand sein müßte, der euch wirklich ganz und gar versteht, ohne daß ihr ihm das erst erklären müßt, und ihr habt recht mit dieser Annahme. Jeder Mensch hat eine Entsprechung, nur hat es wenig Sinn, *außen* nach dieser Entsprechung zu suchen. Auch habt ihr zum Teil sehr falsche Vorstellungen von der Qualität dieser Beziehung. Wenn ihr euch entschließt, euer ganzes Potential *selbst* zu leben, ohne es auf einen Partner zu projizieren, also als Frau auch das aktiv männliche, als Mann auch das passiv weibliche, dann trefft ihr mehr oder weniger automatisch auf eure Entsprechung. Entsprechung heißt nichts anderes, als daß ihr sämtliche Eigenschaften und Ebenen mit einem anderen Menschen teilen könnt.

Ihr knüpft oft sehr romantische Vorstellungen an das Bild dessen, der zu euch gehört. Viele von euch leben bereits jahrelang neben ihrer Entsprechung oder kennen sie und sind überhaupt nicht der Ansicht, daß das die Entsprechung sein könnte. Es ist nicht so, daß die euch wohlbekannte Verliebtheit euch hierbei grundsätzlich ein guter Wegweiser wäre. Wenn ihr euch nach kurzer Zeit in irgend jemand verliebt, dann verliebt ihr euch in irgendwelche Eigenschaften, die dieser Mensch nach außen trägt, die ihr *in euch* habt und die ihr über ihn integrieren wollt. Das sind die Beziehungen zu einem

Gegenpol. Sie können äußerst dauerhaft, fruchtbar und kreativ sein. Ihr lernt miteinander oder voneinander bestimmte Ebenen oder bestimmte Anteile eurer selbst zu integrieren, und wenn dieser Prozeß abgeschlossen ist, wandelt sich die Beziehung. Entweder ihr nehmt ein neues Problem miteinander in Angriff, also irgendeinen neuen Anteil, oder ihr lebt euch auseinander und trennt euch. Ich bin nicht der Ansicht, daß der Begriff »Lernbeziehung« ein sehr glücklicher ist, denn es gibt dabei so einen unangenehmen Beigeschmack.

Es ist auch Unsinn anzunehmen, daß es nun wirklich sinnvoll wäre, die entsprechende Beziehung zu finden. Ihr seid mit eurer Entsprechung immer verbunden, auch wenn ihr euch physisch noch nicht kennt. Ihr könnt innerlich Zwiesprache halten und ihr müßt wissen, daß, wenn ihr gerade in einer schwierigen gegenpoligen Beziehung steckt, eure Entsprechung das auch tut. Ihr macht die gleichen Erfahrungen und etwa zur gleichen Zeit, wenn auch auf verschiedene Art.

Macht aber bitte nicht den Fehler, die vielen freundchaftlichen und *gegenpoligen* Beziehungen gegenüber der *entsprechenden* Beziehung irgendwie abzuwerten – denn es sind Freunde, mit denen ihr euch verbindet, um eben gerade bestimmte Anteile, die euch Schwierigkeiten machen oder auch die euch sehr interessieren, in den Vordergrund zu stellen.

Wenn ihr nicht selber ein inneres Gefühl dafür habt, dann fragt ihr euch sicher, wie man erkennt, ob man nun eine gegenpolige oder eine entsprechende Beziehung hat. Im Grunde genommen müßt ihr das gar nicht wissen, aber trotzdem fragen sich viele von euch danach, und die meisten suchen ja nach der »ideal entsprechenden« Beziehung.

Es ist relativ einfach: Wenn ihr alles, was ihr tut oder tun wollt, miteinander teilen könnt – das heißt nicht, daß ihr alles miteinander machen *müßt*, aber es gibt keine Ebene, die sozusagen ausgeklammert wird, also keine Ebenen, die einer allein für sich macht, sondern irgendwo ist immer der andere mit eingebunden –, dann ist das eine entsprechende Beziehung. Wenn ihr sehr viele Ebenen miteinander teilt, also auch wirklich gemeinsam tut, wenn ihr sehr viele Entwicklungsschritte miteinander macht, euch verwandelt, wobei sich dann die Aufgaben oder Rollenbereiche des einzelnen verändern, und wenn auch bei dieser Verwandlung sichtbar wird, daß ihr einander eben entsprechend unterstützt, bemerkt ihr die entsprechende Beziehung.

Wenn ihr hauptsächlich ein oder zwei Dinge in den Vordergrund stellt, vielleicht das Berufliche oder die Sexualität oder das Kind, egal was, also eine, zwei oder auch drei Ebenen habt, auf denen ihr miteinander arbeitet und kreativ seid oder auch kreativ miteinander streitet, währenddessen es einige Ebenen gibt, die ihr gewissermaßen nebeneinander macht, die also mit der Beziehung als solcher nichts zu tun haben, so daß sich jeder einen gewissen Eigenraum bewahrt: Daran könnt ihr, ganz grob gesagt, eine gegenpolige Beziehung erkennen.

Wie gesagt, es ist wirklich nicht so, daß die eine Beziehung, nämlich die entsprechende, die beste ist und man die gegenpolige nur als Lernschritte benutzen kann. Das ist zu wertend und zu vereinfachend. Ich möchte noch einmal betonen, daß ihr sehr wertvolle freundschaftliche Kontakte knüpft und letztlich die Beziehungen mit euren gegenpoligen Freunden euch gegenseitig dazu verhelfen, mit eurem gesamten Potential auf dieser Welt kreativ sein zu können.

Bestimmt fragen viele von euch, wie es denn um die Ehe bestellt sei. Im Grunde genommen ist das Bild, das ihr aufgrund eurer religiösen Einstellungen in eurer westlichen Kulturlandschaft von der Ehe habt, das Bild der Entsprechung. Wenn ihr das Gefühl habt, euren entsprechenden Partner gefunden zu haben und euch auf diese Art und Weise für das ganze Leben mit ihm »verbinden« wollt, dann ist das ein äußerst hilfreicher Schritt, zu dem ich euch gewissermaßen nur ermuntern kann. Es gibt euch vor allem eine neue Einstellung (ein neues *belief*) über die Art zu leben. Ihr seid mehr oder weniger durch euer »Gelübde« gezwungen, euch mit der Tatsache auseinanderzusetzen, daß ihr gemeinsam – und nicht jeder für sich – überall im Leben hingeht und alles im Leben tut.

Solange ihr euch nicht sicher seid, solltet ihr dieses Versprechen nicht leichtfertig geben. Habt ihr aber das Gefühl, daß ihr ein falsches Versprechen gegeben habt, dann überprüft das sehr, sehr genau. Ihr könnt euch natürlich trennen, wenn ihr das Gefühl habt, voneinander, durcheinander behindert zu sein. Ihr habt dann »aus Versehen« einen Gegenpol geheiratet. In einigen Fällen ist es auch so, daß Entsprechungen sich wieder trennen, um andere Erfahrungen entweder allein oder mit anderen Gegenpolen zu machen.

Wenn ihr eine Ehe schließen wollt, eine Beziehung dauerhaft eingehen wollt und es kommen euch Gedanken darüber, wie ihr euer Hab und Gut bei einer eventuellen Scheidung verteilen wollt, dann setzt den Termin bitte ein halbes Jahr später – denn wenn ihr schon von vorneherein vereinbart, was ihr tut, wenn ihr euch einmal trennt, dann geht ihr mit diesem Bewußtsein in eine Beziehung hinein, die eigentlich ein Miteinander sein sollte, das heißt, ihr schließt ein Stück von euch aus. Ich weiß, wie schwierig eure Rechtslagen sind, aber im Grunde genommen ist etwas wie eine vertragliche Regelung darüber, was geschieht, wenn man sich doch nicht versteht, ein sehr sichtbares Eingeständnis einer noch vorhandenen Unsicherheit – vor allem wenn es übermäßig kompliziert wird –, und die solltet ihr erst miteinander klären.

Ihr seid nicht allein auf dieser Welt. Auch wenn ihr euch vielleicht noch so tief einsam fühlt, müßt ihr nur einmal mit eurem Inneren, mit eurem »Herzen« durch die Welt gehen, um eure Freunde zu erblicken. Und um es noch einmal zu wiederholen: Mit eurer Entsprechung seid ihr immer verbunden, wenn ihr euch vielleicht auch physisch nicht kennt.

Die Liebe, dieses äußerst strapazierte Wort, im Gegensatz zur Verliebtheit, bedeutet eine vollkommene Annahme, eine hundertprozentige Annahme des anderen.

Liebe bedeutet nicht, den anderen verändern zu wollen;
Liebe bedeutet nicht, einen anderen an sich binden zu wollen;
Liebe bedeutet nicht, einen anderen zu etwas zwingen zu wol-

len, und Liebe bedeutet nicht, Liebe und Zärtlichkeit vom anderen zu fordern.

Liebe bedeutet nicht, sich für einen anderen verändern zu wollen; Liebe bedeutet nicht Anpassung; Liebe bedeutet nicht Kompromiß. »Dir zuliebe« etwas tun, sein Selbst zurückzunehmen »zuliebe« eines anderen, das ist keine Liebe.

Liebe bedeutet vollkommene Freiheit und vollkommene Entfaltung. Liebe bedeutet, den anderen in seinem So-Sein anzunehmen und zu unterstützen. Liebe bedeutet, im anderen sich selbst zu entdecken und Alles-was-ist.

9 GUT UND BÖSE
Gibt es Licht ohne Schatten?

Bitte, wenn ihr dieses Kapitel lest, lest es mehrmals (!), denn ich muß mich eurer Sprache bedienen und damit auch mit Beispielen umgehen, die leicht mißverständlich sein können, wenn ihr sie nicht genau nachfühlt.

Oft habt ihr schon überlegt, wohin ihr mit eurem »bösen« Anteil sollt oder was das Böse in eurer Welt eigentlich ist und von wem es kommt, nicht wahr? Ein paar Beispiele: privater Kummer, Krankheit, Krieg, Zerstörung, Hunger, Leiden, Leid in einer Ausdrucksform, die unermeßlich sein kann.

In diesem Moment, in dem ich dies hier diktiere (1991), steht ihr alle miteinander in einem Konflikt, den ihr als »Golfkrieg« bezeichnet. Ich führe diesen als Beispiel an und wiederhole noch einmal: Mißversteht mich nicht, wenn ich euch sage, daß ihr weder den sogenannten »Aggressor« verurteilen sollt, noch diejenigen, die jetzt Krieg führen, also die alliierten Truppen! Ich werde mich eines Wortes immer wieder bedienen, das ihr aus eurer Bibel kennt, nämlich: »Liebet euren Nächsten wie euch selbst« und »Liebet eure Feinde«.

Ihr seid der Ansicht, daß es etwas Böses AUSSEN zu bekämpfen gibt. Etwas Böses außen ... Ihr seid davon überzeugt, daß es etwas geben könnte, das euch in der Außenwelt entgegensteht und das »BÖSE« wäre, und ihr mit eurem Gut-Sein könnt zur Not auch »böse« Mittel einsetzen, um dieses Böse entweder auszulöschen oder zu bekehren.

Stellt euch eine Welt vor, in der jeder Mensch nur das Gute liebt! Jetzt sage ich euch, daß diese Welt in der ihr lebt, diese Welt ist, in der ein jeder von euch nur das »Gute« will, und daß all euer vermeintliches Leid oder das »BÖSE« nur daher rührt, daß ihr gewissermaßen ein falsches »positives Denken« betreibt.

Ihr seid davon überzeugt, daß ihr nicht *miteinander* glücklich leben könnt, sondern daß zwar ihr das Gute wollt, daß ihr aber dieses Gute in irgendeiner Form *gegen* irgend jemanden außen durchsetzen müßt, daß ihr also kämpfen sollt um euer Gut-Sein, daß ihr diejenigen seid, die recht haben und daß die anderen euch entgegenstehen.

Denkt einmal darüber nach: Die anderen glauben das gleiche von euch!

Nein, das BÖSE existiert nicht, und es ist richtig, daß es kein Licht ohne Schatten gibt. Von diesen beiden Behauptungen scheint jedoch die eine die andere auszuschließen.

Ihr lebt in einer polaren Welt. Wenn ihr das, was ihr mit »gut« gleichsetzt – Sonne, Licht, Freude und so weiter –, wenn ihr nur das haben könntet, was wäre dann? Ihr hättet eine Wüste! Nur Sonne? Überlegt einmal: kein Regen, keine Wolken, kein Gewitter, kein Schnee ...

Ihr selbst seid diejenigen, die ihr euch innerhalb dieser selbstgewählten Polarität in ein Gleichmaß bringen könnt!

Ich wähle dafür ein einfaches Beispiel, das Essen: Es ist gewissermaßen »nicht richtig«, also »böse«, wenn ein Großteil der Menschheit hungert. Aber genauso »böse« ist es, wenn der andere Teil der Menschheit sich mit irgendwelchen Diäten quält, weil er zu fett ist, zu übergewichtig, zuviel zum »Fressen« hat, und wenn ihr Nahrungsmittel, die nicht in euren Markt hineinpassen, vernichten müßt.

Es ist nicht in Ordnung – um auf mein Ausgangsbeispiel zurückzukommen –, wenn ein einzelner Anspruch erhebt auf ein Land. Aber es ist auch nicht in Ordnung, wenn eine Masse diesem einzelnen Einhalt gebietet in Form einer kriegerischen Auseinandersetzung, die nicht nur ihn selbst betrifft, sondern eben eventuell auch die ganze Welt. Aber mit »nicht in Ordnung« meine ich nicht »böse«, denn ihr müßt euch darüber im klaren sein, daß ihr selbst diejenigen seid, die annehmen, das es etwas »BÖSES«, also einen überdimensionalen Schatten, gibt, den man zu bekämpfen hat.

Vom Krieg weg zu einem lauen Sommertag: Es war warm

heute, die Schatten sind schon sehr lang, die Sonne wird bald untergehen. Ihr sucht euch einen schattigen Platz in einem kleinen Wäldchen aus. Ist dieser Schatten denn böse oder könnt ihr nicht gerade deshalb, weil es diesen Schatten gibt, die Sonne in ihrer Kraft überhaupt aushalten und nutzen?

Wann immer es Leid oder Krieg in eurem Land oder in der Welt gibt: Verurteilt nicht vorschnell, weder den »Aggressor« noch denjenigen, der ihm scheinbar entgegensteht.

Verurteilt nicht!

Erkennt an, daß ihr diejenigen seid, die glauben, irgend etwas »Gutes« mit massiven Mitteln durchsetzen zu müssen aufgrund der Annahme, daß irgend etwas »Böses« existieren würde.

Selbst in diesem Augenblick wage ich ein paar sehr herbe Bemerkungen an all diejenigen, die zu diesem Zeitpunkt auf die Straßen gehen und gegen einen Krieg sind: Seid nicht ihr alle auch ganz *insgeheim* (bitte lest diese Worte wirklich aus eurem Herzen heraus!) davon überzeugt, daß ihr recht habt, also gut seid, und die anderen schlecht, und daß es ihnen nur gerade recht geschehen würde, wenn nun endlich eine Naturkatastrophe auf euch alle hereinbrechen würde und ihr endlich sagen könntet: »Wir haben ja immer gesagt, daß es so nicht geht, wir waren ja im Recht!« Bitte seht ein, daß ihr da *auch Krieg führt*! Auch eure Friedensbewegungen sind kriegerisch.

Ich bin nicht gegen Frieden, ich bin nicht gegen Krieg, aber das eine wie das andere läßt sich so, wie ihr das glaubt, nicht auseinanderhalten. Ich bin nicht gegen »Sonne« und ich bin nicht gegen »Mond« und ihr auch nicht. Lernt umzugehen mit dem aggressiven Potential, das ihr habt!!!

Lernt umzugehen mit dem aggressiven Potential, das ihr habt, und setzt es nicht weiterhin ein, um ein vermeintliches Gut-Sein gegenüber irgendeinem schlechten Außen durchzusetzen – denn es ist ganz egal, ob man für Krieg oder für Frieden ist: Sobald man in seinem Herzen, in seinem Gewissen, in seinem Gefühl verurteilt, gibt es schon Tote! Ein Weiser hat euch einmal gesagt:

»Liebet eure Feinde!«

Ich kann es nicht schöner ausdrücken. Das bedeutet, daß ihr *annehmt*, was geschieht und nicht dagegen seid, also noch einmal aufgrund eures vermeintlichen Gut-Seins Aggressionen schürt. Nehmt es an, so wie ihr ja ohne weiteres den Schatten in einer Augustmittagssonne freundlich annehmt. Nehmt auch das an, was scheinbar böse ist, ohne irgend jemanden verantwortlich zu machen, bitte auch nicht euch selbst, und ohne zu *verurteilen*, weil ihr seht, daß ein jeder eigentlich nur das vermeintlich »Gute« will.

Nein, das »Böse« existiert nicht, aber auch das »Gute« existiert nicht. Es existiert etwas, das auch unter dem Begriff »Liebe« bekannt ist – vielleicht eher »Energie«.

Wenn ihr ein Leben für euch selbst (ich spreche jetzt noch nicht einmal vom Kollektiv) leben wollt, in dem das »Böse« ausgeschaltet ist, dann müßt ihr auch Abstand davon nehmen, »gut« sein zu wollen. Ihr sollt einfach lebendig leben wollen! Ihr müßt einfach *sein* wollen und dabei berücksichtigen, daß ihr zwei Pole in euch habt, und ihr müßt sie selbstbewußt einsetzen.

Um ein einfaches Beispiel zu nehmen: Obwohl ihr genug zu Essen habt, legt ein oder zwei Fastentage in der Woche ein; obwohl ihr vielleicht genug Raum habt, um bequem zu wohnen, baut ein paar Quadratmeter kleiner, um für andere Platz zu lassen und ihn auch zu bieten; obwohl ihr vielleicht genug Geld habt, gebt diesen berühmten Zehnten Teil denen, die es nötig hätten, ohne irgendwelche gesellschaftlichen Verpflichtungen oder Gesetze, versteht ihr? Einfach freiwillig. Freiwillig fasten, freiwillig geben, freiwillig beschränken. Das ist der negative Pol, der Minuspol, den ihr freiwillig tun müßt, um nicht weiterhin »Böses« von außen zu erleben, das ihr dann ganz töricht zu töten versucht.

Glaubt mir: Töten kann niemand von euch, nur verwandeln! All das, was ihr versucht zu töten, verwandelt ihr nur!

Und je größer die Angst ist, desto schlimmer die Verwandlung, die aus dem »Tod«, den ihr herbeigeführt habt, erwächst. Deshalb tötet nicht, solange ihr nicht wißt, daß ihr nur verwandeln könnt. Tötet nicht, denn das, was ihr töten wollt, ist das, wovor ihr Angst habt. Und wenn ihr glaubt, es umbringen zu können, so wird es in irgendeiner Form weit schlimmer auf euch zurückfallen, versteht ihr?

Ihr seid doch, wenn ihr um euch blickt und euch begreift, immer am »Töten«! Tötet ihr nicht die Luft, die ihr einatmet? Auch ihr Vegetarier: Tötet ihr nicht die kleinen liebevollen, dem Licht entgegenblickenden Pflanzen? Ihr, die ihr Tiere eßt: Tötet ihr nicht Wesen, Beseelte? Auch Pflanzen übrigens sind beseelt. Ihr solltet verwandeln, nicht töten. Um einen Menschen, also ein Gleiches, wirklich zu töten, das würde eine Reife bedeuten, die ihr gar nicht haben könnt. Deshalb versucht nie, einen Menschen zu töten, und versucht niemals, irgend etwas in euch selbst, das ihr für »böse« haltet, abzutöten! Es geht nicht, ihr könnt es nur verwandeln, so wie ihr ein Salatblatt in euch zum Menschen verwandeln könnt, so wie ihr ein Schwein zum Menschen verwandeln könnt, so wie ihr eine Gans nur in euch aufnehmen und vielleicht von ihr das Fliegen lernen könnt, aber ihr könnt sie nicht töten und einfach aufessen. Erst recht nicht könnt ihr einen Menschen töten und einfach auslöschen, seine Überzeugungen auslöschen. Ihr nehmt sie in euch auf!

Es wird *keinen Dritten Weltkrieg* geben, aber ihr müßt euch damit auseinandersetzen, gut und böse gleichzeitig zu sein. Ihr müßt euch damit auseinandersetzen, daß Liebe etwas anderes ist als Gut-Sein, denn Liebe bedeutet gut und böse, Licht und Schatten zugleich.

Verurteilt euch nicht! Nehmt euch an und sucht nach einem Weg, und beurteilt oder verurteilt auch diesen nicht nach euren fürchterlichen moralischen Gesichtspunkten, sondern nach eurem inneren Wissen. Nochmals wiederholt: Das »Böse« existiert nur, weil ihr alle so gut sein wollt.

Seid vorsichtig mit irgendeinem »positiven Denken«, das

das sogenannte »Böse« oder »Negative« nach hinten stellt, egal was immer das in eurem Leben oder Kollektiv bedeuten mag. Ihr sollt nichts unterdrücken, sondern alles als lebendig annehmen. Es würde keine Kriege mehr geben – wenn ihr nur nicht immer versuchen würdet, euer eigenes Gut-Sein durchzusetzen!

Versteht bitte: Ein jeder Krieg, auch derjenige, der gerade jetzt tobt, ist ein Krieg um das Gut-Sein. Ihr könnt vielleicht alle miteinander darüber weinen, daß es so weit gekommen ist, aber ihr könnt nicht verurteilen. Ihr könnt nur einsehen, daß ihr an die Grenze eures Gut-Seins gelangt seid oder eures »Immer-gut-sein-wollens«.

Seht euch in eurer eigenen Umgebung um, in eurer Familie, in eurem Beruf, in der Stadt, in der ihr lebt: Wo überall würdet ihr gerne »Krieg führen«, weil ihr euch im Recht fühlt und meint, den anderen euer Gut-Sein gewaltsam überstülpen zu müssen? Und daher ist Gewalt auch eine passive.

Urteilt nicht, verurteilt nicht, sondern nehmt an und erkennt, daß die anderen, eure Gegner in der Familie, in eurer Umgebung, in der Nachbarschaft eigentlich auch nur das sogenannte Gute wollen.

Dieses Kapitel müßt ihr vielleicht sehr sehr oft lesen, um es zu verstehen, also *mich* nicht zu verurteilen. Aber nehmt das Beispiel von der Sonne und der Nacht, von der Sonne und dem Schatten, von heißen Sommertagen und fruchtbarem Regen. Was ist gut, was ist schlecht? Wenn ihr die Natur anseht: Da ist nichts gut oder schlecht, sondern es *ist*. Nur ihr weigert euch, einfach zu sein. Ihr wollt nur »Sonne« sein – und das gibt Krieg.

Niemand soll sich als Richter des anderen aufspielen, sondern in seinen eigenen Glaubensmustern das Kriegführen aufhören lassen. Niemand von euch hat das Recht oder auch die Gewalt, einen anderen zu verurteilen, ohne daß es ihn selbst in ungeheurem Maße »böse« trifft. Und niemand von euch hat das Recht, jemanden seinen Feind zu nennen, denn ein jeder von euch schafft seine eigene Realität und niemand von euch hat das Recht, seine eigene Realität als gut oder böse zu bezeichnen, sondern er sollte sie annehmen als das, was sie ist: seine Realität.

Er kann ihr eine Richtung geben, aber sie muß Sonne und Schatten, heiße Tage und Regentage, Sommer und Winter, Plus und Minus beinhalten. Und niemand darf glauben »ein besserer Gott als Gott zu sein«, denn durch das Besser-Sein habt ihr all euer Leid auf euch gebracht.

Wenn ihr nicht lernt, euch selbst zu reduzieren, den Minus-Pol, den erfrischenden Minus-Pol (ich kann nicht sagen, das »erfrischende Böse«) bewußt einzusetzen ... wie gesagt: ein paar Fastentage, ein paar Quadratmeter weniger, ein paar D-Mark weniger für den Konsum, ein bißchen unnützes Plastik weniger, etwas weniger Kunstdünger, einfach etwas weniger Bequemlichkeit, das könnte euch *in die Mitte bringen* und die Mitte wäre die Liebe. Sie ist nicht gut, sie ist nicht böse. Liebe ist Liebe, und ich hoffe, ihr versteht dieses Wort, wenn ihr dieses Kapitel einige Male gelesen und in eurem Herzen aufgenommen habt.

Und noch einmal: Egal, was im Augenblick auch geschieht und was auch geschehen mag: Verurteilt nicht! Verurteilt nicht, sondern nehmt an. »Nehmt an« bedeutet »Liebe« und *beinhaltet* »gut« und »böse«, *ist* es aber nicht. Es ist weit mehr. So erkennt, daß euer »Böses« nur der absurde Versuch ist, gut sein zu wollen. Und deshalb könnt ihr vielleicht auch offenen Herzens all denjenigen verzeihen, die euch scheinbar weh getan haben und auch euch selbst und euren eigenen Überzeugungen, die ja immer nur darauf abzielen, gut und besser werden zu wollen.

Glaubt mir: Niemand auf der ganzen Welt, kein einziger Mensch will böse sein, sondern nur gut, und das ist das Dilemma.

Seht auch, daß ihr geliebt seid, nicht um eurer guten Taten willen, sondern ihr seid einfach geliebt.

10 WO, WER UND WAS IST DER GOTT?

Religionen, Kirchen, Sekten, esoterische Disziplinen

Zunächst muß ich wieder auf das Unvermögen der menschlichen Sprache hinweisen: Ich bediene mich des Begriffes »Gott«, weil er euch geläufig ist. In den meisten esoterischen Richtungen wird von »Alles-was-ist« gesprochen, und das ist natürlich richtig, kann andererseits aber auch zu Mißverständnissen führen. Es gibt diese Urkraft, die einerseits sowohl Ursprung als auch Endpunkt der Schöpfung darstellt. Sie ist sowohl in jedem Leben enthalten, auch in jedem noch so kleinen Baustein des Lebens, wie sie andererseits auch »Persönlichkeit« besitzt.

Euer Höheres Selbst steht in einem weit unmittelbareren Kontakt, beziehungsweise in einem unmittelbaren Kontakt zu dieser Urkraft, zu dieser Lebensenergie schlechthin, als ihr mit eurem begrenzten Ego in euren physischen Körpern.

In allen Religionen wird letztlich, jeweils in verschiedenen Sprachen und leider mit sehr vielen Verzerrungen, das gleiche dargestellt. Nur vergeßt dabei nicht die Minderwertigkeit der menschlichen Sprache, wenn es darum geht, irgend etwas Tatsächliches, etwas Wirkliches auszudrücken. Haltet euch also nicht an den sprachlichen Ausdrücken fest, sondern versucht, gewissermaßen mit dem Herzen hinter die Zeilen zu blicken.

Die Dogmen, die die Menschen aller Religionen sozusagen »an Gottes Stelle« aufgestellt haben, sind hinderlich und wertlos. Nicht anders verhält es sich mit irgendwelchen Dogmen, die von irgendwelchen Kirchen, neuen Kirchen, Sekten, esoterischen Richtungen aufgestellt werden.

Es ist so, daß es bestimmte Möglichkeiten gibt, die euch helfen, beispielsweise leichter in einen bestimmten Bewußtseinszustand zu kommen, zum Beispiel die Meditation, das Fasten, bestimmte Körperübungen wie Yoga oder wie bestimmte Rituale des Zen, wie rituelle Tänze oder was es sonst noch geben mag. Aber vergeßt nicht, daß dies Möglichkeiten sind und keine Notwendigkeiten. Es sind Hilfsmittel, um etwas zu erlangen, aber es ist nicht für jeden Menschen gleichermaßen ein Muß, beispielsweise zu meditieren, um eine bestimmte Einsicht zu haben. Der eine findet den Kontakt zu seinem Höheren Selbst und damit zur Urenergie vielleicht durch die Musik, der andere braucht dazu Jahre der Meditation, der nächste scheint mit diesem Kontakt bereits auf die Welt gekommen zu sein, der übernächste bevorzugt sehr strenge Rituale dazu. Das ist in Ordnung. Nicht in Ordnung ist, wenn ihr annehmt, daß ein und dasselbe für alle gelten müßte. Ihr könnt verschiedene Wege ausprobieren, aber letztlich wird es für jeden einzelnen Menschen einen individuellen Weg geben, so wie es auch individuelle Körper gibt. Und so selten wie es eineiige Zwillinge gibt, so selten sind auch die Wege von Menschen gleich.

Ihr könnt aber von den verschiedenen Richtungen durchaus profitieren. Wenn ihr eure wertende Haltung aufgebt, könnt ihr sehr viel Interessantes, Nützliches und Erweiterndes von anderen Religionen, von anderen Disziplinen der Esoterik lernen. Das gilt aber nur dann, wenn ihr euch nicht verwirren laßt, das bedeutet, wenn ihr nicht immer wieder annehmt, daß der eine oder andere Weg besser wäre als der Weg, den ihr eingeschlagen habt. Ihr könnt durch die vielen Möglichkeiten euren Blickwinkel erweitern und letztlich besser begreifen, wie unbegreiflich, beziehungsweise wie unaussprechlich eigentlich das ist, was so einfach mit dem Namen »Gott« bezeichnet wird.

Ein Beispiel: Ihr könnt euch sicherlich vorstellen, daß natürlich ein Gänseblümchen anders »betet« als ein Felsbrocken oder daß eine Blume, die im Dschungel wächst, eine andere Aura besitzt als eine Tulpe in euren Treibhäusern. Ihr Menschen verfallt aber immer wieder dem Irrtum anzunehmen, wenn jemand anders ist als ihr, anders denkt, daß entweder er im Unrecht wäre oder ihr – anstatt daß ihr erkennt, daß das zwei verschiedene Ausdrucksformen von ein und demselben Prinzip sind. Sucht also nach den Gemeinsamkeiten und nicht nach den trennenden Dingen.

Jegliche Form sollte freiwillig gewählt sein und sie sollte sozusagen ständig, wie alles, was wirklich ist, auf ihre Freiwilligkeit hin erneuert werden: zuerst überprüft, dann erneuert.

Zurück zu diesem Begriff »Gott«. Ich muß mich wiederholen zu betonen, wie unzulänglich eure Sprache ist, um das auszudrücken, was ich versuchen möchte.

Die Grundenergie jeden Lebens ist der Wunsch nach Kreativität und Liebe; Liebe aber in einer Form, die nicht mit der Liebe zu verwechseln ist, die ihr allgemein kennt. Es ist ein vollständiges Annehmen von allem, ein vollständiges In-sich-Aufnehmen.

Kreativität bedeutet: immerfort Weiterentwicklung, neue Möglichkeiten, etwas, das sozusagen noch nicht dagewesen ist zu entdecken, Expansionsdrang und gleichzeitig damit verbunden eben dieses Gefühl der Liebe, alles, was dabei entsteht, zuzulassen, in sich aufzunehmen.

Die Möglichkeiten, die sich für euch ergeben, wenn ihr zu eurem Höheren Selbst in Kontakt tretet, und damit zu dieser Urenergie, sind ja vor allem diese Qualitäten:

Kreativität und Liebe in eurem physischen Leben wirklich zum Ausdruck und zum Erleben bringen zu können, also das Potential, das sozusagen göttlich ist, in euch, wirklich auch physisch werden zu lassen.

Alle seid ihr sowohl mit eurem Höheren Selbst, als auch mit dieser Urenergie untrennbar verknüpft. Ihr müßt das nur *wahrnehmen.*

11 DIE NATUR DER DINGE
Tiere, Pflanzen, Gegenstände, Materie

Alles ist belebt: das Buch, das ihr gerade in der Hand habt, genauso wie der Baum, wie ihr selbst, wie die Tasse im Schrank, das Auto, die Waschmaschine, alles.

Ich möchte es bildhaft ausdrücken. Ihr könnt euch vorstellen, so wie es die Kinder tun, daß ihr in der Tat mit jedem Gegenstand, eben auch mit jedem »unbelebten« Gegenstand, reden könnt, so als ob eine Fee oder irgendein Wesen dahinterstehen würde. Ansatzweise ist das richtig. Einen jeden Gegenstand umgibt sozusagen eine Energie, die man in der Natur als Naturgeister beschreibt, als Elfen, Feen und so fort. Weil es mit diesen Begriffen so viele Mißverständnisse gegeben hat, möchte ich sie nicht in dieser Form verwenden.

Ihr könnt von allem »lernen«, das heißt, ihr könnt euch durch alles erweitern, mehr begreifen und neue Sichtweisen des multidimensionalen Lebens entwickeln. Solange ihr Kinder seid, habt ihr keine Probleme, mit einem Grashüpfer oder mit einem Baum zu sprechen; wenn ihr erwachsen seid, schimpft ihr manchmal noch euer Auto, wenn es nicht anspringt. Ihr könnt aber auch etwas anderes tun: Ihr könnt es fragen, warum es nicht anspringt, und ihr werdet gewissermaßen eine Antwort erhalten. Ihr würdet sehr gut daran tun, wenn ihr die Dinge, mit denen ihr täglich umgeht, auch die einfachsten Dinge (also bitte auch Gabel und Messer, das Telefon, den Aktenordner, das Briefpapier, auf das ihr schreibt), als belebt betrachten würdet, euch das bewußt machen würdet, denn alles das *ist* belebt.

Daß eure Tiere und Pflanzen belebt sind, das brauche ich euch nicht zu sagen, aber dennoch ist vielen von euch nicht klar, in welchem Maße sie belebt sind.

Ihr haltet Menschen für verrückt, die mit ihren Tieren sprechen – zumindest einige von euch. Noch eigenartiger wirkt es auf euch, wenn jemand mit seinen Pflanzen spricht. Schon ziemlich seltsam würde es auf euch wirken, wenn jemand in seinen Garten ginge und, sagen wir, seine Rosen um Rat fragen würde, wenn er irgendein Problem hat, oder aber, wenn er eine mit Mehltau befallene Rose danach fragen würde, was er als Mensch dagegen tun könnte.

Diese Art mit der Natur umzugehen ist jedoch weit besser und natürlicher als die bei euch verbreitete.

Ihr habt Angst – und das ist verständlich, wenn ihr an eure Tierproduktion und eure Pflanzenproduktion zur Sicherung eurer Nahrung denkt –, euch vorzustellen, daß diese »Dinge« wirklich mehr als nur vegetieren können, daß sie empfinden, fühlen, ja sogar so etwas wie »denken« können, daß sie Bewußtsein schlechthin haben.

Ihr könnt euch vorstellen, was ein im Treibhaus mit Kunstdünger gezogener Salat euch erzählen wird oder ein Huhn aus der Legebatterie und was im Gegensatz dazu ein Freilandsalat und ein fröhlich auf dem Misthaufen herumkratzendes Huhn erzählen wird, nicht wahr?

Was ihr aber nicht wißt, ist, daß vielleicht beide Hühner euch einen Rat geben können, wie ihr sowohl euren Eier- und Fleischbedarf decken könnt, als auch euren Hühnern ein glückliches Leben ermöglichen könnt.

Wenn ihr die Möglichkeit habt, Tiere in eurer Umgebung selbst zu halten, dann solltet ihr auf alle Fälle mit ihnen innerlich und äußerlich sprechen. Wenn ihr die Möglichkeit habt, in eurer Wohnung irgendwelche Pflanzen zu ziehen, und das kann fast jeder tun, solltet ihr auf alle Fälle mit ihnen sprechen. Ihr solltet auch mit der Natur, die ihr draußen vorfindet, *bewußt* Kontakt aufnehmen; unbewußt tut ihr das alle.

Ihr könnt unendlich viele Kräfte von den Tieren, Pflanzen und auch von den Mineralien empfangen, wenn ihr sie nur bewußt wahrnehmt. Das ist ähnlich wie der Kontakt zu eurem Höheren Selbst: Die Beziehung zu eurer lebendigen Umwelt ist tatsächlich vorhanden. Ihr habt aber gelernt, euch getrennt zu fühlen und einiges davon für bewußtlos oder tot zu erklären.

Ihr könnt für mannigfaltige Probleme, eigentlich für alle Probleme, Lösungen aus der Natur sozusagen physisch und nichtphysisch erhalten, dies aber in einem weit größeren Maße als ihr das bisher tut:

Wenn ihr euch auf die tatsächliche Schwingung beispielsweise eines Baumes einstellt und auch wahrnehmt, daß euch zum Beispiel eine Eiche tatsächlich Kraft geben kann, wenn ihr sie benötigt; wenn ihr wahrnehmt, daß ihr von einem Schmetterling tatsächlich das Träumen lernen könnt, die Phantasie, das Fliegen, das Leichtsein; wenn ihr einseht, daß ein Fisch mehr ist als irgendein glitschiges Tier im Bach, im Fluß oder im Meer, sondern daß ihr von ihm lernen könnt, wie ihr in eure Gefühlstiefen hinabtauchen könnt, ohne Schaden zu nehmen; daß ihr von jedem Grashalm lernen könnt, wie es ist, verwurzelt zu sein, einer zu sein unter Milliarden und Abermilliarden von Gleichartigen und dennoch individuell, immer wieder vergehend, auferstehend und so fort. Von den Felsen, gar von den Kristallen, könnt ihr lernen, wie ihr etwas wirklich bis zur Vollendung verfestigt, das ihr behalten wollt.

Öffnet euch diesen Möglichkeiten. Ihr werdet gewissermaßen in ein Märchenreich eintreten, das ihr euch zuerst vorstellen müßt und das dann sehr schnell für euch erlebbare Wirklichkeit wird.

Ich wünsche euch sehr viel Freude bei eurer neuen Begegnung mit den besten Freunden, die ihr habt – nämlich all dem, was euch umgibt.

12 Schicksal oder Schuld?
Wer oder was bestimmt Leben und Erleben?

Des Rätsels Lösung gleich zuerst: Ihr seid es! Ihr *selbst* seid es, die ihr *jetzt im Moment* das, was ihr erlebt, innen wie außen, hervorbringt!

Thesen wie Reinkarnation und damit verbunden das Karma, Thesen wie Ursache und Wirkung, die nur innerhalb der Zeit funktionieren, die ihrerseits wiederum nur eine These ist, sind Hilfskonstruktionen, die durchaus sinnvoll sind, um bestimmte Erfahrungen zu machen. Ihr müßt euch bewußt sein, daß die Zeit, die ihr erlebt, der Ablauf der Zeit – Vergangenheit, Gegenwart, Zukunft – nur für euer Erleben im Moment existieren, daß in »Wirklichkeit« alles gleichzeitig vorhanden ist.

Es würde euch im Moment nicht sehr viel nützen, würdet ihr innerhalb dieser Gleichzeitigkeit leben. Das ist so, wie wenn ihr eine unübersehbare Fülle von Bildschirmen in einem riesengroßen Raum habt, und auf allen laufen Filme. Ihr müßt euch auf einen davon konzentrieren (und ihr könnt euch höchstens manchmal auf einen anderen konzentrieren, wenn der gerade besonders spannend ist. Das wäre dann sozusagen so etwas wie eine Reinkarnationstherapie. Dann müßt ihr aber euer gegenwärtiges Leben sozusagen verlassen, also den Film, der gerade läuft und auf den ihr euch hauptsächlich konzentriert). Dennoch laufen in diesem Raum eine unübersehbare Menge von Filmen gleichzeitig, ihr nehmt aber nur einen davon wahr.

Ihr beeinflußt immer von der Gegenwart aus Vergangenheit und Zukunft. Für euch sieht es so aus, als wäre die Vergangenheit festgeschrieben und die Zukunft wie ein leeres Buch. Sie müßt ihr erst schreiben. Dem ist aber nicht so!

Ihr habt eine unzählige Anzahl von Möglichkeiten von bereits existierenden Zukünften, sogenannten Wahrscheinlichkeiten, und ihr habt eine unübersehbare Fülle von existierenden Vergangenheiten. Ihr könnt euch das sehr leicht an einem Beispiel deutlich machen.

Nehmt zwanzig Menschen und schickt sie in ein Kino. Fragt hinterher, gleich nach dem Film, diese zwanzig Personen, was sie gesehen haben und wie ihnen der Film gefallen hat. Ihr werdet zum Teil äußerst verschiedene Aussagen haben, dennoch werdet ihr den Kontext des Filmes noch erkennen. Fragt die gleichen zwanzig Personen nach einer Woche und nach einem Jahr, nach zehn Jahren; ihr werdet feststellen, daß sich die Meinungen verändern: Zwei von den zwanzig Personen können sich zehn Jahre später vielleicht überhaupt nicht mehr erinnern, diesen Film gesehen zu haben, während einer ihn noch ganz genau und haarklein erinnert. Versteht ihr, was ich meine?

Auch euch geht es so: Es gibt Ereignisse in eurer Vergangenheit, über die euch eure Eltern oder alte Freunde berichten, die ihr scheinbar vollkommen vergessen habt, und andersherum reitet ihr auf bestimmten Kleinigkeiten eurer Vergangenheit jahrelang herum. Ihr verändert sie auch, das heißt, ihr gebt im Nachhinein einem bestimmten Erlebnis eine ganz andere emotionale Färbung, als sie das tatsächliche Erlebnis hatte. Auch das kennt ein jeder.

Die Vorfreude auf den Urlaub beispielsweise ist oft ungleich größer als dann das tatsächliche Erleben des Urlaubs. Da gibt es den Stau auf der Autobahn, da gibt es das Hotel, das gar nicht so gut ist. Der Strand ist überfüllt, und man schwitzt dort in der Sonne und möchte eigentlich viel lieber im Kühlen sein. Dann hat man einen Sonnenbrand, das Essen schmeckt nicht besonders, kurzum: der Urlaub ist gar nicht so schön. Wenn man dann aber nach Hause kommt und den Freunden und Arbeitskollegen davon erzählt, dann wird er auf einmal wieder ganz schön. Wenn man die Urlaubsfotos ansieht, dann sind plötzlich die Gefühle da, die man im Urlaub oft gar nicht hatte. Kommt euch das bekannt vor?

Es gibt ein großes Problem bei dieser Art von Wahrneh-mung, auf das ich etwas näher eingehen möchte:

Ihr lauft vor den Möglichkeiten eurer Gegenwart weg, und die einzige Möglichkeit, die ihr habt, euer Leben zu gestalten, ist nun einmal dieser Augenblick: Der Augenblick jetzt im Moment, in dem ihr diese Zeilen lest, das ist er; nicht der nächste, nicht morgen, sondern JETZT! Und dieses Jetzt bleibt immer, es ist immer jetzt. Das Jetzt ist ewig.

In euren Köpfen hat das Jetzt eigentlich überhaupt keinen Platz, obwohl ihr versucht, es mit sehr vielen Techniken zu er-reichen. Es ist immer ein »Wenn-ich-dies-und-das-mache-dann-werde-ich-bald«: »Wenn ich jetzt noch so und so lange arbeite, dann habe ich Feierabend; wenn ich mit dem Essen fertig bin, dann kann ich ins Kino gehen; wenn der Film aus ist, dann kann ich endlich nach Hause; wenn ich zu Hause bin, dann gehe ich noch unter die Dusche, und dann kann ich endlich ins Bett«, und so weiter.

Das hat natürlich auch viel größer angelegte Komponenten: »Wenn ich erst einmal soundso viel Geld habe, dann kann ich mir das Haus bauen, also muß ich jetzt sparen; wenn ich dann am Hausbauen bin, muß ich warten, bis das Haus fertig ist; wenn das Haus fertig ist, dann warte ich darauf, daß es end-lich eingerichtet ist; wenn es einigermaßen eingerichtet ist, dann muß ich arbeiten, um es abzuzahlen.«

Es sind viele Faktoren in eurem Leben – und überprüft es einmal daraufhin –, wo ihr auf etwas in der Zukunft hinarbei-tet und das Jetzt dabei vollkommen ins Abseits stellt. Ihr wer-det aber zugeben müssen, daß diese Jagd in die Zukunft ei-gentlich nie das hält, was sie verspricht. Das erstrebte Gefühl wird nämlich im Jetzt äußerst selten erlebt, sondern nur in der Vorstellung von der Zukunft und dann in der Vorstellung von der Vergangenheit, beispielsweise, wenn man irgend jemand anderem dann von seinem neuen Haus erzählt. Aber wird das Glücksgefühl, das man sich vorgestellt hat, wenn man ein Haus besitzt, *erlebt*? Wird das Glücksgefühl erlebt beim Essen, wenn ihr eßt? Habt ihr Spaß am Kochen, wenn ihr kocht, oder kocht ihr, um dann etwas zum Essen zu haben und eßt ihr, um dann damit fertig zu sein und die Tagesschau sehen zu können oder die Meditation machen zu können?

Es gibt unzählige solche »Wenn-ich-erst-dann ...«: wenn ich erst abgenommen habe, dann ...; wenn ich erst nicht mehr rauche, dann ...; wenn ich erst erleuchtet bin, dann ...; wenn ich erst das und das Seminar gemacht habe, dann ...; wenn ich erst dies und jenes kann, dann ...; jetzt noch nicht.

Es gibt eine unübersehbare Fülle von »Jetzt-nicht-aber-wenn-ich-erst-das-und-das-getan-habe-dann ...« Und damit betrügt ihr euch um euer Leben. Damit betrügt ich euch um eure Macht, die eben im Jetzt liegt.

Wenn ihr irgend etwas wollt, dann ist das immer ein bestimmtes *Gefühl*. Ihr übersetzt dieses Gefühl in irgend etwas Materielles. Niemand will im Grunde genommen beispielsweise ein tolles Auto haben, sondern er verbindet damit ein Gefühl von Unabhängigkeit, Freiheit, auch ein gewisses Ansehen, Prestige. Ich meine jetzt nicht, daß etwas dagegen spricht, ein tolles Auto zu haben, versteht mich da bitte nicht falsch.

Nun, dieses Gefühl, das erstrebt wird, das kann man eigentlich nur im Moment haben. Und wenn ihr euch dann aus diesem Gefühl heraus ein Auto erschafft, dann werdet ihr auch diese Manifestation weiterhin in einem solchen Gefühl genießen können. Ihr müßt aber zuerst, noch bevor ihr das physische Auto habt, die Gefühle haben, also unabhängig von den äußeren Dingen.

Mit euren Gedanken formt ihr Gefühle. Das ist jetzt sehr schwierig zu erklären, weil es eigentlich gleichzeitig stattfindet und man es nicht so ohne weiteres trennen kann. Es ist also mehr ein Versuch, etwas in eurer Sprache auszudrücken, was eigentlich nicht ganz ausdrückbar ist. Man könnte sagen, daß es ein winziger Bruchteil einer Sekunde ist, der dem Gedanken sozusagen eine Art Vorrang gibt. Also zuerst ist die Idee, dann kommt das Gefühl. Dennoch existieren beide gleichzeitig. Sie sind mehr oder weniger untrennbar miteinander verknüpft.

Die Gefühle wiederum erzeugen letztlich die materiellen Erscheinungen, die ihr wahrnehmt.

Wenn ihr also ein schickes Auto haben wollt, erzeugt euch das Gefühl kraft eurer Phantasie, kraft eurer Gedanken. Fühlt euch jetzt schon so, als hättet ihr dieses Auto, auch wenn ihr auf einem Fahrrad sitzt. Ihr könnt genauso stolz auf einem Fahrrad sitzen wie in einem Ferrari. Ihr könnt euch ruhig vorstellen, daß ihr einen Ferrari fahrt, währenddessen ihr auf dem Fahrad sitzt. Wichtig ist, das Gefühl stabil zu halten und es in den Moment zu bringen.

Im umgekehrten Beispiel wollt ihr ein Auto haben und überlegt euch dann, wie ihr es finanzieren könnt. Nehmen wir einmal an, es kostet 40 000 DM. Ihr müßt so und so lange sparen, ihr müßt es leasen oder einen Kredit aufnehmen, oder sonst irgendwas. Mehr und mehr seid ihr davon überzeugt, daß dieses Gefühl von Unabhängigkeit, Freiheit oder Ansehen an dieses Auto geknüpft ist, und daß ihr es im Moment nicht besitzt, ist die logische Folgerung daraus, daß ihr im Moment nicht geachtet seid, daß ihr nicht frei seid und daß ihr nicht unabhängig seid. Also begebt ihr euch in die Gefangenschaft, euch ein Auto zu erarbeiten. Das meine ich jetzt wirklich im negativen Sinn, nicht in Form einer Arbeit, die Spaß macht, sondern indem man etwas tut, was man nicht gerne tut, um dafür etwas anderes zu erhalten. Das funktioniert *nie*!

Nehmen wir einmal an, ihr habt euch für den Weg einer Kreditaufnahme entschieden, dann müßt ihr jetzt etliche Überstunden machen. Das sind schon einmal etliche Stunden, die euch für das Autofahren abgehen. Ihr opfert sehr viel Zeit in der Gegenwart dafür, abends einmal durch die Stadt zu brausen. Das Auto wird vielleicht gehegt und gepflegt, aber dennoch fehlt da etwas. Schon schielt ihr neidisch auf einen anderen, der ein noch besseres Auto fährt, das noch schneller ist, noch moderner. Und schon tönen die ersten hämisch: »Der spinnt ja mit seinem Auto« oder »Der Wagen ist gar nicht so toll«. Vielleicht gibt es sogar ein paar unliebsame Dinge wie einen kleinen Unfall oder einen Kratzer. Wie gesagt, es handelt sich hier um ein Beispiel, und ich möchte nicht sagen, daß es keinen Menschen gibt, der mit seinem Ferrari glücklich ist, ganz im Gegenteil.

Wie mit einem Auto verhält es sich mit *allem*. Es funktioniert *nie*, wenn ihr meint, daß die Befriedigung eines augenblicklichen Bedürfnisses nach einem bestimmten Gefühl durch ein äußeres Ding zu erreichen wäre, sondern zuerst müßt ihr das Gefühl erschaffen, in die Gegenwart holen, das heißt ihr müßt euch bereits in der Gegenwart so fühlen, wie ihr euch fühlen wollt. Das funktioniert, und dann kommt harmonisch das Äußere dazu.

Ich möchte wieder ein Beispiel konstruieren davon, wie es harmonisch laufen könnte: Ihr besitzt ein Fahrrad und wünscht euch einen Ferrari. Dennoch ist es ja eigentlich das Gefühl der Unabhängigkeit, um das es euch geht. Ihr fahrt also weiterhin Fahrrad und legt sogar hin und wieder ein paar Scheine auf die Seite, überlegt auch hie und da, aber grundsätzlich wächst in euch immer mehr dieses Gefühl von Unabhängigkeit und Stolz. Plötzlich bekommt ihr von einem alten Freund einen VW-Bus angeboten. Dieser Freund ist gerade in finanziellen Schwierigkeiten und ist bereit, ihn euch für einen relativ günstigen Preis zu überlassen. Und gewissermaßen spontan, aus einer Laune heraus, kauft ihr das Ding.

Aus dem ursprünglichen Ferrari-Traum ist ein poppiger VW-Bus geworden. Nur das Gefühl der Freiheit und Unabhängigkeit – und das bemerkt ihr erst, als ihr das Gefährt wirklich fahrt – könnt ihr damit viel besser verwirklichen. Er ist nicht sehr schnell und auch schon ein bißchen altersschwach, aber ihr habt immerhin Betten hinten drinnen, wenn auch einfache, das heißt, ihr könnt wirklich in Urlaub damit fahren.

Der Ferrari wird also gestrichen und ihr habt etwas erschaffen, das ihr ursprünglich überhaupt nicht in eurer Vorstellung hattet.

Das bedeutet nicht, daß ihr euch niemals das, was ihr euch wünscht (ich meine jetzt *gedanklich* wünscht) erschafft. Es ist auch durchaus möglich, sich auf eine leichte und harmonische Art einen Ferrari zu erschaffen. Ihr müßt nur begreifen, daß sehr viele Wunschbilder, die ihr habt, nur Übersetzungen eines Wunsches nach einem bestimmten Gefühl sind, und Übersetzungen hinken. Das heißt, ihr verknüpft gewissermaßen Bilder, die euch von außen, von der Werbung, von überallher aus eurem Beliefsystem bekannt sind, mit dem Gefühl, und daraus entsteht das Wunschbild. Das heißt: Ein flotter Sportwagen steht eben für dieses gewünschte Gefühl für euch, obwohl er vielleicht für euch überhaupt nichts ist. In diesem Fall war es wirklich der VW-Bus, weil er euch die Unabhängigkeit gewährt, die ihr eigentlich haben wollt.

In einem anderen Fall kann es aber sein, daß ihr wirklich ganz genau das erträumte rote Kleid, das ihr in einem Schaufenster gesehen habt, erhaltet. Das habt ihr euch erträumt, das wünscht ihr euch, und ihr erhaltet es auch.

Ihr könnt kraft eurer Gedanken und natürlich auch kraft eurer physischen Tätigkeiten *alles* erschaffen. Die Frage ist nur, wie ihr letztlich dann etwas *erlebt*. Ich habe es schon erwähnt, und ich erwähne es immer wieder, daß die Manifestationen, also auch die Dinge, ein Eigenleben besitzen, eine Persönlichkeit besitzen, und die entspricht genau dem emotionalen Zustand, den ihr den Dingen gegenüber habt. Das, was mühselig erarbeitet worden ist, ungern, also mit Arbeit, die man nicht gern getan hat, wird sicherlich keine Ausstrahlung besitzen, die sehr dazu angetan ist, daß ihr euch mit diesem Gegenstand – was immer es sein mag – unbedingt auf Dauer wohlfühlt, versteht ihr?

Versucht einfach einmal, eure Wünsche emotional in der Phantasie sofort im Moment ins Jetzt zu bringen. Welche Möglichkeiten euch dazu einfallen, ist ganz egal. Es gibt *immer* im Jetzt eine Möglichkeit, das Gefühl zu erzeugen, das ihr eigentlich haben wollt. Gebraucht dazu eure Gedanken und eure Phantasie. Ihr selbst schafft aufgrund eurer Gedanken und Gefühle all das, was ihr für real haltet, eure Realität.

Nun zu einer anderen Hilfskonstruktion: dem Karma, der Vorstellung, daß man gewissermaßen in einem früheren Leben gut oder schlecht war und dafür jetzt die Früchte erntet, gute oder schlechte. Solange ihr diese Vorstellung als Hilfsmittel benutzt, um etwas, das ihr in der Gegenwart nicht verarbeiten könnt – irgendein Problem –, auf einer anderen Ebene zu lösen, also in einem anderen Leben, ist das durchaus akzeptabel. Ihr müßt euch aber darüber bewußt sein, daß es ein Hilfsmittel ist.

Es ist nicht so, daß ihr in irgendeiner Form für etwas, das eine andere Inkarnation von euch in einem anderen Leben getan hat, jetzt büßt oder jetzt Früchte erntet, sondern vielmehr beeinflussen sich die Leben gegenseitig. Man könnte es also so sagen: Wenn es euch jetzt schlecht geht, dann geht es auch sozusagen anderen Inkarnationen von euch schlecht, und sie haben ähnliche Probleme. Da es oftmals leichter ist, in der Projektion etwas zu lösen, ist das ein durchaus akzeptables Hilfsmittel. Das heißt, ihr greift sozusagen in ein anderes Leben ein, um dadurch euer jetziges Leben – in dem ihr das Problem (weil es euch eben so persönlich berührt, weil ihr so starke Glaubensmuster dazu habt) nicht lösen könnt – in den Griff zu bekommen, indem ihr das Problem über beispielsweise eine Rückerinnerung, eine Rückführung, eine Reinkarnationstherapie auf einer anderen Ebene löst und damit die Rückwirkung auf euer momentanes Leben vornehmt. Vergeßt aber nicht, daß ihr auch bei einer solchen Rückführung im Jetzt handelt oder euch im Jetzt Einsichten gegeben werden, Zusammenhänge klar werden über bestimmte Personen oder über ein bestimmtes Problem, vielleicht über Geldmangel oder irgend etwas sonst.

Eure Leben sind eng miteinander verknüpft. Ihr könnt gewissermaßen eure anderen Verkörperungen um Rat fragen, ihr könnt euch mit ihnen austauschen, aber es ist nicht so, daß ihr in einem Leben etwas verschuldet habt, was ihr jetzt ausbaden müßt.

Das könnt ihr euch auch ganz einfach begreiflich machen. Ihr müßt euch nur einmal fragen, wann denn das begonnen hat. Es muß ja nach dieser Theorie für alles eine Ursache geben. Nun geht einmal in Gedanken all eure Leben zurück, und ihr werdet sozusagen bei Adam und Eva landen. Um bei diesem biblischen Bild zu bleiben: Adam und Eva erlebten ja in ihrem Leben den sogenannten Sündenfall, womit das Problem scheinbar gelöst ist. Aber es muß ja auch vorher irgendeine Art von Leben gegeben haben, denn sonst funktioniert das Gesetz von Ursache und Wirkung nicht, das heißt, es muß eine Ursache für den Sündenfall gegeben haben, versteht ihr?

Die Antwort ist ziemlich klar in diesem Bild: Es war der freie Wille im Moment, sich für die Polarität zu entscheiden. Dieser freie Wille in der Gegenwart, im Jetzt, den habt ihr immer noch!

Es ist äußerst schwierig, wenn ihr versucht, mit eurem freien Willen und sozusagen mit eurem begrenzten Ego (ich meine jetzt nicht euer Bewußtsein, ich meine euer begrenztes Ego) etwas zu erschaffen. Ich habe versucht, das am Beispiel des Ferraris zu erklären, der sich dann zu einem VW-Bus gewandelt hat. Nun, es könnte auch umgekehrt sein, nämlich jemand wünscht sich einen VW-Bus und erhält dann einen Ferrari, weil der für ihn passender ist. Das hat gar nichts mit der Größe oder dem Ansehen des Fabrikats zu tun. Das nur am Rande.

Mit eurem Ego allein, das hauptsächlich verstandesbetont ist und sehr stark von euren *beliefs* beherrscht wird, seid ihr nicht unbedingt dazu imstande, Realitäten zu schaffen – auch wenn es ein vortreffliches Werkzeug ist, um Erfahrungen zu machen, Erfahrungen zu sammeln und sich auf der Ebene der Physis zu bewegen. Und ihr wißt ja, daß ihr mit eurem Ego allein nicht das Gefühl habt, die Realität zu erschaffen, sondern ganz im Gegenteil: Da gibt es eben das Schicksal, da gibt es die Außenwelt, da gibt es die Gesellschaft, da gibt es die Erbanlagen und so weiter.

Wenn ich sage, ihr schafft mit eurem Bewußtsein oder mit eurem Selbst eure Realität, meine ich damit etwas anderes als euer Ego. Ich meine aber nicht, daß es unbewußt geschehen würde. Es ist euch vollkommen bewußt zugänglich!

Ihr habt jederzeit die Möglichkeit, Kontakt zu eurem größeren Höheren Selbst aufzunehmen, das ihr seid, und mit ihm gemeinsam, das heißt mit eurem gesamten Bewußtsein, zunächst einmal zu begreifen, wie ihr eure Realität, eure Lebensumstände erschafft und weshalb, ohne zu bewerten und gleich verändern zu wollen. Zweitens habt ihr so die Möglichkeit, Schritt für Schritt zu lernen, wie ihr sie kraft des Einsatzes eurer Gedanken und Gefühle verändern könnt.

Wenn ihr eine Situation im Jetzt durchleuchten wollt, öffnet euch für das Größere, das ihr seid, und beleuchtet die Situation von dieser Warte aus. Ihr werdet bemerken, daß ihr im »richtigen Blickwinkel« seid, wenn es wertfrei geschieht, wenn also nichts mehr gut oder schlecht ist, sondern einfach so oder so ist, aber nicht positiv oder negativ.

Ihr seid nicht getrennt von eurem Höheren Selbst. Es ist nicht so, daß euer Höheres Selbst Schicksal spielen würde und ihr mit eurem kleinen Ego Spielball des Schicksals wärt. Ihr könnt euch vollkommen eurer höheren Existenz bewußt werden. (*Höher* bedeutet jetzt nicht besser; es ist einfach die vollkommen umfassende Existenz.) Es gibt dann keine Trennung mehr zwischen dem »kleinen Ego« und dem größeren »Höheren Selbst«.

Ihr habt die Freiheit, auch allein mit eurem Ego, das heißt allein mit euren Vorstellungen, zu Werke zu gehen. Vorstellungen sind immer begrenzt, und es ist notwendig etwas zu begrenzen, um eine bestimmte Erfahrung zu machen. Deswegen sage ich, daß das Ego ein ausgezeichnetes Hilfsmittel ist. Erinnert euch an das Eingangsbeispiel: der große Raum und die unendlich vielen Fernsehschirme darinnen mit den unendlich vielen Filmen. Ihr müßt euch auf einen Film begrenzen, wollt ihr ihn begreifen. Deshalb ist das Ego ein vorzügliches Hilfsmittel, aber eben nur ein Hilfsmittel, und es ist nicht »die Wahrheit« was es sieht, sondern nur ein Ausschnitt.

Ihr habt jederzeit die Möglichkeit, ein anderes Programm zu wählen, einen anderen Film anzusehen, euch einem anderen Bildschirm zuzuwenden. Ich meine jetzt nicht, daß ihr deshalb sterben oder euer Leben beenden müßt, sondern innerhalb des normalen physischen Lebens.

Für die meisten von euch ist es von Vorteil, wenn das scheinbar schrittweise geschieht. Grundsätzlich ist es aber so, daß automatisch, wenn ein Gefühl im Jetzt größer und stärker wird, immer stärker, bis es das andere Gefühl, das ihr weghaben wollt (ganz wertfrei weghaben wollt, vielleicht weil es euch langweilt), übertrifft, daß dann die Programmänderung eintritt, im Außen eintritt. Wenn ihr euer Gefühl kraft eurer Gedanken nicht verändert habt, dann gibt es keine wirkliche Programmänderung. Es ist so, als wenn ihr sozusagen lediglich die Figuren austauscht, die Schauspieler auswechselt, aber trotzdem bleibt die Handlung die gleiche.

Wenn ihr versucht, etwas ganz bewußt zu erschaffen (und wie gesagt, ihr erschafft permanent alles, was ihr erlebt), wenn ihr also versucht, einen Wunsch (nehmen wir als Beispiel wieder das Auto) zu erschaffen, dann nehmt den höheren Blickwinkel ein. Sprecht mit eurem Höheren Selbst (das ist am Anfang äußerst hilfreich, bis ihr das Gefühl habt, daß ihr wirklich eins mit ihm seid), damit ihr nicht egohaft, *beliefmäßig* an einem Bild kleben bleibt, das lediglich eine Übersetzung eurer eigentlichen Wünsche ist. Deshalb ist es oft so, daß die Dinge, die ihr euch erschafft, euch nicht so glücklich machen, wie ihr eigentlich annehmt.

Euer Höheres Selbst kann, wenn ihr das nicht wollt oder nicht zulaßt, keine Gefühle für euch erzeugen. Es kann sozusagen nicht ins egohafte Leben eingreifen, wenn das Ego oder ein beschränktes Bewußtsein sich dagegen verschließen. Wenn ihr euch aber den unbegrenzten Möglichkeiten, die ihr eigentlich habt, öffnet, dann werdet ihr ganz bewußt Schritt für Schritt erkennen, wie ihr eure Realität erschafft und glücklich und frei und sehr kreativ schöpferisch euer Leben gestalten könnt.

Ihr könnt es *jetzt*!

13 NEUE KINDER, NEUE ELTERN, NEUE MENSCHEN, NEUE WELT

Hier beschäftige ich mich hauptsächlich mit euren physischen Kindern. Dennoch ist dieses Kapitel nicht nur für diejenigen unter euch, die Kinder haben. Ihr, die ihr keine physischen Kinder habt, nehmt die »Kinder« die ihr habt, also das, was ihr kreativ erschafft und »großzieht«. Unter diesem Aspekt hat ja jeder Mensch Kinder.

Eure Kinder kommen nicht ungewollt; sie kommen nicht einfach so, sie kommen nicht von nirgendwo, und sie kommen vor allem nicht zufällig und nicht zufällig gerade zu euch.

Ihr wißt über die Vorgänge von Zeugung, Schwangerschaft, Geburt, Wachstum wie auch über eure körperlichen Funktionen in Wirklichkeit nur äußerst wenig. Die riesige Information, die euch eure medizinischen Wissenschaften bieten, gaukelt euch manchmal vor, daß alles »rein biologisch« wäre, ein biologischer Vorgang, bei dem eben ein Kind entsteht. Man braucht nur den richtigen Zeitpunkt zu wählen, dann entsteht eine Zelle und aufgrund irgendwelcher komplizierter Muster, die man leider noch nicht ganz entschlüsselt hat, ist diese Zelle fähig, zu einem gesamten Menschen heranzuwachsen und noch dazu auf die Welt zu kommen. Sie ist fähig zu wissen, wie oft sie sich zu teilen hat, und sie ist fähig zu wissen, wie viele Zellen sie für einen Fingernagel und wie viele Zellen als Leberzellen sie zu produzieren hat. Diese Information, die DNS, ist aber in jeder Körperzelle enthalten. Das bedeutet, daß man rein theoretisch aus einem Haar, das euch ausfällt, euren gesamten Körper rekonstruieren könnte. Das nur am Rande.

Ihr seid grundsätzlich immer einverstanden mit euren Kindern. Das gilt im übrigen natürlich auch für Pflegekinder, angenommene Kinder, Kinder, die einem gar nicht gehören, die aber trotzdem so etwas sind wie eigene Kinder, weil sie eben ständig bei einem sind. Genauso sind die Kinder mit ihren Eltern einverstanden. Es war eine ganz bewußte Wahl von beiden Seiten, auch wenn ihr jetzt im Moment vielleicht glaubt, daß das nicht so ist.

Die Gründe für eine Inkarnation sind so vielfältig, wie Menschen auf diesem Planeten sind. Grundsätzlich ist aber eine Inkarnation immer eine Bereicherung für alle Beteiligten. Das ist gewissermaßen eine Grundregel.

Jeder physischen Schwangerschaft geht eine psychische voraus, das bedeutet, es geht ihr eine Zeit voraus, in der ihr euch mit dem Wesen regelrecht unterhaltet und die verschiedenen Möglichkeiten miteinander besprecht, die eine Inkarnation zum jetzigen Zeitpunkt und unter den jetzigen Voraussetzungen in eurer Familie haben könnte. Bei manchen geschieht das bewußt, vor allem bei denjenigen, die sich ein Kind wünschen; bei den meisten geschieht es »unbewußt« in Träumen und auf anderen Ebenen. Ihr könnt jederzeit, vor allem, wenn ihr bereits schwanger seid, mit eurem Kind Kontakt aufnehmen. Wenn ihr Angst vor einer Schwangerschaft habt, könnt ihr gewissermaßen »ins Blaue hinaus« fragen, ob es da irgend jemanden gibt, der sich inkarnieren möchte – also wenn ihr das dumpfe Gefühl habt, daß so etwas eintreten könnte. Wie das geht, habe ich ja schon beschrieben: Ihr braucht nur der Stimme zu glauben, die ihr dann hört. Glaubt ihr einfach!

Wenn ihr mit dem Kind sprecht, das ihr in euch tragt, dann sprecht ihr natürlich nicht mit dem Ego, sondern gewissermaßen mit dem Höheren Selbst, denn das Ego entwickelt sich ja erst in der Inkarnation. Ihr könnt sämtliche Informationen auf diese Art und Weise von eurem Kind erhalten. Die Wesenheit ist zwar noch nicht physisch eigenständig in einem Körper vorhanden, aber sie bildet sich gerade innerhalb der Physis, und deshalb ist es auch während einer Schwangerschaft leichter als beispielsweise »ins Blaue hinaus« zu fragen.

Die körperliche Anatomie wird gemeinsam von den Eltern

und vom Kind bestimmt. Hauptträger dieser Skizze, nach der sich dann die Physis richtet, ist natürlich das Kind. Seine Absichten für diese Inkarnation, seine Vorstellungen und seine Wünsche formen den Körper.

Es wird viel darüber diskutiert, wann denn die »Seele« in den Körper eintritt. Es ist ganz einfach: Das Körperbewußtsein ist von Anfang an, also von der ersten Zelle an, vorhanden. Das ist aber nicht diese Form von Bewußtsein, die ihr kennt. Die Wesenheit ist noch nicht in der Form an den Körper gebunden wie ihr. Sie befindet sich zwar in der meisten Zeit in der Nähe ihres entstehenden Körpers, benutzt aber gleichzeitig regelrecht auch den Körper der Mutter, des Vaters und auch von anderen, um bereits gewisse Erfahrungen zu sammeln. Sie begibt sich auch immer wieder in ihren entstehenden Körper hinein, aber auch wieder heraus. Sie empfindet ihn also in keiner Weise als Gefängnis oder als Begrenzung.

Wenn ihr euch vorstellt, daß ihr mit eurem jetzigen Bewußtsein in der Lage eines sieben-, acht- oder neunmonatigen Embryos wärt, dann würde es euch als unvorstellbar vorkommen, in einer dermaßen eingepferchten Lage eure Zeit zu verbringen. Ihr würdet gewissermaßen daran sterben. Für das Kind aber ist das in keiner Weise unangenehm, weil es sich eben noch nicht lediglich mit seinem Körper identifiziert, sondern gleichzeitig mit dem Körper seiner Mutter, mit seiner Umgebung und so fort. Auch mit der Geburt ist kein dermaßen vollständiger körperlicher Eintritt da, wie ihr das mit dem ersten Atemzug annehmt. *Während* der Geburt ist aber in den allermeisten Fällen das gesamte Bewußtsein im Körper, deshalb ist dieser Zeitpunkt bei euch so wichtig.

Erst mit beginnender Ego-Entwicklung verfestigt sich die Verankerung immer mehr im eigenen Körper und schweift sozusagen nicht mehr so sehr in der Umgebung umher. Das, was ihr später mit Meditationen und bestimmten Techniken zu erreichen versucht, beherrscht ihr als Kinder, nämlich euch zwar einen Körper besitzend zu fühlen, aber nicht von ihm gebunden. Ihr seid frei. Ihr könnt euch jederzeit in ein Spielzeug, in eine Katze, in eine andere Person hineinversetzen, ohne eure Identifikation oder euren Körper zu verlieren.

Das gesamte Bewußtsein ist von Anfang an vorhanden, lediglich das, was ihr ein Ego nennt, ist nicht vorhanden. Es ist ein ziemlicher Greuel, wenn ihr euch anseht, wie ihr eure Kinder behandelt, sei es nun während der Schwangerschaft oder auch während sie Babys oder Kleinkinder sind. Ihr behandelt sie als unfertige Wesen. Das ist nicht richtig. Ihr behandelt sie wie etwas, das erst im Entstehen begriffen ist und wie ein leeres Buch ist, obwohl doch in gewissem Sinne eine weit »umfassendere Persönlichkeit« inkarnieren kann, als ihr das sozusagen seid.

Ihr würdet sehr gut daran tun, wenn ihr euren Kindern von Anfang an mehr Respekt entgegenbringen würdet. Euer krankes Selbstbewußtsein würde sehr schnell geheilt werden. Ich meine das kranke Selbstbewußtsein der Menschheit. Es gibt keinen Grund, einen Säugling wie einen Schwachsinnigen zu behandeln. Es gibt keinen Grund, sich nicht gegenüber einem Kind höflich zu verhalten, genauso höflich, wie man sich irgendeiner anderen Person gegenüber verhält. Das sollte sogar vollkommen normal sein.

Ein weiterer verheerender Irrtum ist eure Ansicht über Erziehung. Eure Erziehung geht davon aus, daß eure Kinder euch in irgendeiner Form Schaden zufügen wollen. Das klingt jetzt vielleicht ein wenig brutal, aber es ist so.

Ihr meint, wenn ihr nicht dies und jenes von Anfang an ausmerzt, dann nimmt das uferlose Formen an: Wenn ihr einen Wutanfall nicht sofort unterdrückt (oder in der antiautoritären Erziehung ihm freien Lauf laßt), dann gibt das irgendwelche Schäden für euch und für das Kind. Wenn ihr nicht gleich darauf achtet, daß das Kind an bestimmte Zeiten gewöhnt wird, dann wird es euch ewig tyrannisieren. Wenn ihr nicht gleich darauf achtet, daß euer Kind die richtigen Manieren lernt und sich ordentlich verhält, dann kann es später gewissermaßen zu einer Katastrophe kommen. Wenn ihr nicht gleich darauf achtet, daß das Seelenkostüm eurer Kinder von

Anfang an eine kreative, möglichst weite Entfaltung findet und ihr es nicht ständig mit irgendwelchen Methoden beschäftigt, die den neuesten psychologischen Erkenntnissen entsprechen – ja dann kann es eben sein, daß ihr später von eurem Kind zu hören bekommt, daß ihr schuld seid, daß es jetzt so schlecht im Leben zurechtkommt, und euch wird damit wieder Schaden zugefügt, weil ihr dann Schuldgefühle habt.

Generell gilt: Eure Kinder sind dazu da (aber nicht *nur* dazu), um euch zu unterstützen, nicht um euch auf der Nase herumzutanzen. Das wäre biologisch vollkommen unsinnig, denn es würde ja sein eigenes Leben aufs Spiel setzen, wenn das Kind es darauf anlegen würde, seine eigene Macht mit der euren zu messen. Nein, euer Kind ist generell bereit zu lernen. Es möchte mit euch zusammenarbeiten. Jedoch jede Botschaft, sei sie noch so klein, wie »du bist aber unartig«, »du bist aber dumm«, »heute hast du aber einen schlechten Tag«, »du nervst mich« und so fort, mit dem Hintergrund, den ich eben erörtert habe, also mit dem Gefühl, daß man sich gegen sein eigenes Kind wehren müßte, weil es einem sonst Schaden zufügt, verfestigt diese Überzeugung sowohl in euren Köpfen, als auch in den Köpfen eurer Kinder.

Ich möchte damit in gar keiner Weise sagen, daß ihr nicht ganz ehrlich eure Gefühle ausdrücken dürft, die im Moment da sind. Es kommt aber darauf an, mit welchem Hintergrund, das heißt mit welcher *Grundeinstellung*. Es ist vollkommen normal, daß ihr nicht 24 Stunden am Tag die glücklichen liebevollen Eltern seid, ganz im Gegenteil, ihr seid Menschen, und euer Kind ist eben auch ein Mensch. Es gibt Spannungen, es gibt Reibereien, aber in einer Partnerschaft, in der man zusammenbleiben möchte, nehmt ihr ja auch nicht an, daß der andere euch Schaden zufügen oder euch unterbuttern und über euch Macht ausüben möchte, sondern ihr nehmt an, daß der andere genauso an einer kreativen Harmonie interessiert ist wie ihr. Genauso ist es mit euren Kindern.

Noch einmal, wie ich schon gesagt habe: Sehr wichtig ist der Umgangston, auch der gedankliche und emotionale, den ihr mit euren Kindern habt, also wie ihr das Wesen betrachtet. Schiebt es nicht in die Zukunft, daß aus diesem Bündelchen Mensch erst ein richtiger Mensch werden wird. Er ist es bereits! Er verdient genauso eine menschliche Behandlung wie sonst irgend jemand. Behandelt also eure Kinder nicht anders, als ihr Erwachsene behandelt. Ich meine das generell, als Grundtenor, denn sicherlich setzt ihr bestimmte Richtlinien fest, da das Kind ja noch nicht über ein eigenes Ego in diesem Maße verfügt und noch nicht selbst Richtlinien setzen kann. Tut das aber ebenfalls so, wie ihr das beispielsweise mit irgendeinem Partner tun würdet, nämlich partnerschaftlich.

Es geht hier nicht um die Frage der autoritären oder antiautoritären Erziehung, die ja beide nur Pole sind. Der richtige Weg liegt in der Mitte.

Das Allerwichtigste ist die vollkommene Offenheit und Ehrlichkeit. Laßt euch nicht von Hunderttausenden von klugen Theorien verwirren; vertraut auch viel mehr auf das, was ihr innerlich spürt und nicht so sehr auf das, was gerade in der Kinderpsychologie als förderlich erkannt wurde.

Wenn ihr das Gefühl habt, daß ihr euer kleines Baby stundenlang herumtragen müßt, dann ist das in Ordnung. Es ist natürlich. Wenn ihr das Gefühl habt, daß ihr im Moment überfordert seid und es ruhig einmal eine Stunde lang schreien soll, weil ihr sonst selbst zu schreien anfangt, ist das auch in Ordnung, und ihr braucht nicht glauben, daß durch irgendwelche solche Verhaltensweisen gleich schlimme seelische Schäden entstehen. Das ist einfach nicht richtig. Sie entstehen dadurch (bei euch und analog dazu bei euren Kindern), daß ihr etwas tut, was ihr eigentlich gar nicht tun wollt, was ihr euch vom Kopf her selbst diktiert, was aber euren eigentlichen Gefühlen zuwiderläuft. Aus einem solchen Widerspruch heraus entstehen Konflikte. Versteht ihr das? Nicht daraus, ob man ein Kind nun so oder so behandelt.

Ihr lernt von euren Kindern genausoviel, wie sie von euch lernen. Es gibt keine Altersgrenze, unter der ihr euer Kind noch nicht fragen könnt, und zwar auch bei sehr wichtigen

Problemen, das heißt, auch ein Kind, das noch nicht sprechen kann. Es geht nicht darum, daß ihr von ihm Entscheidungen verlangt, sondern daß ihr es wirklich in euer Leben miteinbezieht als gleichberechtigten Partner. Eure elterliche Partnerschaft steht aber im Vordergrund.

Eure eigenen Kinder können euch helfen, euer starres Ego zu erweitern und neue Einstellungen vorzunehmen. Sie helfen euch, in die Gegenwart zu gelangen; ihr helft ihnen, ein Zeitkontinuum aufzubauen.

Wenn sich das Ego entwickelt, also eigentlich von dem Zeitpunkt an, von dem an das Kind aufrecht läuft, von dem an es sich also selbst fortbewegen kann, dann ist es wichtig, daß es zwar feste Stützen hat, also feste Riten, feste Bezüge in der Welt, aber gleichzeitig sollten diese festen Bezüge sehr gering gehalten werden. Ihr neigt dazu, ein Übermaß an Angeboten über eure armen Kinder hereinprasseln zu lassen, was im Endeffekt nur Negatives bewirkt, das Gegenteil nämlich von dem, was ihr eigentlich wolltet. Ob das jetzt ein Überangebot an Spielzeug ist oder ein Überangebot an gutgemeinten psychologischen Handlungen oder ein Überangebot an irgendwelchen Trainingsprogrammen, die angeblich das Körpergeschehen fördern oder die Intelligenzentwicklung beschleunigen und fördern sollen, das ist ganz egal. Es bleibt ein Überangebot, das nicht die Sicherheit gibt, wie sie wirklich feste kleine Riten und Gewohnheiten haben, mit einem sehr großen Freiraum darum herum, in dem sich immer wieder etwas Neues entwickeln kann.

In euren Kindern begegnet ihr eurer eigenen Kindlichkeit. Geht respektvoll damit um. Ich wiederhole das sehr, sehr oft.

In der Entwicklung eines Egos unterstützt ihr eure Kinder am besten, wenn ihr es eben nicht allzu starr macht, sondern es von vorneherein auf die vielfältigen Einstellungen, die möglich sind, gewissermaßen trainiert. Der feste, sichere Bezugspunkt, einfache Reden, einfache Regeln, ein einfaches Zimmer usw. sind dazu da, um eine Grundeinstellung zu finden.

Ihr wollt euer Kind fördern? Ihr wollt ein intelligentes

Kind? Ihr wollt ein liebevolles Kind? *Behandelt* euer Kind so, das heißt, geht davon aus, daß es so *ist* und nicht, daß es erst so werden muß.

Ihr begeht den Fehler, daß ihr eure Kinder als Babys und Kleinkinder einerseits zu früh in eine Art Selbständigkeit zwingt, die sie eigentlich noch gar nicht haben, weil euch diese Abhängigkeit von den Eltern, gerade von der mütterlichen Figur, Angst bereitet. Auf der anderen Seite begeht ihr den Fehler, daß ihr die Kinder dann, wenn sie sich abzunabeln beginnen und ihre eigenen Wege gehen wollen (und das ist schon mit drei, vier Jahren sehr deutlich der Fall) zurückhaltet. Ihr gängelt sie sogar, bis sie fast zwanzig sind, und eigentlich laßt ihr sie ihr ganzes Leben nicht mehr los, weil ihr dann Angst habt vor der Freiheit und Unabhängigkeit, die sie entwickeln, weil sie damit eben Schritt für Schritt frei werden von euch.

Die ersten Jahre der wirklichen Abhängigkeit bedeuten nicht, daß euer Kind nicht auch frei wäre – und die Zeit, in der es sich immer mehr Freiheit und Unabhängigkeit erobert, bedeutet nicht, daß es nicht weiterhin liebevoll an euch gebunden bliebe. Das könnt ihr aber nur erfahren, wenn ihr euren Kindern keine Zwangsjacken anlegt, sondern euch einfach natürlich verhaltet.

Die Institutionen in eurer Welt, wie Schule und so weiter, sind im Moment leider nicht allzusehr dazu angetan, die tatsächliche Intelligenz eurer Kinder zu fördern. Eine »Eliteschule« ist erstens nicht für jeden erreichbar, zweitens schon gar nicht für jeden bezahlbar und drittens auch nicht unbedingt sinnvoll aus dem einfachen Grund, weil damit der Kontakt zum Kollektiv verloren gehen kann. Ihr habt aber die Möglichkeit, euer Kind mit anderen Formen des Lernens und der Wissensaufnahme bekannt zu machen, nämlich der ganz einfachen Form, daß nämlich alles Wissen bereits in ihm liegt, daß es sich das Wissen nicht aneignen muß, sondern daß es sich lediglich erinnern muß. Es gibt schon sehr viele durchaus geeignete einfache Methoden, die ihr mit euren Kindern verwenden könnt. Außerdem dürft ihr nicht vergessen, daß der schulische Stoff nur ein ganz kleiner Teil dessen ist, was eure Kinder wirklich vom Leben erfahren wollen. Gebt ihnen die Freiheit, sich mit all dem auseinandersetzen zu können, was sie wollen. Im Schulalter sind sie schon lange alt genug dafür. Das bedeutet nicht, daß ihr ihnen alles kaufen müßt; das ist keine Auseinandersetzung mit irgendeinem Thema.

Programmiert eure Kinder nicht, sondern erspürt, was sie wollen, und unterstützt sie dabei. Bewertet die Leistung eurer Kinder nicht, so wie es eben leider in der Schule geschieht, sondern nehmt jede Leistung als solche an. Das bedeutet eigentlich einen Stil, der weder Lob noch Tadel beinhaltet, sondern eine Akzeptanz des Soseins und eine ständige Unterstützung und Anspornung, weiterhin das eigene Innere zu entfalten.

Ihr braucht euch nicht um eure Kinder zu sorgen. Ihr müßt ihnen lediglich den Kern stärken, das Bewußtsein vermitteln, daß sie alles in sich tragen und daß sie sich vollkommen frei entfalten können. Das sehen sie jedoch gerade an euch am besten.

Zum jetzigen Zeitpunkt inkarnieren sehr, sehr viele Wesenheiten, die in einer ganz anderen Welt leben werden, als ihr sie jetzt kennt, das heißt, daß euch gewissermaßen eure Kinder über die Schwelle ins sogenannte Wassermannzeitalter helfen werden. Vergeßt das nicht!

Die Beziehungen zwischen Eltern und Kindern werden sich in Zukunft sehr verändern. Es wird nicht mehr dieses starre Schema bestehen, sondern es wird wirklich partnerschaftlich sein.

Wenn ihr davon ausgeht, daß ihr sehr viele Leben habt und euch einmal überlegt oder auch nachforscht, in welchem Leben euer Sohn eure Mutter war, eure Schwester oder der Lehrer, dann wird euch diese Relativität vielleicht klar. Es ist nichts anderes als ein Spiel mit vertauschten Rollen, so wie eben Kinder miteinander Mutter und Vater spielen oder Rennfahrer, Cowboy oder was auch immer.

Ein wichtiges Thema zum Schluß: Habt keine Angst vor den Gefühlen eurer Kinder! Vor allem meine ich jetzt die aggressiven Gefühle, die sich am Anfang in Schreien und später auch in Streitereien ausdrücken. Versucht, sie nicht in irgendeiner Form negativ zu bewerten, sondern nehmt sie an, vor allem natürlich auch bei euch selbst. Das ist jetzt wirklich ein Ratschlag. Sie sind kreativ und natürlich, und normalerweise, wenn sie nicht unterdrückt werden, werden sie nicht zu aggressiv und damit destruktiv, sondern sie sind die kreativ treibende Kraft.

Zum anderen bewertet auch nicht die passive Kraft, das Hilflossein. Sie ist die aufnehmende, prägende, die hervorbringende Seite. Die beiden Pole kennt ihr ja.

Seht in eurem Kind niemals nur das Ego, das es entwickelt, sondern immer auch das Höhere Selbst, mit dem es ja in Verbindung steht. Unterbrecht ihm diese Verbindung nicht. Eure Kinder werden sie sich dann nicht mehr »erarbeiten« müssen.

Projiziert keine Vorstellungen auf euer Kind, also versucht nicht zu wünschen, daß euer Kind das verwirklichen soll, was ihr nicht mehr schafft. So ist das nicht gemeint, wenn ich sage, daß eure Kinder euch über die »Schwelle« hinweghelfen!

Die Familien, die jetzt zusammenfinden, sind in den allermeisten Fällen in sehr vielen Leben miteinander gewesen, was sonst durchaus nicht immer der Fall ist, und sie haben sich auch in den allermeisten Fällen sehr viel zu sagen. Fragt eure Kinder!

14 UNZUFRIEDEN?

Erkenne und verändere deine
Gedanken und Gefühle

Viele von euch fragen sich sicherlich: »Wenn ich meine Realität erschaffe, mein Leben erschaffe, warum erschaffe ich mir dann dies und jenes, was mir nicht gefällt?« Und viele versuchen dann mittels eines »positiven Denkens« schnellstmöglich das Negative aus ihrem Leben herauszukatapultieren.

Das funktioniert oft auch über einen gewissen Zeitraum hinweg mit erstaunlichem Erfolg. Dauerhaft jedoch ist es nicht, niemals, denn wenn ihr positiv erschafft, habt ihr gleichzeitig Angst davor (ebenso ein Gefühl), etwas Negatives zu erschaffen. Das heißt, ihr kontrolliert eure Gedanken und Gefühle und eure Manifestationen daraufhin, ob sie jetzt positiv genug sind, und ihr achtet immer stärker darauf, vor allem bei irgendwelchen Mißerfolgen, welche »schlechten« Angewohnheiten, Gedanken und so weiter ihr vermeiden solltet. Nur: Angst und Nicht-haben-wollen sind genauso starke Gefühle wie Haben-wollen. Das müßt ihr verstehen!

Zum anderen fehlt bei dem einfachen Entschluß »Meine Nase paßt mir nicht. Ich werde sie jetzt durch positives Denken verändern« das, was ich vorangesetzt habe: die Erkenntnis, das Erkennen und das WERTFREIE AKZEPTIEREN dessen, was man erschafft. Ich habe niemals gesagt: »Fangt an, eure Realität zu erschaffen!« Ich sage: »IHR ERSCHAFFT EURE REALITÄT!«

Wenn ihr begreifen wollt, wie das geschieht und welche Mechanismen wirken, dann müßt ihr erst einmal eure momentane Realität durchleuchten, das heißt, sie euch bewußtmachen, und zwar sämtliche Erscheinungsformen eurer Realität, natürlich auch die, mit denen ihr unzufrieden seid. Viele machen übrigens das Gegenteil: Wenn ich euch rate, daß ihr das Hilfsmittel des Aufschreibens eurer Vorstellungen oder *beliefs* verwenden sollt, dann stürzt ihr euch auf das Negative, also auf das, was ihr weghaben wollt! Kaum jemand ist genauso eifrig beim Erforschen der Dinge, mit denen er ohnehin zufrieden ist in seinem Leben. So könnt ihr nichts lernen, nichts erkennen und schon gar keine Bewußtheit, also ein ganzheitliches Durchleuchten eurer Situation, erreichen.

Es ist etwas völlig anderes, wenn ihr eure Realität verändert aus eurem freien Willen heraus, aus Kreativität heraus, aus Lust, etwas Neues auszuprobieren, als wenn ihr versucht, irgendeinen Teil der Realität, die ihr erschafft, einfach weghaben zu wollen.

Stellt euch das so vor: Eure Realität und auch ihr selbst, ihr seid immer ganz. Es ist immer ein Ganzes, obwohl ihr das nicht so wahrnehmt. Es ist immer insgesamt ausgewogen, obwohl ihr auch das oft genug nicht wahrnehmt. Das, was ihr erschafft, wird genauso ausgewogen sein.

Im Kapitel über »Gut und Böse« habe ich sehr eindringlich versucht darzustellen, daß die gefürchtete schlechte Seite eigentlich nicht existiert, zumindest nicht in ihrer bösen Form. Wenn ihr daran geht, euer Leben bewußt zu gestalten, müßt ihr automatisch und bewußt eben auch den Minuspol mit einbauen.

Ein einfaches Beispiel: Stellt euch vor, ihr würdet die Möglichkeit haben, eine neue Pflanze in die Welt zu bringen, nur eine einzige neue Pflanze, keine Kreuzung oder Mutation, nein, eine ganz neue Pflanze. Zunächst sieht das ja sehr einfach aus. Wenn ihr es physisch ausprobiert (und manche Forscher tun das), bemerkt ihr sehr schnell, daß es mit der Pflanze allein nicht getan ist. Sie vermehrt sich beispielsweise auf Kosten anderer Pflanzen. Sie braucht irgendein Tier oder Bakterien, Umweltbedingungen oder auch andere Pflanzen, die sie wieder dezimieren, auffressen und so sofort, denn stellt euch vor, wäre das nicht gegeben, dann würde früher oder später die ganze Welt nur von eurer Pflanze bewachsen sein. Das war es ja nicht, was ihr wolltet. Ihr wißt auch, daß die Natur sich das sozusagen nicht gefallen lassen würde. Bevor ihr aufgrund eurer Pflanze verhungern würdet, würdet ihr sie selber ausrotten.

So ähnlich verhält es sich auch mit dem Versuch, nur positiv zu denken und das Negative vermeiden zu wollen. Das Negative ist nicht negativ, es ist nur in eurer Vorstellung negativ. Wenn ihr eine neue Pflanze in die Welt bringt, dann müßt ihr dafür sorgen, daß sie in den natürlichen Kreislauf eingebaut ist, daß sie sich nicht mehr vermehrt, als es für die Gesamtheit förderlich ist, daß sie natürliche Feinde hat und jemandem zur Nahrung dient; gleichzeitig, daß sie stark und schön ist und sich selbst am Leben erhalten kann, also nicht immer wieder neu gepflanzt werden muß. All diese Vorgänge müßt ihr berücksichtigen. Es muß also ein Gleichgewicht der Kräfte bestehen.

Wie das in eurem Leben aussieht, könnt ihr ganz bewußt erkennen, indem ihr eure momentane Situation wertfrei bewußt anseht, und zwar *alles*. Ihr müßt dahinter die Ganzheitlichkeit erkennen. Wahrscheinlich werden euch die Pole sehr weit voneinander entfernt vorkommen, also hier etwas sehr Schlechtes und dort etwas sehr Gutes, aber es werden immer beide vorhanden sein. Vielleicht macht ihr einmal das Spiel und setzt diese Dinge sogar gegenüber. Wenn ihr dann etwas, das euch negativ erscheint, verändern wollt, dann seht ihr gleich, welcher positive Pol davon auch berührt wird, versteht ihr?

Natürlich ist das eine sehr starke Vereinfachung, da ja alles miteinander verbunden ist und nicht einfach so aufgesplittert werden kann, aber diese Vereinfachung hilft euch.

Nur einmal angenommen, ihr habt das Gefühl, daß ihr zu unattraktiv seid, zuwenige Freunde habt und dergleichen. Ihr habt also ein schlechtes oder minderwertiges Selbstwertgefühl, fühlt euch häßlich und ungeliebt von eurer Umwelt – eine sehr häufige Vorstellung. Wo wäre hier in diesem Beispiel die zugehörige positive Seite zu finden? Die positive könnte beispielsweise sein, daß ihr aufgrund eures mangelnden Selbstwertgefühls ja auch nicht verpflichtet seid, etwas Großartiges zu leisten, sondern euch mit den bescheidenen Erfolgen begnügen könnt, daß ihr, weil ihr mit den Menschen nicht soviel anfangen könnt, beziehungsweise die Menschen mit euch nicht so viel anfangen können, sehr zurückgezogen lebt, Zeit habt zum Nachdenken, wenig gesellschaftliche Verpflichtungen mit all ihren negativen Begleiterscheinungen habt, sehr viel innere Freiheit, Phantasien habt, die ihr den anderen nicht mitteilen müßt oder die ihr nicht manifestieren braucht.

Noch einfacher und weit bekannter ist das bei bestimmten Krankheitssymptomen. Nun sicher, wenn ihr Kopfschmerzen habt und positiv denkt, wollt ihr sie wegbekommen und seht dabei nicht, was euch die Kopfschmerzen positiv ermöglichen, was ihr dabei auch wegmanifestiert und was aber dann in einer anderen Form wieder in Erscheinung tritt. Wenn die Kopfschmerzen zum Beispiel signalisieren, daß ihr einen Tag Ruhe braucht, manifestiert ihr den mit dem positiven Denken oder mit der Tablette weg. Ihr habt dann zwar keine Schmerzen im Kopf mehr, aber auch nicht die Ruhe und Zurückgezogenheit, die ihr eigentlich haben wolltet.

Ihr könnt anhand eurer eigenen Realität genügend Beispiele finden, und ich ermuntere euch auch nochmals dazu, es sehr ausführlich zu tun. Ihr werdet, wie schon gesagt, sehen, daß es auch in eurem Leben große Unterschiede gibt. Manche Dinge sind sehr nahe an der Mitte, das heißt, sie sind etwas positiv und etwas negativ, sie sind ausgewogen oder fast ausgewogen. Vielleicht gibt es manche Überzeugungen, die ihr glattwegs ganz in die Mitte schreiben könnt, die sowohl als auch, beziehungsweise etwas ganz anderes als positiv und negativ bedeuten.

Wenn ihr eure Realität verändert, verändert ihr immer beide Seiten. Was ihr vor allem spürbar verändern könnt, ist die Spannung der Pole, also daß die positive und die negative Seite nicht vollkommen extrem auseinanderklaffen, denn beides ist oftmals nicht so »angenehm« in seinem Erlebniswert für euch.

Ihr könnt aber natürlich auch ganz bewußt Extreme erschaffen. Es ist jedoch sehr wohl ein Unterschied, ob man beispielsweise an einem Tag den Haupttreffer im Lotto gewinnt und am nächsten Tag oder auch fünf Jahre später erfährt, daß man unheilbar krank ist (das ist jetzt natürlich ein Beispiel von der Art, die ich mit sehr extrem meine), oder ob man zufälligerweise in einer Lotterie 100 Mark gewinnt und sich am nächsten Tag den Fuß ein wenig verstaucht. Das sind Extreme, die näher beieinander liegen.

Letztendlich ist auch die Polarität eine reine Vorstellung, ein reines *belief* eurer selbst. Diese Polarität erzeugt aber gewissermaßen Materie, und solange ihr mit Materie umgeht, erhaltet ihr dieses *belief* aufrecht. Es ist aber auch etwas vollkommen anderes, ob ihr *bewußt* und *freiwillig* materiell seid, oder ob ihr euch so fühlt, als wärt ihr schuldhaft in ein leidvolles physisches Leben hineingezwungen.

Daß Negativität als solche nicht existiert, könnt ihr nur erfahren, indem ihr sie beleuchtet, kennenlernt, akzeptiert, nicht indem ihr sie vermeidet. Jegliche »esoterische Strömung« oder jeglicher Ratschlag, der euch sozusagen aus der Physis hinausführen will mit dem Hintergrund, daß man die scheinbar mit einem physischen Leben verbundenen Schwierigkeiten, also das Negative, vermeiden könnte, ohne sich bewußt – wertfrei – ihrer anzunehmen, führt nur noch tiefer in das Gefühl hinein, daß man eben *nicht* die Macht hat, seine Realität zu gestalten. Das heißt, dieser Weg wirft euch nur tiefer in eure Zweifel zurück. Wie gesagt, ihr habt dann vielleicht noch kurze Zeit sehr ansehnliche Erfolge, weil ja eure Gedanken wirken, aber gleichzeitig habt ihr auch immer mehr damit zu tun, die Negativität abzuwehren, und letztlich bricht sie vehement über euch herein, weil die Angst vor ihr immer größer wird. Steckt ihr dann in dieser Negativ-Situation, habt ihr natürlich das Gefühl, daß all das nicht stimmt. Also seid ihr weiter von eurem Ziel entfernt als ganz am Anfang.

Wieder zur Veränderung: Spielt ganz bewußt das, was ihr kreativ schöpferisch verändern wollt in eurem Leben, in eurer

Phantasie durch. Ihr könnt es auch sozusagen in verschiedenen Polaritäten durchspielen, also »sehr gut«, »sehr schlecht« oder »nicht ganz so gut« und »nicht ganz so schlecht« und so fort.

All das hinkt jetzt natürlich sehr, weil ich immer noch von gut und schlecht spreche, aber es ist ganz einfach: Wenn ihr Gesundheit manifestieren möchtet, also *keine* Kopfschmerzen und gleichzeitig die Ruhe, die ihr eigentlich haben wollt, dann wird es wohl zu einigen Schwierigkeiten mit eurer Familie kommen oder mit eurem ganzen Leben, das ihr führt, weil ihr beispielsweise im Moment täglich eine Stunde Ruhe braucht. Solange ihr Kopfschmerzen habt, kann ja niemand etwas sagen, nur ist dieses Erlebnis der Ruhe natürlich unangenehm und schmerzhaft. Wenn ihr dagegen einfach sagt: »Ich brauche eine Stunde Ruhe für mich«, dann müßt ihr euch sozusagen mit eurer Umwelt in einer anderen Form auseinandersetzen.

Ich hoffe, daß es an diesem Beispiel deutlicher wird, was ich mit Negativität meine. Diese Auseinandersetzung mit der Umwelt ist aber letztlich positiv, wie das wohl jeder anhand dieses Beispiels begreifen wird, weil sie *bewußt* geschieht und nicht unbewußt wie bei den Kopfschmerzen. Hier werden dann Vorstellungen sichtbar und Problembereiche, die vorher einfach unbewußt waren, und dann hat man seine eine Stunde Ruhe am Tag und gleichzeitig bestimmte Konflikte innen und außen gelöst.

Logischerweise werden, nimmst du dir eine Stunde am Tag frei, andere Dinge in dieser Stunde nicht gemacht werden können. Das ist dann der sehr »beschönigte« negative Pol, das heißt, ihr könnt es genießen, in dieser Stunde nichts zu tun, obwohl das Nichtstun negativ ist, vor allem wenn ihr scheinbar sehr viel Arbeit habt.

An diesem Beispiel seht ihr, wie etwas in die Mitte rücken kann. Es gibt immer noch ein Plus und ein Minus, aber es gibt noch etwas darüber hinaus: ein neues Gefühl, das euch nicht hin und her zerrt, wo nicht eines das andere irgendwie ausschließt und unmöglich macht, sondern ein schwungvolles, kraftvolles Fließen, so will ich es einmal ausdrücken, ein Schwingen.

Ich möchte euch, um das Auffinden der Vorstellungen, die euch höchstwahrscheinlich am meisten blockieren, zu erleichtern, eine Übung vorschlagen:

Nehmt drei oder vier Punkte in eurem Leben oder auch in eurer Umwelt, die euch maßlos stören, die ihr für sehr negativ haltet. Das können Umweltprobleme, Kriege, Partnerschaftsprobleme sein – ganz egal. Wie nah oder fern sie liegen, ist im Moment gleichgültig. Dann sucht den positiven Pol dazu heraus. Um bei einem unserer Beispiele zu bleiben: Eure Umweltproblematik hat ja als positiven Pol all die Annehmlichkeiten, die ihr im Moment genießt, angefangen bei der Herstellung von Kunststoffen, bis hin zu der Möglichkeit, unendlich viele Manifestationen zu konsumieren. Ihr braucht euch nur einmal vorzustellen, wie es denn wäre, würdet ihr wirklich auf all die Dinge, die die Umwelt schädigen, verzichten.

Ich hoffe, ihr findet selbst in eurem Leben genügend solcher Anschauungsbeispiele.

Um bewußt die eigenen Vorstellungen zu erkennen, ist es notwendig, daß man die Wertung aufgibt. Wertung ist etwas sehr Subjektives, etwas sehr Egohaftes. Wertungen können von heute auf morgen völlig umgestoßen werden, aber sie sind natürlich vorhanden. Die Wertung aufzugeben für den Moment des Bewußtwerdens bedeutet nicht, sie für den Rest des Lebens aufzugeben; das ist im Moment nicht nötig. Ihr solltet also nicht einmal die Wertung bewerten. Es ist so, wie wenn ihr euch selber zusehen würdet.

Viele von euch, die das subjektive Gefühl haben, sich selbst eine miserable Realität zu erschaffen, also sehr große Probleme zu haben, sind vielleicht mit den bisherigen Ausführungen noch nicht ganz zufrieden. Wenn ihr euch selber als Schöpfer eurer Realität mit einem Regisseur vergleicht, der einen Film inszeniert, wird es euch vielleicht deutlicher, was ihr, beispielsweise mit einer sehr intensiven Inszenierung, erreichen wollt.

Stellt euch einmal einen durchwegs harmonischen Film vor, in dem alles gut geht: Da lernen sich zwei schon im Sandkasten kennen, wachsen miteinander auf, heiraten schließlich und bekommen Kinder, haben genügend Geld, streiten nie und es gibt überhaupt keine Probleme. Ist es nicht eigenartig, daß es bei euch überhaupt keine solchen Filme gibt? Nein, es gibt Filme, in denen Extreme dargestellt werden: die Suche nach Glück und welche Höhen und Tiefen man dabei erlebt, weil das interessanter ist und lebendiger erscheint. Die nächsten Filme, die ihr euch anseht, oder die nächsten Bücher, die ihr lest, solltet ihr euch einmal unter diesem wertfreien Aspekt ansehen. Oft genug ist es ja so, daß gerade die äußerst dramatischen Filme die besten Kritiken erhalten. Nur ihr selbst in eurem Leben, ihr gebt euch die schlechteste Kritik, wenn ihr etwas sehr Dramatisches inszeniert. Und bitte versteht: Euer Leben ist nichts anderes als eine Inszenierung, nur seid ihr gleichzeitig Regieführender und Schauspieler.

Das, was jeder Dramaturg weiß, daß es Spannung geben muß, daß man nicht gleich mit der Lösung herausrücken darf, daß es sowohl lustige wie auch traurige Stellen geben muß, das wißt ihr in eurem Leben scheinbar nicht, und ihr wollt ein kontinuierliches, angenehmes, positives Leben – glaubt ihr. Dem ist nicht so, denn sonst würdet ihr euch ebensolche Filme ansehen, solche Bücher lesen.

Eine Vielzahl von euch Menschen beschäftigt sich sogar mit äußerst negativen Filmen, mit brutalen Filmen, in denen sehr viel gemordet wird, nur um ein Beispiel zu nennen, mit Gruselfilmen, mit Kriegsfilmen. Es sind eher weniger, die sich mit hübschen Filmen über irgendwelche Gänseblümchen beschäftigen. Selbst eure Tierfilme sind ja dergestalt, daß die Dramatik eines Tierlebens sehr wohl zum Ausdruck kommt: der Überlebenskampf, das Fressen und Gefressenwerden. Die Märchen, die ihr euren Kindern vorlest, sind höchst dramatisch. Die Spiele, die eure Kinder spielen, sind dramatisch.

Sucht überall in eurer Umwelt, in eurem Leben bewußt wertfrei eure Vorstellungen. Eure Vorstellungen formulieren ein ganz vereinfachtes »Wenn das, dann aber ...«. Beispiel Kopfschmerzen: Ich habe Kopfschmerzen, weil mich meine lauten Kinder so stören oder weil ich den ganzen Bürokram nicht mehr in meinen Kopf hineinbekomme. Übersetzt in positiv und negativ: Ich habe Kopfschmerzen, weil ich mich von meinen Kindern zurückziehen möchte, ich habe Kopfschmerzen, weil ich Ruhe vom Büro haben möchte. Hier habt ihr dann ganz einfach Plus und Minus, und *jetzt* könnt ihr versuchen, eure Realität zu verändern, aber bitte erst jetzt! Ihr dürft nicht vorher schon auf den Fehler verfallen, nur das Negative verändern zu wollen. Ich weiß, ich wiederhole mich, aber ich kann es gar nicht oft genug sagen.

Ebenso seid vorsichtig, wenn ihr euch selbst bewertet. Das kann folgendermaßen aussehen: »Warum bin ich denn so dumm oder so ängstlich oder so feige, daß ich, anstatt mich mutig meiner Umwelt zu stellen, mir Kopfschmerzen manifestiere?« Taucht ein solches Gefühl bei euch auf, dann wißt, auch das ist eine Überzeugung, die einen positiven wie einen negativen Pol hat. Es hat seinen Grund, weshalb ihr das tut. Das Positive daran ist beispielsweise, daß ihr auch irgendwo schwach sein wollt, nicht überall hervorragend und stark sein wollt, sondern auch einmal loslassen wollt, bemitleidet werden wollt, nicht mehr alles können wollt. Seid sehr, sehr vorsichtig, wenn ihr anstatt eurer Umwelt nun euch selbst die »Schuld« in die Schuhe schieben wollt.

Es mag hilfreich sein, wenn ihr in dem Zeitraum, in dem ihr eure Vorstellungen aufschreibt, euch wiederum vorstellt, der Regieführende zu sein, euch also nicht allzusehr mit eurem Ego identifiziert, sondern wirklich mit einem Regisseur. Auch beim Verändern der Realität, das ja im Einklang mit dem Höheren Selbst geschehen sollte, ist dieses Grundgefühl, daß ihr außerhalb des Geschehens ein Stück Leben schreiben könnt mit den »notwendigen Höhen und Tiefen«, sinnvoll.

Ihr könnt natürlich jederzeit in eure jetzige Gegenwart,

jetzt im Moment, eingreifen. Ihr seid immer dabei, ihr könnt immer ein Stück umschreiben, permanent, und ihr könnt das nicht im Vorhinein oder im Nachhinein tun, sondern immer nur jetzt. Daß es sich auf den Spielablauf insgesamt – Vergangenheit und Zukunft – auswirkt, ist selbstverständlich. Bereits wenn ihr euch jetzt hinsetzt und eure Vorstellungen unter die Lupe nehmt, verändert ihr eure Sichtweise und damit auch euer Erleben. Viele Vorstellungen und damit äußere Erlebensformen werden sich allein dadurch bereits verändern.

Schonungslose Ehrlichkeit ist wichtig, überall müßt ihr Bewußtsein zulassen. Es ist nicht so, daß euch etwas unbewußt wäre. Nichts ist euch unbewußt! Ihr selber verschließt die Türen vor den Seiten in euch, vor den Gefühlen und Gedanken, die ihr lieber im Dunkeln lassen wollt. Das ist etwas ganz anderes. Ihr habt das Licht in der Hand und ihr könnt überall in eurem Bewußtsein damit hingehen und alle Räume ausleuchten. Ihr könnt jede Vorstellung finden, keine ist unbewußt.

Bei euren Entdeckungen in eurem Theaterstück wünsche ich euch viel Spaß. Und wißt, daß ihr ausgezeichnete Regisseure seid, ganz ausgezeichnete!

15 TRÄUME, WAHRSCHEINLICHKEITEN, PARALLEL-LEBEN

Ihr nehmt euch selbst als ein kontinuierliches Individuum wahr. Es ist wohl die größte Leistung eures Egos, daß es euch diese Wahrnehmung gestattet.

Wenn ich euch sage, daß ihr in Wirklichkeit unzählige Leben gleichzeitig auf ähnlichen Ebenen oder auch auf Ebenen, die ganz verschieden sind von der Ebene, die ihr jetzt kennt, lebt, dann werdet ihr vielleicht zunächst verwundert den Kopf schütteln. Wenn ich aber wieder mein Beispiel vom Theaterstück oder vom Film heranziehe, dann wird es für euch schon deutlicher:

Ein Schauspieler, der abends auf der Bühne steht, hat sicherlich (wenn auch nicht gleichzeitig in diesem Sinne) sehr viele verschiedene Leben. Wieviele Rollen hat er nicht schon gespielt und, vor allem, wie sieht sein Privatleben aus? Wenn dieser Schauspieler dann auch noch selbst Regie führt und gleichzeitig mit auf der Bühne steht, wird das, was ich meine, vielleicht noch deutlicher. Trotzdem braucht dieser Schauspieler, genau wie ihr, die Fähigkeit, die eben euer Ego für euch hervorbringt: die Fähigkeit, sich einzuschränken.

Ihr fragt euch nun vielleicht: »Was nützt mir diese Information von diesen »anderen« Leben?« Nun, sie nützt euch soviel, wie es dem Schauspieler nützt zu wissen, daß er eben nicht nur Schauspieler ist; daß er im Moment eine Rolle spielt, aber eben gleichzeitig beispielsweise heute abend nach der Vorstellung noch ein Rendezvous hat.

Ihr könnt mit euren gleichzeitigen Leben, die ihr genauso wie der Schauspieler sozusagen auf anderen Ebenen oder in anderen Welten lebt – denn der Schauspieler muß ja wohl die Bühne verlassen, um seine Angebetete irgendwo zu treffen –, Kontakt aufnehmen, und sie können euch hilfreich sein.

Es sind dies die sogenannten vergangenen und zukünftigen Leben, und dazu kommen noch die wahrscheinlichen Leben, auf die ich noch eingehen werde.

Ihr beeinflußt von eurer *jetzigen Gegenwart* aus alle anderen Leben und umgekehrt. Am Beispiel mag das wieder deutlicher werden:

Wenn der Schauspieler weiß, daß er heute Abend noch ein Rendezvous hat, dann wird das seine schauspielerische Leistung im Moment auf der Bühne sehr wohl beeinflussen.

Seine Auserwählte weiß ja auch davon, daß er im Moment auf der Bühne steht und eine Rolle spielt. Auch sie wird wohl sein Spiel in irgendeiner Form beeinflussen, indem sie vorher mit ihm darüber diskutiert hat, nachher mit ihm darüber sprechen wird, vielleicht sogar im Zuschauerraum sitzt oder hinter der Bühne steht, um ihm Beistand zu leisten. Beide sind voneinander »abhängig«, und gleichzeitig sind beide im Erschaffen ihrer jeweiligen Gegenwart vollkommen frei.

Ihr könnt also jederzeit, in welcher Form auch immer, die früheren oder späteren Inkarnationen eurer selbst – die Parallel-Leben – gewissermaßen in den Zuschauerraum bitten, um ein Rendezvous bitten, um ihre kreative und fruchtbare Kritik bitten, so wie ihr das auch als Schauspieler in meinem Beispiel tun würdet. Das funktioniert ganz einfach. Ihr könnt natürlich auch so etwas wie die Reinkarnationstherapie dazu verwenden.

Vielleicht fühlt ihr euch in manchen Situationen nicht mehr so allein, wenn ihr wißt, wie viele Egos eurer selbst sozusagen manchmal im Zuschauerraum sitzen.

Die Wahrscheinlichkeiten sind wiederum »Leben« von euch, die sich auf einer anderen als der euch gewohnten physischen Ebene abspielen. Es sind Leben, die durchaus genauso ihre Berechtigung haben und genauso wertvoll sind wie euer physisches, nur finden sie eben auf anderen Ebenen statt. Sie können sowohl »physischer« sein als auch »weniger physisch«; sie sind auf alle Fälle anders.

Alles, was ihr jemals habt tun wollen und nicht habt tun wollen, verwirklicht sich auf einer dieser wahrscheinlichen Ebenen. Vereinfacht: Ihr müßt im Leben ständig Entscheidungen treffen. Bei einer Entscheidung ist es immer so, daß dadurch eine Seite ausgeschlossen wird und dafür die andere zur Blüte kommt. Die Seite, die scheinbar nicht gewählt wurde, verwirklicht sich dann auf wahrscheinlichen Ebenen.

Es ist nicht nur so, daß lediglich die Dinge, die ihr in der Vergangenheit entschieden habt oder nicht entschieden habt, ihre eigenständigen Leben führen, sondern es ist auch so, daß das, was ihr in die Zukunft projiziert, auf einer wahrscheinlichen Ebene von euch SELBST ausprobiert wird, gelebt wird. Ihr erhaltet dadurch Informationen für die Entscheidung, die ihr treffen müßt, was davon innerhalb eurer physischen Ebene verwirklicht werden soll.

Den besten Zugang zu dieser unglaublich vielfältigen Welt habt ihr – obwohl ihr jederzeit Zugang habt – über eure Träume. Eure Träume sind nicht weniger wirklich als euer wachbewußtes Leben. Euch fehlt nur das Kontinuum, weil ihr annehmt, daß das Traumkontinuum in euer tägliches, bewußtes, normales Kontinuum passen müßte. Dem ist nicht so. Manchmal erlebt ihr gewissermaßen ein ganzes Leben in einer einzigen Traumstunde: Das, was ihr im Traum in einer Stunde erlebt habt, war genauso lang für euch wie ein physisches Leben von siebzig oder achtzig Jahren. Manchmal erlebt ihr im Traum in einer Stunde etwas sehr intensiv, was in eurem Wachbewußtsein vielleicht nur ein oder zwei Minuten dauern würde. Die Zeiten und die Räumlichkeiten passen nicht ineinander, deshalb habt ihr Schwierigkeiten mit der Kontinuität.

Wenn ihr euch im Schlaf bewußt seid – und das kann man »lernen« –, daß ihr im Moment »träumt«, also wenn ihr die Erinnerung an euer kontinuierliches physisches Leben in die Traumlandschaften mitnehmt, in die wahrscheinlichen Welten, die ihr betretet, dann könnt ihr auch weit besser fruchtbare Informationen zwischen hüben und drüben austauschen.

Das hat jeder von euch schon einmal gehört: »Erst einmal

darüber schlafen!« Bevor ihr also irgendeine wichtige Entscheidung trefft, ist es immer günstig, wenn ihr ganz bewußt eine Frage mit in den Traum nehmt und darum bittet, eine Antwort zu erhalten.

Hier gibt es allerdings eine Schwierigkeit, und die liegt nicht so sehr darin, daß ihr vielleicht meint, eure Träume nicht zu erinnern, sondern eher darin, daß ihr dazu neigt, eure Träume zu deuten. Natürlich sollt ihr sie verstehen. Das ist aber etwas anderes, als sie zu deuten. Das gleiche Traumsymbol – nehmen wir einen roten Luftballon – kann einmal fliegende Leichtigkeit der Kreativität, der Lebenskraft schlechthin bedeuten und ein anderesmal beispielsweise bedeuten, daß euch die Lebenskraft davonfliegen könnte. Gerade deshalb ist es »gefährlich«, wenn ihr euch allzu stur selber einengt.

Am einfachsten ist es, wenn ihr damit beginnt (ein alter Rat, den ich nicht als erster gebe), eure Träume aufzuschreiben, ohne irgend etwas davon zu erwarten. Ihr sollt euch lediglich darin üben, wahrzunehmen, daß es auch in diesen anderen Welten etwas gibt, das eurer Aufmerksamkeit nicht entgeht.

Auch im Wachzustand seid ihr ständig mit diesen vielen Welten, in denen ihr ebenfalls existiert, verbunden. Und, wie in anderen Kapiteln schon erläutert, seid ihr gleichzeitig mit Unzähligem verbunden, also mit *allem*, so daß es den Rahmen eurer Aufmerksamkeit sprengen würde, würde ich es hier noch einmal wiederholen.

Trotzdem gibt es in eurem normalen Tagesablauf immer wieder Momente, in denen ihr euch dieser mannigfaltigen, wunderbaren Verbundenheit bewußt werdet. Ihr könnt euch in eurem »eingeschränkten« Tagesbewußtsein ohne weiteres kurz eine Frage, einen Eindruck, was auch immer, in die wahrscheinlichen Ebenen, in die Traumebenen, senden. Wie immer ist natürlich der leichteste Weg der über euer Höheres Selbst, das sich ja all dieser unzähligen Verkörperungen, die ich hier nur sehr unvollkommen und bruchstückhaft beschrieben habe, bewußt ist.

Ihr verlaßt mit eurem »Geist« (ich wähle hier dieses Wort, andere nennen es *Astralkörper, Lichtkörper* oder den *eigentlichen* Körper. Da es nicht der Physis angehört, gibt es auch keinen physischen Namen dafür; also haltet euch nicht daran fest!) nicht nur Nacht für Nacht euren Körper, um euch mit euren anderen Leben zu verbinden, sondern ihr tut das auch oft genug tagsüber. Kennt ihr das? Plötzlich erwischt man sich in einer Situation, in der man regelrecht aufwacht und gar nicht so genau weiß, wohin man mit seinen Gedanken verreist war. Kinder und bestimmte Menschen, die sich darauf spezialisiert haben, verstehen es noch meisterhaft, ihr Bewußtsein oder ihren Geist in alles mögliche hineinzuversetzen und sich selbst darin wiederzufinden.

Von der Warte eurer selbst aus ist das, was ihr im wachbewußten Zustand erlebt, unwirklich, wenn ihr träumt; umgekehrt ist es genauso. Wenn ihr das verändern wollt, dann tut das einfach, indem ihr *beschließt*, es zu verändern. Geht *bewußt* in eure Träume. Es genügt, wie schon gesagt, der einfache Entschluß. Ihr sollet lediglich, vor allem am Anfang, nichts davon erwarten, das heißt, ihr sollet nicht gleich die Lösung eurer Lebensprobleme von einem eurer luziden Träume erwarten, sondern wie bei allem anderen auch erst einmal das wahrnehmen, was überhaupt da ist.

Ein anderer Punkt, der euch vielleicht sehr bekannt ist, ist das Astralreisen. Hier geht ihr absichtlich oder auch unabsichtlich mit eurem Geist und mit dem Bewußtsein eurer selbst aus dem alltäglichen Bewußtsein heraus und an andere Orte, in andere Leben oder wohin auch immer, also überallhin, wo ihr euch gedanklich oder emotional hin wünscht. Gleichzeitig bleibt ihr euch aber dabei *bewußt*, ihr behaltet die bewußte Verbindung mit eurem jetzigen Alltagsleben. Das ist der einzige Unterschied zu dem, was Nacht für Nacht geschieht: Lediglich dieses kleine Band der bewußten Verbindung bleibt hier erhalten.

Bitte vergeßt nicht: Es ist nicht so, daß Astralreisen, Träume, der Besuch in anderen Leben, eine Möglichkeit wären, euch von eurer eigenen Verantwortung für euer Hier und Jetzt zu entbinden. Es ist aber eine grandiose Möglichkeit, euren Blickwinkel dafür zu erweitern, wieviel ihr eigentlich seid. Die Entscheidung, was ihr mit diesen Informationen anfangt, liegt bei euch. Keines eurer anderen Leben wird euch eine Entscheidung für euer Leben im Hier und Jetzt abnehmen können, aber sie können euch beraten.

In diesem Sinne wünsche ich angenehme Träume!

16 WOHER, WESHALB, WARUM, WOHIN?

Die ewige Frage nach dem Sinn

Ihr alle, die ihr das lest, stellt euch in irgendeiner Form die Frage: »Weshalb bin ich hier? – Also, hier jetzt im Moment, hier, und halte dieses Buch in den Händen, lese diese Zeilen – warum?«

Alle Menschen in allen Kulturen haben sich in verschiedener Form, aber dennoch mit dem gleichen Gefühlstenor diese Frage gestellt.

Zuerst möchte ich beantworten, wo ihr hingeht. Erschreckt nicht! Ihr geht zum Sterben hin, ihr geht einzig und allein auf euren Tod zu, nur auf euren Tod.

Egal, was ihr physisch, körperlich unternehmt in dieser Welt, um innerhalb der physischen Welt dauerhaft zu bleiben, so »entkommt« ihr doch nicht eurem physischen Tod – und das vergeßt ihr leider allzuoft. Ihr glorifiziert vielleicht den Tod als eine Art Übergang, macht euch aber dennoch nicht bewußt, daß es sich wirklich um euren Tod in der physischen Welt handelt, daß ihr also gewissermaßen in einer Art Eisenbahn sitzt, die auf ein Ziel zusteuert. Dieses Ziel ist mit der GEBURT vorgegeben und die Endstation, die ihr mit der Geburt anstrebt, heißt TOD. Nichts weiter ist physisch erreichbar zwischen Geburt und Tod als wiederum ein Übergang.

Nochmals gesagt: Ihr glorifiziert vielleicht den Tod, weil ihr euch noch weit davon entfernt glaubt oder weil er euch auch sehr nahe erscheint, aber macht euch einmal bewußt, daß ihr nur darauf zustrebt! Es gibt innerhalb eurer Welt NICHTS ANDERES als die permanente Zusteuerung auf den TOD!

»Euer physisches Lebensziel ist der Tod" – erschreckt euch das? Je mehr und je intensiver es euch erschreckt, desto besser, denn dann wacht ihr auf.

Es gibt auf der Welt nichts zu erreichen. Es ist nicht so, daß ihr in der Welt irgendwelche Dinge vollbringen könnt oder auf Ziele zusteuern könnt, die ihr erreicht und dann erhaltet und dadurch dann einen »ewigen Lohn« oder »ewige Glückseligkeit« in Anspruch nehmen könnt. Das gibt es weder zu Lebzeiten noch zu Todeszeiten. Nochmals: Ihr steuert nur auf euren eigenen Tod zu, das heißt, daß alles, was ihr tut, physisch gesehen »umsonst« ist.

Ich habe schon oft einen Satz geprägt, der heißt:

Es ist ganz egal *was* ihr tut,
es kommt darauf an, *wie* ihr es tut!

Ihr alle miteinander sitzt, bildhaft ausgedrückt, in einem Zug, der hundertprozentig eine Endstation haben wird. Diese Endstation ist der Tod. Ihr nehmt an, nicht zu wissen, wann diese Endstation erreicht ist, aber das ist im Moment gleichgültig. Ihr werdet sie alle erreichen. Viele von euch tun aber so, als wäre dem nicht so, als gäbe es weiß Gott welche Bahnhöfe, die da heißen: »ewige Glückseligkeit«, »ein reicher Mensch werden«, »Ordnung in das physische Leben bringen«, »die Welt verbessern«, ... und wie auch immer die Namensschilder der vermeintlichen Lebensziele heißen. Ihr werdet sehen, euer Zug wird einfach hindurchfahren!

Wenn ihr euch auch nur einen Moment lang wirklich bewußt macht, daß ihr morgen schon tot sein könnt, dann bekommt euer Leben erst einen »Sinn«. Ihr seid vollkommen freiwillig aus einer anderen Welt in die physische polare Welt gekommen, um diesen eigentümlichen Zug Geburt-Tod zu besteigen. Ihr wolltet aber nicht nur diese Fahrt machen, nein, ihr hattet bestimmte Sehnsüchte und Wünsche, etwas dabei zu erfahren, was eben nur auf dieser Strecke zwischen Geburt und Tod, also innerhalb des physischen polaren Lebens und innerhalb dieser Welt, möglich ist.

Woher ihr kommt? Das ist sehr unterschiedlich. Es gibt also nicht irgendeinen Planeten, und es gibt auch nicht irgendeinen

Bewußtseinszustand, der euch mehr oder weniger dazu »verdammen« würde, auf diese Welt zu kommen. Es gibt die unterschiedlichsten Beweggründe.

Innerhalb der Physis, innerhalb der Raum-Zeit habt ihr die Möglichkeit, die Kraft eurer schöpferischen Kreativität anhand von scheinbar sehr dauerhaften körperlichen Manifestationen und physischen Erlebnissen zu erfahren. Am Rande bemerkt: In anderen »Welten« ist es nicht genauso wie innerhalb der Raum-Zeit in der physischen Welt, sondern es ist weniger »dicht« und weniger direkt als auf der Erde.

In manchen »esoterischen Schulen« wird deshalb auch die Erde als eine Art Lehrzeit oder, netter ausgedrückt, als eine Art Kindergarten beschrieben. Damit wird aber der Eindruck erweckt, daß ihr euch hier verkörpert habt, um etwas zu lernen. Dem ist aber nicht so, und vor allem unterbinden viele dieser Lehren die Einsicht, daß ihr *vollkommen freiwillig* hier seid. Ihr habt euch freiwillig entschieden und nicht aufgrund irgendeiner Schuld oder aufgrund irgendeines Karmas, nein: freiwillig! Ihr *wolltet* hier sein, ihr *wolltet* auf die Erde kommen. Wie schon angedeutet: Weshalb oder woher ihr gekommen seid, das ist sehr, sehr unterschiedlich, aber generell ist zu sagen, daß ihr »vorher« völlig frei in eurer Wahl wart, also nicht beeinflußt, nicht unter Druck.

Könntet ihr euch vorstellen, daß ihr aus reiner Freude am Experimentieren, aus reiner Lust, etwas auszuprobieren, diesen Weg beschritten habt? Auch wenn ihr im Moment scheinbar unsägliche Qualen erleidet, bitte versucht, es euch vorzustellen – denn es *ist so*. Niemand, auch ihr selbst nicht, hat euch gezwungen.

Ihr selbst seid aus den unterschiedlichsten Gebieten, aus den unterschiedlichsten Motivationen auf die Erde gekommen. Auf der Erde sein bedeutet, Erfahrungen innerhalb der physischen Raum-Zeit zu machen, was bedeutet, daß Gedanken und Gefühle relativ beständige und innerhalb der Raum-Zeit erfahrbare Formen annehmen. Ihr seid generell hier, um euch an eurer Schöpferkraft, an der größeren Schöpferkraft, die euer Höheres Selbst bedeutet, und an der noch größeren Schöpferkraft, die ihr »Gott« nennt, zu erfreuen und zwar innerhalb eurer Manifestationen, die ihr auf dieser Erde so wunderbar dauerhaft und in kontinuierlichem Ablauf erleben könnt.

Die Rhythmen, die ihr gewählt habt, also beispielsweise die astrologischen Kombinationen, unter denen ihr geboren seid, sind weder zufällig noch schicksalshaft, sondern selbstgewählt, so wie ihr ein Kleid für einen bestimmten Ball auswählt, wenn ihr einen riesigen Kleiderschrank, sozusagen einen Theaterfundus, vor euch habt. Ihr selbst wart es, die diese Kleider, diese astrologische Kombination, gewählt haben. Das Wozu ist letztlich der Tod.

Tod bedeutet Verwandlung. Tod bedeutet das Abstreifen dieses Theaterkostüms, um wieder »ihr selbst« zu werden und darüber nachzudenken, was ihr gespielt habt, was ihr erfahren habt. Natürlich, wenn ihr euch als Schauspieler betrachtet, die eine Rolle einstudieren, annehmen und für ein Publikum auf die Bühne bringen (das Publikum seid ihr selbst), dann ist auch euer eigentliches Ziel, daß diese Aufführung schließlich zu Ende ist und daß sie gut ankommt in irgendeiner Form. Trotzdem kommt es aber insgesamt auch darauf an, wie ihr euch fühlt, während ihr auf der Bühne steht, nicht wahr? Fühlt ihr es als Verpflichtung, als Muß, meint ihr, ihr müßtet damit irgendwelche Ehren gewinnen, vermeintliche Kritiker bestehen …?

Wie ihr lebt, darauf kommt es an! Ihr habt das Gefühl, daß ihr einen Lebenssinn, ein Lebensziel habt, für das es sich sozusagen lohnt, bestimmte Opfer auf sich zu nehmen. Das ist Unsinn! Ihr erspürt euren von vorneherein gewählten Sinn, eure von vorneherein gewählte Rolle, und sie wird sowieso in Erscheinung treten. Ihr müßt dazu nicht ständig selbst egohaft etwas tun. Ihr habt eine gewisse Aufführung gewählt, und das hatte seinen Grund. Ihr wißt diesen Grund sehr wohl, wenn ihr nur ein ganz klein wenig nachfühlt. Ich meine jetzt wirklich »nur ein ganz klein wenig«. Dann fühlt ein jeder von euch

– ja, du auch! – diesen inneren Entschluß, dieses Leben, so wie es gelebt wird von dir, zu leben: einfach aus dem Grund, Erfahrungen zu sammeln, kreativ zu sein.

Jederzeit habt ihr die Möglichkeit einzugreifen, jederzeit seid ihr selber Herr eures Schicksals, aber eben nur im Moment, jetzt, nicht morgen. Nur *jetzt*.

Dieses Jetzt existiert für euch überhaupt nicht, obwohl es das einzige ist, was ihr eigentlich erlebt.

Seht euch einmal um. Ja, ich meine jetzt gerade, während ihr diese Zeilen lest! Legt das Buch einen Moment weg und seht euch um. Welche Dinge umgeben euch, welche Wunder? Ist irgendwo eine Pflanze? Hört oder spürt ihr irgendwo in der Umgebung ein Tier oder gar einen Menschen? Wißt ihr, daß eure Wissenschaften (ohne etwas gegen sie selbst sagen zu wollen) bis heute eigentlich noch nicht im geringsten dazu in der Lage sind, diese »Wunder« zu erklären? Habt ihr jemals eure staunenden Augen als lesende Erwachsene geöffnet, die Augen, die ihr als Kind besessen habt? Kinder fragen sich nicht, warum sie leben. Kinder stehen fröhlich auf und gehen dem Tag entgegen, so schrecklich er auch erscheinen mag, voller Vertrauen und voller Vitalität, nicht wahr?

Wenn ihr euren Tagen, die ihr jetzt als Erwachsene ganz bewußt selber erschafft, genauso fröhlich entgegengeht, dann werdet ihr den Sinn eures gewählten Lebens selber begreifen. Euer Leben hat keinerlei Sinn, wenn ihr ihm nicht diesen Sinn verleiht. Ihr selbst habt eine Erfahrung gewählt, eine einzigartige Erfahrung auf einem einzigartigen, wunderschönen Planeten: Denn nur hier gibt es Sonnenauf- und Sonnenuntergänge in dieser wunderschönen farblichen Spielerei, und nur hier gibt es Gänseblümchen und Löwenzahn, und nur hier gibt es Vögel, Fische, Kühe, Enten, Känguruhs und Esel, Tiger und Wölfe und so weiter und so fort.

Jeder Baum, jeder Grashalm wächst aufgrund dieses Wissens und dieser Freude daran. Nur ihr selbst glaubt vielleicht, ein Leben lang leiden zu müssen, um etwas abzubüßen. Nein, ihr seid hier, um etwas zu *erfahren*. Das ist etwas anderes, als anzunehmen, daß ihr hier auf dieser Welt wärt, um irgendwo hinzukommen. Das einzige, wo ihr hinkommt, ist euer Tod, eure Umwandlung. Ihr verlaßt euren Körper und trefft euch sozusagen selber wieder, um euch zu berichten, wie es auf der Erde war. Das ist jetzt sehr vereinfacht und sehr bildhaft ausgedrückt. Ihr habt euch vorgenommen, eine bestimmte Erfahrung zu machen – ganz schemenhaft und vereinfacht ausgedrückt in eurem Geburtshoroskop –, und jetzt trefft ihr euch wieder, um darüber zu berichten, wie es war mit dieser Erfahrung.

Ihr alle, die ihr das lest, spürt, daß der Tod nicht das Ende bedeutet, sondern nur einen Übergang. Dennoch hat sich eure ganze Gesellschaft so eingerichtet, als würde es diesen körperlichen Tod überhaupt nicht geben, als würde es nur ein physisches Leben geben. Der körperliche Tod existiert zwar, aber er wird sehr stark an den Rand gedrängt, so daß er möglichst bald in Vergessenheit gerät. Die Erfüllung, so gaukelt ihr euch vor, läge im Erfüllen gewisser materieller Pflichten, im Einhalten gewisser materieller Gesetzmäßigkeiten, im Erklimmen einer gewissen sozialen Leiter: angefangen vom einfachen Arbeiter bis hin zum Professor, angefangen beim Ausbau des ersten kleinen Zimmerchens bis hin zum Bau des eigenen Hauses. All das sind Äußerlichkeiten, physische Dinge, die ohne weiteres ihre Berechtigung haben, werden sie im richtigen Sinn erschaffen oder erbaut.

Ihr seid hier – jetzt, indem ihr diese Zeilen lest –, um euch an eurem Leben vor allem zu ERFREUEN. Ihr wollt euch mit eurer eigenen Kraft und Kreativität konfrontieren, sie buchstäblich erleben, denn das geht nur auf dieser Erde, diesem wunderschönen Planeten. Ich meine nicht, daß ihr nicht Professoren werden oder Paläste bauen sollt, aber ich mahne euch eindringlich: Ihr irrt in der Ansicht, daß ihr dadurch irgendeine Befriedigung erhaltet! Die Befriedigung liegt im Tun an sich, nicht in den äußeren Werken; die entstehen beim Tun von allein. Die Befriedigung liegt im Tun, in der Kreativität, die euch bewußt wird, nicht in den Werken und was von ihnen zurückkommt. Der Automatismus wirkt von selbst, das heißt, daß automatisch etwas entsteht, wenn ihr die richtige innere Einstellung dazu gefunden habt.

Nochmals: Egal was ihr tut, *wie* ihr es tut, das ist wichtig! Findet euch – nochmals sei es wiederholt – damit ab: Ihr fahrt auf euren Tod zu, und das könnt ihr nicht ändern. Aber ihr tut so, als könntet ihr es ändern, indem ihr Bausparverträge abschließt und Häuser baut, oder meint, weil ihr Heiler werdet und für eure armen Mitmenschen etwas tut, könntet ihr es ändern. Nein, ihr fahrt auf euren Tod zu, aber *wie* ihr darauf zufahrt, das ist entscheidend, wie ihr euch selbst gegenübersteht nach eurem Tod und bewertet, wie ihr gefahren seid. Das Symbol des Jüngsten Gerichts bedeutet im übrigen nichts anderes, als daß ihr euch selber von Angesicht zu Angesicht gegenübersteht und die Fahrt bewertet: Ob ihr mit vollen Sinnen all die wunderschönen Dinge, die ihr erschafft, aufnehmt und liebt und immer mehr nährt in eurer Akzeptanz, so daß sie wachsen und freudig sein können, oder ob ihr lieber so fahrt, daß ihr versucht, irgend etwas zu erreichen, einen Bahnhof, an dessen Schild ihr ohnehin vorbeibrausen werdet.

Eure innere Bestimmung ist nichts anderes als der gewählte Lebensweg; den werdet ihr – ich wiederhole mich sehr oft in diesem Kapitel – so oder so beschreiten. Die Wahl, ob ihr euch darüber bewußt seid oder nicht, die Wahl, ob ihr irgend etwas dazu tut, beispielsweise fastet oder meditiert, positiv denkt, meine Bücher lest oder was auch immer, oder ob ihr einfach so durchs Leben geht wie ein Hans-guck-in-die-Luft: Die Wahl, die ihr getroffen habt, wird euch immer geschehen.

Dennoch habt ihr immer die Möglichkeit, die einmal gewählte Laufbahn auch innerhalb eures Lebens jetzt im Moment zu verändern. Jederzeit, aber eben nur im Jetzt. Normalerweise wollt ihr nichts ändern. Ihr seid einverstanden mit der einmal gewählten Laufbahn, da sie außerhalb der Raum-Zeit gewählt wurde, also innerhalb der sogenannten »Ewigkeit im Jetzt«. Aber wie gesagt, ihr seid keine Gefangenen eures selbstgewählten »Schicksals«.

Erfreut euch an jeglicher Begegnung mit eurer Manifestation, erkennt bewußt auch die allerkleinste Erscheinungsform dessen an, was Materie ist und auch die allergrößte freudig, als bildhaftes Symbol eurer eigenen Schaffenskreativität. Wenn es ein Ziel gibt, ein kollektives Ziel, dann ist es das, Freude zu haben und »lieben zu lernen«, denn Liebe bedeutet nichts anderes, als staunend, freudig all die eigenen Kräfte, die sich außen manifestieren innerhalb dieser wunderbaren physischen Welt, und ihre Erscheinungs- und Erlebnisformen anzunehmen.

Seid nicht enttäuscht, oder seid *enttäuscht*, wenn ich euch sage, daß euer Leben nicht den »Sinn« hat, euch zu verbessern, sondern daß es lediglich den Sinn hat, euch zu erfreuen. Wie ihr das tut, das ist eure Sache.

Erschreckt auch nicht, wenn ich euch wieder darauf hinweise, daß ihr während eures Lebens jederzeit im Jetzt der alleinige Meister eures Lebens seid und bestimmen könnt, ob euer »Schicksal« einen anderen Lauf nimmt.

Öffnet eure Augen jetzt. Jetzt! Seht euch um, legt das Buch beiseite: Das was euch umgibt, habt ihr erschaffen! Ihr sollt es kennen und lieben lernen, deshalb habt ihr euch hierher begeben. Und der Grund dafür ist die Freude darüber, die ihr »erlernen« wollt, die Freude und Erkenntnis eurer eigenen Schaffenskreativität.

Es geht nicht darum, in irgendein nebulöses Nirwana einzugehen, wenn ihr bestimmte schlimme Zeiten hinter euch gebracht habt. Es geht nicht darum, in ein Paradies einzugehen, wenn ihr das leidvolle Leben hinter euch gebracht habt, das ihr kraft eures Glaubens auf euch genommen habt. Nein, Paradies, Nirwana, Leben und Tod, das ist *jetzt*, jetzt im Moment. Es ist nebenan. Ihr lebt und lebt zugleich nicht. Ihr habt einen physischen Körper und zugleich nicht. Ihr habt eine Aufgabe, und gleichzeitig ist diese Aufgabe von euch selbst gestellt außerhalb von Raum und Zeit, und ihr könnt sie jederzeit auch innerhalb der Raum-Zeit verändern.

Vielen von euch wird das Ganze sehr ernüchternd vorkommen, weil ich so wenig von Licht und Liebe spreche oder von einem hehren Ziel, das ihr anstrebt, sondern nur von diesem dunklen, schwarzen Tod. Aber seht euch um: Es ist die Wahrheit! Um mich nochmals zu wiederholen: Es kommt nicht darauf an, was ihr tut, sondern wie, und beim »Wie« kommt es vor allem darauf an, inwieweit ihr euch darüber bewußt seid, freudig und liebevoll bewußt sein, *was* ihr euch erschafft und *daß* ihr es euch erschafft.

Summa summarum: Euer Lebensziel ist letztlich zu erkennen, daß ihr selber die Urheber eurer physischen Erfahrungen seid und daß es etwas Größeres gibt als das, was ihr euer Ego nennt: das Höhere Selbst, das innere Selbst; und daß es etwas noch größeres gibt, das all die vielen, vielen Höheren und inneren Selbste umfaßt, sich ihrer bewußt ist und gleichzeitig individuell ist – nämlich das, was ihr »Gott« nennt. Und daß »Gott« lediglich daran »Interesse« hat, daß ihr freudig und kreativ immer mehr eure unglaubliche Schöpferkraft auslebt.

Das Wohin: Seht ihr, nach einem Leben werdet ihr gewissermaßen dastehen wie nach einem Bühnenauftritt. Und ihr werdet – je nachdem, wie ihr glaubt abgeschnitten zu haben oder wie eure Kritiker von euch sagen (selber Kritiker!) – neue Rollen annehmen. Was möchtest du sein? Möchtest du ein Don Juan sein oder möchtest du einmal für einige Jahrtausend oder Abermilliarden ein verglühender Stern sein? Möchtest du erleben, ein Stein zu sein oder ein Gänseblümchen? Möchtest du ein fliegender Engel sein oder Licht, oder möchtest du wieder auf die Erde zurückkehren und erkennen, daß du das alles bist?

Ihr seid wach! Ich wünsche euch, daß Ihr die phantastischen Möglichkeiten jetzt wahrnehmt und freue mich auf eure Kreativität!

17 BERUF UND BERUFUNG

Ihr Menschen seid alle verschieden. Es ist sehr selten, daß zwei Menschen einander so ähnlich sehen, so daß man sie verwechseln könnte. Ihr seid individuell, und jeder hat ganz spezifische Merkmale, obwohl ihr alle ein Gesicht habt mit zwei Augen, einer Nase, einem Mund und einen Körper mit zwei Armen und zwei Beinen und so fort. So individuell wie euer Aussehen, so individuell sind auch eure inneren Fähigkeiten.

Viele von euch haben das Gefühl, daß sie in der Außenwelt nicht das leisten oder das nach außen bringen, was ihnen eigentlich entspricht. Sie sind unzufrieden mit ihrem Beruf oder aber wissen erst gar nicht, welchen sie ergreifen sollen.

In eurer Welt gibt es, so wie es Kleidung von der Stange gibt für ganz verschiedene Körper, auch sozusagen Berufe von der Stange für eure ganz verschiedenen Fähigkeiten. Es wirkt aber auf euch so, als könnte niemand den maßgeschneiderten Anzug der Berufung ohne weiteres außen für euch zur Verfügung stellen. Dies ist fast immer mit einem gewissen Maß an Selbstverantwortlichkeit verbunden, mit Selbständigkeit.

Ihr tut euch sehr schwer, weil ihr euer Leben absolut getrennt und aufgeteilt habt: Da gibt es das Familienleben, den Kneipenbesuch und das Joggen am Abend, da gibt es das Berufsleben, den Haushalt, den Freundeskreis und so weiter. Das, was ihr beruflich in der Außenwelt tut, ist für viele von euch nur zum Geldverdienen da. Das ist ziemlich schade! Eure gesamte Wirtschaft, euer kollektives Leben könnten ein ganz anderes sein, wenn ihr eure wirklichen Fähigkeiten auch für das Kollektiv einsetzen würdet.

Es gibt zwei Arten von Tätigkeiten: Die eine Art ist eine Tätigkeit, die sozusagen jeder ausführen kann, wo ihr austauschbar seid, wo ihr mehr oder weniger angelernt werdet, je nachdem, was ihr dafür lernen müßt. Das ist das, was die meisten von euch unter Beruf versteht. Diese Art von Tätigkeit, ob Schreiner, Rechtsanwalt oder was immer, verlangt zwar sehr wohl individuellen Einsatz und auch eine gewisse Neigung, aber dennoch (mißversteht mich nicht!) bleibt ihr relativ frei oder solltet zumindest relativ frei bleiben, weil die Erfüllung, die ihr für das Kollektiv (und Beruf ist immer ins Kollektiv gehend, für andere etwas tun) leistet, nicht unbedingt an die Person gebunden ist. Wie schon gesagt, ihr seid austauschbar: Auch ein anderer, wenn er eingearbeitet wird, kann das übernehmen.

Anders verhält es sich mit der Berufung. Hier seid ihr *nicht* austauschbar. Hier kommen eure ureigenen spezifischen Kreativitäten zum Ausdruck, die so einzigartig sind wie euer Gesicht oder euer Fingerabdruck. Es gibt sozusagen niemanden auf der Welt, der das, was ihr könnt, ebenfalls kann.

Ihr werdet euch sagen: »Das sind ja sehr schöne Worte, aber wie sieht es denn nun mit mir aus? Wie finde ich denn meinen Beruf, oder was soll ich mit irgendeinem vagen Gefühl der Berufung, sagen wir vielleicht zum Heiler? Was soll ich damit anfangen? Wie soll ich das umsetzen?«

Nun, wie schon angedeutet, liegt die Schwierigkeit mit der Berufsfindung und Berufsausübung und auch mit dem Glücklichsein, dem Ausgefülltsein, der Sicherheit im Beruf darin, daß ihr die Bereiche trennt. Einen Beruf kann man wechseln. Er sollte euch aber Sicherheit geben, natürlich auch die finanzielle Sicherheit, die ihr braucht, vor allem aber eine Art sozialer Sicherheit: Es sind die Kontakte, es ist das Gefühl anerkannt zu sein, in einer Gruppe zu sein, für diese Gruppe etwas zu tun.

Viele von euch machen den Fehler, daß sie Beruf und Berufung verwechseln. Das kann katastrophale Folgen haben und auch zu den weitverbreiteten Streßerscheinungen und zu Unzufriedenheit führen. Ihr fangt (völlig unsinnigerweise, wenn ihr nachdenkt) an, euch für absolut wichtig zu halten in

irgendeiner Position, in der ihr, wie schon gesagt, austauschbar seid. Es kommt zum Karrieredenken. Nicht, daß etwas gegen freudigen Ehrgeiz zu sagen wäre; es kommt nur darauf an,
welche Motivation dahintersteckt. Oft genug ist es eben die,
daß Beruf und Berufung verwechselt werden.

Insofern kann ich euch also sagen, daß ein jeder sozusagen
mindestens zwei Berufe hat – die meisten von euch haben das
sowieso und noch mehr, nämlich ihre Hobbys noch dazu.

Der eine Beruf ist der, in dem ihr die soziale Sicherheit findet. Er sollte natürlich Spaß machen. Ihr solltet das Gefühl
haben, in der Materie, in der ihr arbeitet, angeregt zu werden
und »lernen« zu können, euch aber auch entspannen zu können. Am leichtesten sollte das, was ihr als Beruf ausübt, für
euch vom Gefühl her vergleichbar sein mit einem einfachen
Bauern, der sein Feld bestellt: Er tut notwendige Dinge im
Rhythmus mit der Natur, er ist aber in seiner Tätigkeit durchaus durch irgend jemand anderen zu ersetzen.

Nun zu eurer Berufung. Ich habe den Heiler angesprochen.
Es gibt natürlich unzählige Arten und es muß in gar keiner
Weise immer nur »esoterisch« sein, ist aber grundsätzlich
»spirituell«, ist grundsätzlich »künstlerisch«. Es ist also eine
Fähigkeit, die ihr beispielsweise mit bekannten und unbekannten Künstlern teilt: Kein Bild ist wie das andere, jedes hat seine
ureigenen Qualitäten; kein Musikstück eines Komponisten ist
vergleichbar mit dem eines anderen. Ihr handelt natürlich im
Moment beispielsweise einen »Picasso« weit höher als ein Bild
von, sagen wir, Herrn Müller. Das kann sich aber im Lauf der
Geschichte sehr schnell ändern. Das wißt ihr auch.

Eure Wertschätzung basiert hauptsächlich auf folgendem:
Ihr seht das zum Beispiel bei manchen Schauspielern (es gibt
dabei einige Berufene, viele aber verwechseln Beruf und Berufung im übrigen), ihr seht das auch bei Musikstars eurer Zeit.
Je außergewöhnlicher, also je individueller einerseits, desto
höher ist der Preis, der vom Kollektiv für diese Leistung ge-
zahlt wird. Und andererseits: Je einfacher, je näher am Kollektiv – so daß der Otto Normalverbraucher das Gefühl hat, das

könnte er auch, dazu bräuchte er nur einen Schritt – auch das wird geschätzt. Soviel nur nebenbei zur Geldfrage.

Eure Berufung sollte erst in zweiter Linie finanziell von Bedeutung für euer Leben sein. Wie alles Lebendige, Kreative verändert sich diese Berufung im Laufe eures Lebens. Sie fließt, es kommt etwas Neues dazu. Ich nehme wieder den Maler: Kein Maler malt immer das gleiche Bild oder im gleichen Stil. Viele wechseln auch das Ausdrucksmittel und gehen zur Bildhauerei über oder auch zur Musik oder zum Schreiben.

Die herrschende Meinung ist aber (und auch ihr habt sie), daß es so etwas wie ein festes Lebensziel geben muß, eben »*die* Berufung«, die einzigartig ist und die sich *nicht* verändert. Das ist genauso töricht, wie wenn ein Komponist annimmt, daß es nur ein einziges Stück gibt, das er komponieren möchte, oder ein Maler, daß es nur ein Bild gibt, das er malen möchte und dann immer wieder nur dies eine Bild.

Kennzeichen der Berufung ist weiterhin, daß sie ständig in all diesen Teilbereichen, in die ihr euer Leben aufgesplittert habt, ausgeübt werden kann, mehr oder weniger: Entweder sammelt ihr Eindrücke oder ihr verarbeitet sie oder ihr übt etwas – das ist ganz egal. Es ist eure eigentliche Natur, eure Fähigkeiten nach außen strahlen zu lassen, und das könnt ihr auch immer tun.

Was aber, wenn ihr glaubt, nicht zu wissen, *was* von euch nach außen will? Außerdem werdet ihr fragen: »Wie kann ich es denn nach außen bringen? Ich kann mich doch nicht einfach irgendwo auf eine Bühne stellen und meine Lieder schmettern, wenn ich das Gefühl habe, es ist meine Berufung, Sänger zu sein!«

Im Grunde genommen würde ich sagen, du könntest dich sehr wohl einfach auf eine Bühne stellen und singen. Es muß ja nicht gleich ein großes Stadion sein. Es fängt zu Hause in der Badewanne an, bei Freunden, am Arbeitsplatz, egal wo.

Im Beruf seid ihr abhängig. Ihr erinnert euch an den Bauern: Ihr seid abhängig davon, daß das, was ihr gepflanzt habt, wächst. Es muß euch ernähren, es gibt euch aber auch Sicherheit.

Anders bei der Berufung. Sagen wir einmal, unser Bauer hat das Schreiben gelernt und verfaßt nun Gedichte; die liest er dann am Sonntag, wenn die Leute aus der Stadt zu ihm hinauswandern, diesen vor. Vielleicht wird daraus einmal ein Film gemacht, vielleicht verschwindet dieses speckige Tagebüchlein aber auch auf Nimmerwiedersehen. Das ist ganz egal.

Eure Berufung ist immer in erster Linie *für euch* da und soll automatisch nach außen fließen. Natürlich dürft ihr sie dabei auch nicht zurückhalten. Ihr dürft sie aber auch nicht insofern verwechseln, daß ihr dabei die Sicherheit, die Bestätigung durch andere braucht. Denn ihr wißt ja, wie es einem Maler (ich nehme wieder den Maler, weil er ein so gutes Beispiel abgibt) ergeht, wenn er Auftragsmalerei macht! Das ist aber die Sicherheit, die viele von euch haben wollen, wenn sie glauben, singen zu können oder heilen zu können oder etwas für die Menschheit tun zu wollen. Selbst wenn sie es dann zum Beruf gemacht haben, ergeht es ihnen oftmals so, wie diesem Auftragsmaler.

Versteht mich nicht falsch! Es geht nicht darum, daß ihr keinen Erfolg haben dürft bei eurer Berufung und daß nicht vielleicht sogar nach und nach euer Beruf zum Hobby werden kann. Es geht auch nicht darum, daß ihr keinerlei finanzielle Notwendigkeiten mit eurer Berufung verbinden dürft. Aber der Maler malt zuerst das Bild, legt dann einen Wert fest und verkauft es eben nicht unter Wert, sondern verschenkt es sonst lieber.

Wenn ihr Probleme habt mit Beruf oder Berufung, wenn ihr unzufrieden seid oder glaubt, nicht genug zu verdienen oder ähnliches, dann lest im Kapitel »Unzufrieden?« nach. Ich habe jetzt Generelles über die Struktur eures Nachaußengehens gesagt. Ebenfalls wichtig ist es, daß ihr nicht darauf wartet, bis euch endlich irgendeine Muse wachküßt oder ein Guru aufweckt. *Jederzeit* könnt ihr eure ureigene Energie nach außen fließen lassen! Sehr viele von euch, sogar die meisten, haben dabei irgendeinen karitativen Hintergedanken: für die anderen etwas zu tun. Vielleicht wurdet ihr dafür schon lächerlich gemacht oder ihr habt euch selbst schon gefragt, ob ihr nicht so etwas wie eine falsche soziale Ader habt. Das kann natürlich sein. Aber es ist ja in der Tat so, daß eure individuelle Kreativität einzigartig ist und daß ihr sie deshalb gewissermaßen auch den anderen zur Verfügung stellen wollt. Und es macht auch Spaß, etwas wirklich Einzigartiges, etwas, das der andere überhaupt nicht hat, geben zu können; natürlich ebenso es empfangen zu können. Es ist also nur natürlich, daß ihr diese Fähigkeit für andere einsetzen wollt. Achtet dabei aber – nochmals – sehr genau auf euer Gefühl: Es sollte so etwas wie ein Überfließen dabei sein und nicht ein Lauern auf Zuspruch.

Eine einfache Übung (die ihr in der Vorstellung machen könnt oder auch mit einem Blatt Papier, mittels Malstiften und einem Schreibstift) hierzu ist, daß ihr euch selbst in eurem Beruf vorstellt, in dem Beruf, den ihr ausübt – ganz egal ob ihr nun Schüler seid oder Rentner, Hausfrau, Kraftfahrer, Arzt, Professor, Verkäuferin, was auch immer.

Ihr solltet alle Energien, die von diesem Vorstellungsbild ausgehen, wahrnehmen. Ihr könnt es auch aufschreiben, ihr könnt es malen. Betrachtet intensiv euren Körper: Wird er wärmer oder kälter, wird die Farbe eurer Aura anders? Wie fühlen sich eure Chakren an im Beruf?

Nehmt euch aus dem Bild heraus, laßt also den Beruf zurück und seht dann eure Eigenenergie an, so wie sie normalerweise ist, wenn sie harmonisch ist. Bittet um dieses Bild.

Gebt es wieder in das Berufsbild hinein und dann werdet ihr sehen, welches Zusammenspiel das ergibt.

Genauso verfahrt ihr dann mit eurer inneren Berufung, diesem Wunsch, den ihr habt (er ist oft gar nicht so genau zu formulieren, ist mehr ein Gefühl), und seht euch auch wieder an, was mit euch selbst innerhalb der Ausübung eurer Berufung passiert.

Beruf wäre das äußerliche, Berufung das innerliche. In manchen Fällen können sich diese beiden Aspekte auch vollkommen durchdringen. Manchmal wirken sie vertauscht. Das kennt ihr beispielsweise von sehr erfolgreichen Schriftstellern oder Erfindern, die mit ihrer Berufung in der Öffentlichkeit leben und dann ihren Beruf – den Bauernhof beispielsweise, auf den sie sich zurückziehen können – als Ausgleich brauchen. Immer sind beide Aspekte vorhanden; sie schließen einander nicht aus. Störend oder gefährlich wird es nur, wenn man eines mit dem anderen verwechselt und eine Befriedigung in der falschen Richtung sucht.

Ich wünsche euch sehr viel Mut und Energie beim Freisetzen eurer individuellen Berufung, denn die Welt wartet darauf, und es wird um so farbiger und schöner in der Welt zugehen, je mehr Menschen ihre Berufung erkennen und sie eben auch allen zur Verfügung stellen.

18 HEILEN

Als erstes sei gesagt, daß jede Krankheit, aber auch absolut eine jede, in jedem Stadium eigentlich noch heilbar ist. Das erscheint euch ziemlich unmöglich. Ich habe schon im Kapitel über den Körper darüber gesprochen, wie wenig Zutrauen und wie wenig Kenntnisse ihr eigentlich von eurer Körperlichkeit habt und – entschuldigt den Ausdruck – wie dilettantisch ihr damit umgeht.

Grundsätzlich geht ihr falsch mit dem Erscheinungsbild einer Krankheit um. Ihr wollt nämlich das Symptom, die Krankheit, weghaben. Das ist natürlich verständlich, wenn es sich um Schmerzen oder andere körperliche Beeinträchtigungen handelt. Eure allopathische Medizin erlaubt euch in vielen Fällen, kurzfristig sehr schnelle Besserungen zu erzielen. Generell kann aber nicht von einer Heilung gesprochen werden, sondern eher von einer Unterdrückung des Symptoms.

Heilung bedeutet immer eine vollständige Wandlung, und Heilung bezieht auch nicht nur irgendein krankes Organ oder ein krankes Körperteil mit ein. Heilung bezieht nicht nur den gesamten ganzen Körper ein, sondern darüber hinaus wirklich den ganzen Menschen, nämlich seine Seele und seinen Geist, wenn ich das so nennen darf. Das bedeutet, daß Heilung immer auf verschiedenen Ebenen gleichzeitig erfolgt, und es bedeutet immer ein Annehmen, ein Akzeptieren dessen, was das Symptom darstellt und nicht ein Wegdrängen. Es klingt paradox, aber eine Einschränkung, eine Krankheit wird dann überflüssig und verschwindet, wenn sie vom ganzen Menschen anerkannt wurde.

Ihr manifestiert aus den verschiedensten Ursachen heraus Krankheiten. Es gibt zwar immer gleichzeitige äußere Einflüsse, die eine Krankheit sozusagen herbeirufen, ich habe euch aber schon gesagt, daß ihr permanent äußeren Einflüssen ausgesetzt seid, ihr also auch permanent krank werden müßtet. Es ist eher so, daß das Abwehrsystem eures Körpers plötzlich, ja geradezu willentlich könnte man sagen, bestimmte Viren oder Bakterien nicht mehr in der richtigen Art und Weise bekämpft, sie sozusagen passieren läßt. Bei einem Unfall beispielsweise könnt ihr euch mit dem Bild behelfen, daß ihr ja täglich auf der Straße fahrt und gewissermaßen auch ständig unter dieser Gefahr lebt, einen Unfall zu haben – und dennoch passiert es gerade zu diesem ganz bestimmten Zeitpunkt oder auch nicht. Ihr könnt anhand des Auftretens einer Krankheit, an den äußeren Begleitumständen einiges erkennen: Was war an diesem Tag los? Habt ihr Streit gehabt oder eine freudige Nachricht erhalten? Wart ihr wegen irgendeiner Sache mißgelaunt oder ganz im Gegenteil ungewöhnlich vergnügt? Habt ihr irgend etwas erledigt, was ihr eigentlich gar nicht tun wolltet oder wart ihr zu diesem Zeitpunkt voller gespannter Vorfreude auf irgendein kommendes Ereignis? Seht euch also die äußeren Begleitumstände bei einer akuten Krankheit sehr genau an, nicht im Hinblick darauf, daß sie so wie beispielsweise Wettereinflüsse und ähnliches Ursache an sich sind, sondern daß sie euch wie in einem Spiegel zeigen können, wo und wie die Blockade entstanden ist und weshalb sie gerade zu diesem Zeitpunkt aufgetreten ist. Auch bei chronischen, also länger andauernden Krankheiten ist es günstig, euch zu überlegen, wann ihr das erstemal mit ihr konfrontiert worden seid. Wenn euch das Schwierigkeiten bereitet, dann seht euch genauer an, wann ihr immer schmerzhaftere, aktivere Schübe eurer Krankheit habt.

Insgesamt müßt ihr aber darauf achten, daß ihr aufhört, die Krankheit loswerden zu wollen. Ihr müßt begreifen, daß ihr auf diese Art und Weise niemals *geheilt* werden könnt. Es sollte anstelle des Wunsches, daß der Schmerz verschwindet, eine Art natürlicher Neugier stehen, die frägt: »*Weshalb* bist du da?«

Ganz generell manifestiert ihr Ansichten über euch selbst in Form von körperlichen Krankheiten, die ihr auf irgendeiner anderen Ebene nicht erleben könnt, nicht erleben wollt. Es ist an sich immer eine Weigerung, etwas Bestimmtes im eigenen Beliefsystem, also in der eigenen Denkungsart, Überzeugungsart zu erkennen und zu akzeptieren.

Nun, auf allen Ebenen sollt ihr diese Integration, diese Akzeptanz leisten. Im Grunde genommen könntet ihr euch über Nacht gesund denken und gesund träumen. Das ist aber für viele von euch so unvorstellbar, daß ich es zwar erwähne und euch auch ans Herz lege, immer wieder mit diesem Bewußtsein ins Bett zu gehen, trotzdem werden die allermeisten von euch, vor allem wenn es sich um längerfristige Krankheitsbilder handelt, regelrecht über einen bestimmten Zeitraum hinweg an sich arbeiten müssen.

Immer gilt, daß *niemals* nur das erkrankte Körperteil und *niemals* nur der Körper behandelt wird, sondern immer das Gesamte. Im Idealfall sollte das gleichzeitig geschehen. Nehmen wir ein einfaches Beispiel: ein gebrochenes Bein beim Skifahren. Nun, ihr wißt, ihr habt einen Gips zu tragen, dennoch hängt es sehr viel von eurem inneren Elan ab, wie schnell und wie komplikationslos ein solcher Bruch verheilt und ob er überhaupt so verheilt, daß hinterher eine genauso stabile Knochenmasse vorhanden ist wie vorher. Überlegt euch also, weshalb ihr euch den Bruch in eurem Skiurlaub zugezogen habt. Hättet ihr eigentlich lieber ein ruhiges Wochenende zu Hause verbracht, anstatt stundenlang zuerst in der Autoschlange und dann am Lift zu stehen? Ist es eine Möglichkeit für euch, den Urlaub zu verlängern?

Sucht also nicht gleich nach den tiefsten emotionalen scheinbar unbewußten Hintergründen, sondern nehmt einmal das, was ganz deutlich zutage tritt.

Zum zweiten solltet ihr vollkommen frei und vorurteilslos diese ganzen Gedanken aufschreiben, fließen lassen und einfach akzeptieren. Gerade die, die euch unangenehm erscheinen, solltet ihr euch besonders genau ansehen.

Zum dritten seht euch eure diesbezüglichen Gefühle dazu an. Das kann etwas ganz anderes sein als die aufgeschriebenen Gedanken. Ihr könnt dazu Bilder malen. Ihr erinnert euch vielleicht auch an Erlebnisse, die ihr früher hattet – mit einem früheren Bruch oder mit Menschen, mit denen ihr zu tun hattet, die sich ebenfalls einen Arm oder ein Bein gebrochen hatten, und welchen Eindruck das auf euch gemacht hat.

Dann seht vor allem eure momentanen Gefühle an: wie ihr euch fühlt mit diesem gebrochenen Glied.

Als nächstes nehmt Kontakt auf zum erkrankten Körperteil, also in dem Fall zu den gebrochenen Knochen. Fragt sie, wie sie sich fühlen, wie ihr sie unterstützen könnt und so weiter. Nehmt dann aber auch Kontakt auf zum ganzen Körper und zum ganzen Energiesystem.

Ihr könnt mit der Form von Energie heilen, die euch am vertrautesten ist. Grundsätzlich habt ihr in euren eigenen Händen sowohl bei euch selbst als auch bei anderen die größte Wirkung auf die sogenannte neutrale Lebensenergie, die sich direkt um den Körper herum erstreckt, über die Chakren in den Körper eindringt oder von ihm ausgeschieden wird, je nachdem. Es gibt genügend weiterführende Literatur darüber.

Der Körper wird gleichzeitig emotional (das ist das Nachfragen und Nachspüren), geistig (das ist das direkte Verständnis dessen, was jetzt die Bruchstellen sagen) und »spirituell« (setzt »spirituell« unter ganz große Anführungszeichen) geheilt. Außerdem erfolgt auf der körperlichen Ebene die notwendige Ruhigstellung des betroffenen Gliedes. Zudem könnt ihr noch den Körper befragen, ob es ein bestimmtes Nahrungsmittel gibt oder auch mehrere, die euch hilfreich sein werden.

Ihr stellt, wenn ihr im Krankenhaus liegt oder mit einem geschienten Bein zu Hause herumhumpelt, euer gesamtes Leben um – aber ihr tut es nicht erleidend, sondern aktiv. Es geht nicht darum, etwas möglichst schnell loszuwerden, sondern es, wie gesagt, als Möglichkeit der Entwicklung zu sehen.

Ich wiederhole: *Immer sollte auf allen Ebenen gearbeitet werden.* Heilung funktioniert nicht nur im spirituellen Bereich,

Heilung funktioniert nicht nur im emotionalen Bereich – das ist die Form, mit der am meisten gearbeitet wird, denn jeder versucht automatisch, sich gesund zu denken, und jeder nimmt automatisch Kontakt auf zum schmerzenden Körperteil. Das ist nicht diese Art der spirituellen Heilung und es ist auch nicht das Geistige, das ich vorher angesprochen habe.

Wenn ihr selbst von irgendeinem Heiler hört, dann meint ihr eigentlich immer die spirituelle, die reine Heilenergie, die in ihrer Urform dem aus der Balance geratenen Energiesystem des betroffenen Körperteiles zugeführt wird, mit dem er solange überflutet wird, bis sich ein ausbalanciertes Energiesystem wiederhergestellt hat. Solche »Wunderheilungen« funktionieren aber grundsätzlich nur dann, wenn eben alle anderen Bereiche miteinbezogen worden sind. Die meisten Menschen tun das ja automatisch, denn kaum einer geht von vornherein zum Heiler. Vielmehr hat man meistens vorher schon alles Mögliche versucht und hat dann beispielsweise einfach nicht mehr die Kraft, auch noch die eigene spirituelle Heilung herbeizuführen.

Ihr nehmt körperlich etwas auf, in Form von beispielsweise einer bestimmten Nahrung. Ihr habt euch bei eurem Körper erkundigt, was ihm im Moment gut tut. Ihr unterstützt euren Körper unter Umständen auch durch bestimmte Tees oder feinstoffliche, also homöopathische Präparate. Allopathische Arzneimittel können genauso angebracht sein, vor allem wenn ihr im Moment annehmt, nicht die Kraft zu haben, um beispielsweise die Schmerzen zu ertragen. Ihr müßt euch dabei nur bewußt sein, daß ihr damit das Symptom lediglich dämpft und durch allopathische Mittel *allein* keine Heilung möglich ist. Das gilt im übrigen auch für Operationen.

Ihr nehmt feinstoffliche Präparate körperlich zu euch. Das können homöopathische Arzneimittel sein, Bachblüten – je nachdem wie es euch beliebt –, und ihr macht Energieanwendungen ganz körperlich, also mit bestimmten Berührungen, Massagen oder Heilenergie. Wenn es euch möglich ist, dann solltet ihr das von einem Partner vornehmen lassen, aber ihr könnt es sehr gut auch allein tun. Auch hierbei ist wichtig, daß ihr euch nicht nur auf das betreffende schmerzende Glied beschränkt, sondern den ganzen Körper harmonisiert. Welche Technik ihr dabei anwendet, ist eigentlich gleichgültig. Es ist auch möglich, daß ihr für verschiedene Krankheitsbilder verschiedene Techniken habt. Achtet aber immer darauf, daß ihr das Gesamtsystem behandelt.

Ein Beispiel dazu: Wenn ihr mit den Chakren arbeitet, dann stabilisiert das Energiesystem des Gesamtkörpers und nicht nur die Hauptchakren.

Für die geistige Erkenntnis stehen euch ja auch mehrere Wege offen und je mehr ihr beschreitet – ihr sollt nicht unzählige beschreiten, aber zwei oder drei sind für jeden angebracht –, desto interessanter kann es werden und desto weitreichender wird die Information sein, die ihr aus eurer momentanen Lage habt.

Ihr seht schon, wenn ich dies beschreibe, klingt es wie ein Intensivseminar. Und in Wirklichkeit ist jede körperliche Krankheit so etwas wie ein selbstgewähltes Intensivseminar. Auch das wollt ihr ja nicht abbrechen, sondern es möglichst intensiv durchleben.

Zuletzt noch einmal: das Wichtigste bei jedem kleinen Wehwehchen und auch bei jeder schweren Krankheit ist das absolute Vertrauen in die absolute Heilfähigkeit. So sollet ihr, wenn sich ein Erfolg nicht so schnell einstellt, wie ihr das meint, nicht daran zweifeln, daß ihr die richtige Technik gewählt habt. Ihr solltet sehr viel eher annehmen, daß ihr diese Heilfähigkeit vielleicht noch nicht zugelassen habt, weil vielleicht bestimmte Erkenntnisse für euch noch ausstehen. Nicht selten ist es so, daß man eine bestimmte Krankheit gar nicht loswerden will. Überlegt euch auch das sehr genau.

Der Kontakt mit eurem Höheren Selbst ist eine absolute Selbstverständlichkeit bei jeglicher Heilbehandlung. Ich würde euch jedoch raten, daß ihr, vor allem wenn ihr am Anfang steht, also noch nicht sehr viel eigene Erfahrung gemacht habt mit Eigenbehandlungen, immer auch irgendeinen Menschen eures Vertrauens wählt, der euch dabei unterstützt. Das kann durchaus auch irgendein allopathischer Arzt sein.

Als Regel gilt sozusagen: Ein Erfolg stellt sich meistens dann ein, wenn ihr völlig vergessen habt, weshalb ihr beispielsweise bestimmte Übungen eigentlich macht; wenn es euch nicht mehr darum geht, daß das Bein schneller zusammenheilt oder diese permanenten Migräneanfälle verschwinden, sondern wenn ihr Gefallen an dieser Form der Auseinandersetzung gefunden habt und die Ursache, *weshalb* ihr damit begonnen habt – nämlich daß eure »Krankheit« aus eurem Leben gehen soll – eigentlich vergessen habt. Vielen geht es so, daß sie vielleicht erst nach Tagen bemerken, daß das Symptom, das sie damit behandeln wollten, verschwunden ist, weil sie es ja *behandelt* haben, *angefaßt*, aufgenommen haben.

Generell gilt auch: Wenn keine Beschwerden mehr da sind, so ist mit einer Heilbehandlung grundsätzlich noch einige Zeit fortzufahren und zwar solange, bis ihr selbst das Gefühl habt, daß ihr euch etwas anderem zuwenden könnt, weil in gar keiner Form noch irgendeine Schwäche zu spüren ist. Euer Körper wird euch das mitteilen.

Jede Krankheit ist heilbar. Trotzdem werdet ihr euch fragen: »Das klingt ja alles sehr schön, aber was soll ich denn tun mit meinem Krebs im letzten Stadium? Soll ich zu irgendeinem philippinischen Heiler fahren oder mein ganzes Leben umstellen, wo ich doch vor lauter Schmerzen überhaupt nicht mehr aus dem Krankenhaus herauskomme?«

Nun, dies wäre in der Tat äußerst schwierig, und ihr bräuchtet einen sehr starken Menschen, der euch begleitet und stützt, wenn ein Symptom so weit fortgeschritten ist. Aber es ist in keiner Weise unmöglich. Die Kraft dazu erhaltet ihr von eurem Höheren Selbst.

Es ist nicht so, daß ihr an irgendeiner Krankheit sterben müßt. Wenn ihr sterben wollt, könnt ihr das völlig schmerzlos und harmonisch tun, einfach aus eurem Körper hinausgehen, versteht ihr? Vor allem bei irgendwelchen Krankheiten, die scheinbar irreparabel oder lebensbedrohlich sind, gilt, daß ihr euch klarmachen müßt, daß nichts unheilbar ist und daß es lediglich der Kraft bedarf, diesen Ausdruck, den die Krankheit darstellt, zu begreifen und ins Leben zu integrieren. Daß ihr euren eigenen Körper damit zerstört, ist nur eine Aussage dar- über, daß ihr euch vollständig weigert, dies in euch zu akzep- tieren, beispielsweise beim Krebs irgendwelche selbstzerstöre- rischen Kräfte, die aus verschiedenen Ursachen auftreten kön- nen.

Im Anhang werde ich bei den Fragen bei den einzelnen Krankheitsbildern noch näher darauf eingehen und ihr werdet dann auch eher verstehen, was ich mit meiner ganzheitlichen Behandlung meine.

Wenn ihr es euch regelmäßig zur Gewohnheit machen wür- det, so wie ihr in den Spiegel schaut, um zu sehen ob eure Frisur sitzt und die Kleidung korrekt ist, wenn ihr genauso auch nachsehen würdet, wie euer Körper funktioniert – nicht aus Angst vor Krankheit, sondern weil das ganz normal ist für euch –, so könntet ihr Störungen weit früher erkennen und auch dementsprechend behandeln.

Jede Störung taucht zuerst in euren Überzeugungen auf, in eurem Glaubenssystem, danach als Gefühl im emotionalen System, wobei diese beiden nicht so einfach voneinander zu unterscheiden sind. Erst daraufhin erfolgt eine für euch spür- bare Beeinträchtigung, sagen wir einmal eures Energiekörpers. Wenn ihr also eine solche Beeinträchtigung spürt – irgendwel- che kalten Stellen beispielsweise oder Stellen, von denen ihr das Gefühl habt, daß weniger Energie da ist, daß weniger ab- gestrahlt wird oder zu wenig aufgenommen wird; da spürt man dann so etwas wie eine Mauer – könnt ihr, indem ihr mit euren Gedanken oder Gefühlen arbeitet, sie durchleuchtet, eine körperliche Manifestation verhindern.

Noch etwas: Einige von euch haben auch entweder selbst oder in ihrer Familie oder ihrem Freundeskreis mit sogenann- ten angeborenen Krankheiten zu leben und sind kaum in der Lage, damit fertig zu werden. Auch ein Bein, das fehlt, oder eine angeborene körperliche Behinderung sind eurer Ansicht nach so irreparable Schäden, daß ihr es erst gar nicht im heilerischen Bereich versucht.

In der Tat ist es so, daß ein gewähltes Leben mit einer bestimmten Behinderung beispielsweise – vergeßt nicht, auch wenn es euch jetzt vielleicht ein wenig brutal erscheint: Alle Beteiligten haben dieses Leben aus einem ganz bestimmten Grunde gewählt: die Eltern, die Freunde und der Betroffene – trotzdem nicht ein endgültiges Schicksal sein muß. Es ist aber etwas anderes, ob jemand, der von Geburt an gelähmt ist, alles daransetzt, um laufen zu können oder ob er seine Lähmung akzeptiert und für etwas einsetzt. Es ist ein Unterschied, ob jemand, der blind geboren wurde, alles daransetzt, sehen zu können so wie die anderen, oder ob er seine Blindheit als vollkommen normal akzeptiert und eine ganz andere Sehfähigkeit entwickelt, als das mit physischen Augen möglich wäre.

Die meisten eurer »Behinderten« haben diese Fähigkeit, daß sie gerade aufgrund ihrer Behinderung andere Sinne weit stärker ausbilden und andere Eindrücke weit eher empfangen, als ihr das könnt mit euren normalen, gesunden Körpern. Die allergrößte Schwierigkeit liegt hier fast immer bei den Angehörigen. Das ist ein Problem, das ihr sehr intensiv bearbeiten müßt. Aber auch hier gilt generell, daß der Körper über unglaubliche Selbstheilungskräfte verfügt. Und selbst ein von Geburt an behinderter Körper kann sich im Laufe seines Lebens regenerieren und gesund werden. Euch allen sind viele Beispiele von Wunderheilungen bekannt, seien sie kirchlicher Natur oder seien sie heilerischer Natur.

Ein wieder anderes Kapitel sind die Krankheiten, die sich nicht physisch äußern, die aber dennoch vorhanden sind. Es sind dies die sogenannten seelischen Krankheiten. Hier gelangen Gefühle, durch Gedanken verursacht, zwar noch ins Energiesystem eures Körpers, aber nicht mehr in die Stofflichkeit. Ihr werdet also nicht »krank«. Euer gesamtes Energiesystem ist zwar angegriffen, euer gesamter Körper fühlt sich vielleicht krank an, aber ihr habt kein eindeutiges Symptom. Es handelt sich um Erscheinungsbilder wie Psychosen, Neurosen oder Depressionen.

Die Angst des Betroffenen vor der Erkenntnis dessen, was er nicht sehen will, ist hier so groß, daß er verhindert, daß ein körperlicher Ausdruck stattfindet. Ihr müßt euch das so vorstellen: Normalerweise sinkt im Laufe der Zeit, wie schon erläutert, über einen Gedanken, über das Gefühl, über das Energiesystem eine bestimmte Manifestation in den Körper oder in eure Welt. Bei gemütskranken Menschen – ihr habt schon sehr treffende Bezeichnungen dafür: Nervenkrankheiten, Gemütskrankheiten, Seelenleiden – ist es so, daß eine derart große Abwehr besteht, irgend etwas anzusehen, zu erfahren, daß es sich nicht mehr auf körperlicher Ebene manifestieren kann.

Eure Psychologie und Psychiatrie hat zum Teil hervorragende Ansätze für die Ursachen gefunden. Die Therapien, die sie anbieten, sind zum großen Teil durchaus brauchbar. Ihr vergeßt dabei nur, daß beispielsweise auch ein Magenkranker eine Therapie braucht. Und was ihr dabei noch überseht ist, daß es möglich ist, daß durch eine Therapie eine körperliche Krankheit ausgelöst wird.

Nun erschreckt bitte nicht. Das ist dann so etwas wie eine Befreiung, denn wenn ein Gemütsleiden vorliegt (also nicht nur eine leichte Verstimmung; die ist völlig normal und ein jeder durchläuft sie von Zeit zu Zeit), ist der allererste Schritt, es loszuwerden, es in denjenigen Bereich zu bringen, zu dem es ja hindrängt, nämlich in die Stofflichkeit. Und das ist am leichtesten und am eindruckvollsten am eigenen Körper. Es handelt sich hierbei eigentlich meistens um relativ kurzfristige akute Erkrankungen.

Wann immer ihr glaubt, daß euer Körper eigentlich gut funktioniert, aber insgesamt eure Seelenlage düster gestimmt ist oder erkrankt ist, dann versucht euch vorzustellen – horcht in euren Körper hinein – welche physische Krankheit das eigentlich auslösen müßte. Nicht selten ist es so, daß es eine lebensbedrohliche Geschichte wäre, beispielsweise so etwas wie ein Herzinfarkt bei Depressionen. Dadurch wird euch selbst deutlicher, weshalb ihr etwas nicht in die Stofflichkeit laßt, welches Problem ihr glaubt zu haben, welcher Anteil in euch euch so gefährlich erscheint, daß ihr glaubt, er würde euch umbringen, zerstören.

Vergeßt bitte nicht: Ich habe nicht gesagt, daß jemand, der an sich arbeitet, wenn es dabei zu einer körperlichen Reaktion kommt, gleich einen Herzinfarkt haben muß – aber er wird sein Herz vielleicht spüren.

Auch hier gilt, daß ihr den Körper, obwohl er ja scheinbar noch gar nicht akut erkrankt ist, mitbehandelt, auch die Bereiche, von denen ihr glaubt, daß sie erkranken könnten.

Zum Abschluß noch einmal etwas Generelles, nochmal eine Wiederholung: Jede Krankheit ist heilbar, und es muß in keiner Weise dramatisch verlaufen, aber ihr werdet immer ein körperliches Symptom haben. Das ermöglicht euch, euch auf der körperlichen Ebene auseinanderzusetzen. Habt ihr eine Krankheit geheilt, so bedeutet das nicht, daß ihr den Rest eures Lebens frei davon seid, aber wenn ihr wirklich einmal geheilt seid, dann werdet ihr auch die Erfahrung, einmal krank zu werden, ganz anders sehen.

Kinder erkranken sehr schnell und sehr leicht und gesunden auch wieder sehr schnell. Das haben sicher alle schon beobachtet. Kinder nehmen es noch als ganz natürlich wahr, daß ihre Entwicklungsschritte auch körperlich gleichzeitig ablaufen. Kinder wollen bis zu einem bestimmten Alter eine Krankheit gar nicht weghaben, weil sie in dieser Form wie ihr noch gar nicht denken. Sie versuchen, sich mit dem veränderten Körperbild zu arrangieren, und das können sie sehr schnell. Eben weil sie so schnell akzeptieren, verschwindet die Krankheit so schnell.

Für jede Heilbehandlung eures Körpers gilt: Wenn ihr anfangt, auf allen Ebenen zu arbeiten, dann kann sich zunächst euer körperlicher, seelischer oder geistiger Zustand sogar noch verschlechtern. Ihr öffnet sozusagen alle Schleusen. Aber habt keine Angst, ihr werdet niemals mehr über euch hereinbrechen lassen, als ihr ertragen und verarbeiten könnt. Es ist so wie beim Fasten, wo ja zunächst auch alle Schlacken ausgespült werden und ihr euch, obwohl ihr euch vorgenommen habt, euren Körper zu reinigen, plötzlich mit einer unreinen Haut dastehen seht und das Gefühl habt, daß ihr regelrecht stinkt und eure Ausscheidungen gar nicht so rein sind, wie ihr euch das gewünscht habt; daß es vorher, als ihr noch normal gegessen habt, sogar viel besser war. Fast generell ist das auch bei homöopatischen Arzneimitteln zu beobachten, bei allen Arzneimitteln, die in irgendeiner Form mit Schwingungsenergie arbeiten. Lediglich bei den allopathischen Medikamenten ist das eben nicht der Fall.

Beim Heilen sagt ihr »ja«; ihr sagt nicht »nein, ich bin nicht krank« und nehmt eine Tablette, sondern ihr sagt »ja, ich habe Kopfschmerzen«. Und dann können sie nämlich vielleicht noch stärker werden. Oft entwickelt sich auch plötzlich ein ganz anderer Herd als vorher. All das sind Reaktionen eurer Gesundung. Erschreckt also nicht und habt nicht das Gefühl etwas falsch gemacht zu haben.

Mit eurem Höheren Selbst werdet ihr den Verlauf einer Krankheit und eines Wieder-geheilt-Werdens nicht als schwächenden, sondern als ungemein stärkenden Entwicklungsablauf erleben. Ihr werdet euren Körper und euch selber weit besser kennenlernen, und es ist in etwa vergleichbar mit eurem Feuerlauf: Ihr werdet auch anderen Situationen in eurem Leben ganz anders gegenübertreten können, wenn ihr wißt, daß alles heilbar ist.

Ich wünsche euch umfangreiche Heil-Werdungs-Erfahrungen. Ihr werdet erleben, daß ihr heil – ganz – seid.

ANHANG

AUS DEM LEBEN GEGRIFFEN

Aaron beantwortet verschiedene Fragen
zu den Themen der einzelnen Kapitel

Kapitel I

Was tun, wenn man sich bei wichtigen Fragen (Unfall, Krankheit), die schnell entschieden werden müssen, nicht sicher ist, ob die Stimme vom Höheren Selbst oder aus unzutreffenden Glaubensmustern stammt?
Das ist für den in der Situation Stehenden oft nicht ganz einfach. Wenn er tatsächlich in einen Unfall verwickelt ist oder unter Schock steht und weiß, daß er eine innere Stimme hat, dann wird er nicht lange fragen, sondern automatisch richtig handeln. Ihr kennt das.

Anders ist es, wenn Zeit bleibt, nachzufragen. Ich kann euch hier nur den Rat geben: Ihr müßt lernen, auf eure innere Stimme zu vertrauen, und zwar rechtzeitig! Das bedeutet, bei jeder Banalität, also schon bei den Kopfschmerzen anfangen zu fragen, was die innere Stimme sagt und nicht erst beim Krebsgeschwür oder wenn es sonst irgendwie lebensgefährlich wird.

Das Vertrauen also schrittweise aufbauen! Wenn ihr euch einmal durch euer inneres Selbst geheilt habt, wenn ihr einmal euren Fernseher durch die Information eures Höheren Selbst repariert habt oder etwas ähnliches, dann werdet ihr es in einer Situation, die euch gefährlich vorkommt, leichter haben, dieses Vertrauen zu fassen. Es liegt nämlich nur am Vertrauen. Es ist nicht so, daß ihr die Stimmen nicht unterscheiden könnt. Ihr wißt haargenau, welche Stimme die richtige ist, ihr wißt nur nicht, ob ihr die Kraft habt, ihr auch zu vertrauen.

Glaubt mir das: Ihr *wißt* welche Stimme die richtige ist!

Seid ihr aber in einer solchen Situation und habt das Vertrauen sozusagen noch nicht, dann gibt es beispielsweise die Möglichkeit, um den Mut aufzubringen, einfach zu knobeln, eine Karte zu ziehen oder was auch immer und sich vorher vorzunehmen, derjenigen Stimme zu gehorchen, die durch den äußeren Anlaß jetzt angezeigt wird, also etwa durch die gezogene Karte. Aber auch dazu gehört Mut. Wenn ihr ihn nicht aufbringt, ist immer noch eine Zwischenlösung möglich. Ihr könnt eurem Höheren Selbst sagen: »Es tut mir leid, ich bin so verwirrt, ich habe eine solche Angst, ich traue mich nicht.« Dann kommt eine neue Information. Wichtig ist, daß ihr einen Weg geht, der euch gangbar erscheint.

Ihr verliert den Kontakt zu eurem Höheren Selbst nicht, auch wenn ihr einmal oder öfters oder sogar permanent nicht auf die innere Stimme hört. Euer Höheres Selbst ist nicht vergleichbar mit eurem katholischen Gott-Vater, der sich strafend abwendet.

Du sprichst im Zusammenhang »Befragen des Höheren Selbst« vom »direkten Aufschreiben«. Meinst du damit automatisches Schreiben, spontan-assoziatives oder analytisch-aufsatzmäßiges Schreiben?

Es ist das spontan-assoziative Schreiben, das ich eigentlich meine.

Auf der anderen Seite ist es relativ egal, was ihr schreibt, denn ihr werdet die Information immer erhalten. Ihr könnt also, wenn es euch mehr liegt, auch Märchen schreiben, einen Aufsatz oder es mit dem automatischen Schreiben probieren, bei dem gewissermaßen die Hand direkt vom Höheren Selbst bewegt wird. Das spontan-assoziative Schreiben beinhaltet ja eigentlich beides.

Ihr sollt nur nicht im Stil eines Firmenbriefs schreiben, lieber im Stil eines Märchens oder auch eines Gedichts.

Du sprichst von der Wirksamkeit innerer Zwiegespräche mit anderen Personen. Wie bekommt der andere mein Gespräch mit?

Auf sehr vielfältige Art und Weise. Wenn ihr an jemanden oder an etwas denkt, dann sendet ihr ein Signal aus: Ihr habt ja beispielsweise Namen für alles, um es euch einfacher zu machen, und es ist ein bestimmtes Gefühl damit verbunden.

Ihr seid alle miteinander so stark untereinander verknüpft, daß ihr euch das gar nicht vorstellen könnt. Es ist entfernt vergleichbar mit elektromagnetischen Impulsen, mit Radiowellen und ähnlichem. Jedes einzelne Ding, sogar jedes Atom, hat seine eigene Frequenz. Bei euch ist es sozusagen unter anderem der Name. Es sind sehr viele Nuancen auch in den Namen gegeben.

Der Empfänger weiß nicht unbedingt, von wem der Impuls kommt. Normalerweise empfängt er aber, wenn er auf diesen Kanal eingestellt ist, diesen Impuls. Entweder stellt er daraufhin seine Glaubenssätze, die *beliefs*, um. (Das läuft in etwa so ab, daß er gleichzeitig oder früher oder auch später – die Zeit spielt hierbei im übrigen keine Rolle; meistens ist es aber trotzdem gleichzeitig – auf seine Weise an einem ähnlichen Problem arbeitet. Er führt dann auch ein Selbstgespräch, jedoch nicht unbedingt mit der gleichen Person, die gesendet hat.) Oder aber er hört aufgrund seiner *beliefs* nichts!

Ich habe euch ja gesagt, daß ein Mensch eine Beziehung aufgrund solcher Gespräche verwandeln kann. Nun, es passiert folgendes: Derjenige spürt, daß es plötzlich beispielsweise keine Resonanz mehr gibt. Wenn du deine Gespräche intensiv geführt hast, beispielsweise mit dem Nachbarn, mit dem du Streit hast, und ihn schließlich wirklich als fröhlichen, lieben, netten Kerl in deiner Vorstellung zum Abendessen eingeladen hast und das auch wirklich *empfindest*, dann hat dein Nachbar, der das ja mitbekommen hat, selbst wenn er es nicht ins Bewußtsein gelassen hat, die Möglichkeit, sich dir gegenüber entweder offener zu verhalten (zumindest wird es zu einem freundlichen »Grüß Gott« reichen) oder aber ihr werdet euch tatsächlich überhaupt nicht mehr begegnen, weil keine Resonanz mehr da ist.

Wie es technisch genau funktioniert ist schwierig zu erklären, aber ich garantiere euch, daß jeder Gedanke, den ihr aussendet über einen Menschen, diesen erreicht. Das alte Sprichwort, daß man hinter dem Rücken eines anderen nicht schlecht reden (oder denken) soll, hat schon seinen Grund. Das bedeutet aber nicht, daß ihr euch selbst belügen oder zwanghaft positiv denken müßt.

Kann ich mir darüber bewußt werden, wenn ein anderer ein solches inneres Gespräch mit mir führt?
Im Grunde genommen werdet ihr euch alle des öfteren darüber bewußt. Jeder kennt doch das Phänomen, daß das Telefon klingelt und ausgerechnet derjenige anruft, an den man gerade gedacht hat. Ein anderes Mal kann es so sein, daß man selbst auch an dem inneren Gespräch teilnimmt, das der andere gerade gesendet hat, man unterhält sich also ohne voneinander zu wissen mit dem anderen. Vielleicht ruft man ihn dann an, obwohl man jahrelang nichts mehr voneinander gehört hat und erfährt dann, daß der andere in letzter Zeit auch schon öfters anrufen wollte.

Im Moment ist es jedoch noch äußerst schwierig für euch, ganz bewußt mitzubekommen, wer alles gerade an euch denkt oder über euch fühlt. Ihr wißt ja nicht einmal, was ihr selbst im Moment über euch selbst denkt und fühlt, geschweige denn, an wieviele Menschen *ihr* im Moment denkt.

Generell ist zu sagen, wenn ihr den plötzlichen Einfall habt, aus heiterem Himmel jemanden anzurufen, daß es sich dann um so etwas handelt. Alle Gespräche, die ihr führt, alle Begegnungen mit Bekannten und sei es in der U-Bahn, sind auf diese Art und Weise vorbereitet. Es geschieht *nichts* zufällig, sondern es geschieht grundsätzlich immer erst in euren Gedanken und Gefühlen, selbst die überraschendsten Dinge.

Warum läßt das Höhere Selbst, das doch im Leben eine sehr große Hilfe sein könnte, sich so aus dem Bewußtsein verdrängen? Haben wir das irgendwann einmal so gewollt und war es zu anderen historischen Zeiten anders?

Es war zu anderen Zeiten sehr wohl anders. In der Geschichte, die ihr für wahr haltet und die euch einigermaßen bekannt ist – die letzten 2000 Jahre – gab es keinen solchen Zeitraum.

Über frühere Zeiträume gibt es ja nur Vermutungen. Aber auch heute ist es nicht so, daß sich das Höhere Selbst völlig aus dem Bewußtsein drängen läßt – bei keinem einzigen Menschen. Diese Stimme und der Kontakt sind immer da.

Handelt nicht das Alte Testament hauptsächlich von diesem Kontakt?

Ja. Das was ihr heute jedoch von der Bibel in den Händen haltet, ist eine derart verzerrte Form des Urtextes, daß ihr damit nicht allzuviel anfangen könnt. Ihr wißt mit den Bildern überhaupt nicht umzugehen, da zu einem Großteil der geschichtliche Hintergrund fehlt. Es ist eine Mischung aus Mythen, Märchen, Dichtung ... so wie auch ich meine Beispiele gebrauche, weil manche Dinge anders nicht begreiflich zu machen sind. Ich vergleiche ja auch eure Gedanken mit Radiowellen, obwohl sie es nicht sind. Genauso wird die Erschaffung des Menschen durch All-das-was-ist irgendwie beschrieben, obwohl sie so nie stattgefunden hat. Auch die Prüfung von Abraham hat nie so stattgefunden und so fort.

Zurück zu eurer Frage: Das Höhere Selbst, All-das-was-ist, läßt niemals zu, daß *irgend etwas* aus diesem Kontakt herausfällt. Es gibt die fürchterlichsten Erfahrungen, die ihr Menschen euch selbst antut, weil ihr nicht auf die innere Stimme hört, kein Vertrauen habt oder was auch immer. Ihr erwacht aber jedesmal wieder in dieser Liebe eures Höheren Selbst. Ist das klar? Das müßt ihr begreifen. Ihr führt die fürchterlichsten Kriege, ihr treibt euch und andere in den Wahnsinn, ihr schändet euren Planeten, euren Körper ... aber all das geschieht nicht, weil das Höhere Selbst zulassen würde, daß ihr euch von ihm abwendet. Vielmehr könnte man es als Experiment betrachten, weil das Höhere Selbst will, daß ihr wachst, daß ihr selber wißt, weil es selbst durch euch und eure Erfahrungen wächst. Es ist ein gegenseitiger Austausch, aber ihr fallt niemals aus der Liebe heraus und ihr wacht immer wieder auf. Es gibt *keine* Situation, in der es zu spät wäre.

Eine bewußte Hinwendung zum Höheren Selbst, die darauf basiert, daß der eigene Wille erhalten bleibt, ist natürlich etwas anderes als ein blindes Daraufhören, weil man weiß, daß es richtig ist. Dies wäre zu vergleichen mit einem Säugling, der gar nicht anders kann als auf die Eltern zu hören, weil er noch nicht die Möglichkeit hat zu widersprechen oder wirklich etwas anderes zu tun (in vielen Naturvölkern wird oder wurde so gelebt). Wächst das Kind dann heran, erprobt es seinen eigenen Willen und ihr wißt ja, wie Eltern sich freuen, wenn ihr Kind *freiwillig* das tut, was sie für richtig und für gut halten, weil sie wissen, daß das Kind dann wirklich Verantwortung übernommen hat, größer werden kann. Es fängt damit an, daß man irgendwann einmal keine Angst mehr haben muß, daß das Kind blindlings über die Straße rennt, man muß es nicht mehr ständig zurückziehen, weil es selbstverantwortlich geworden ist. Trotzdem bleibt ein wunderbarer und guter Kontakt zu den Eltern.

Dies ist nur ein Bild. Euer Höheres Selbst ist nicht wie eure Eltern und ihr seid keine Kinder, sondern ihr seid *Teile* vom Höheren Selbst. Das ist etwas anderes.

Wie erreiche und bestärke ich die Verbindung zu meinem höheren Selbst?

Allein schon die Fragestellung impliziert, daß ihr immer noch davon ausgeht, daß dieser Kontakt etwas ist, was man *erreichen* muß. Hier fängt es schon an! Ihr *habt* diesen Kontakt! Es geht lediglich darum, diesen Kontakt auch zuzulassen. Das ist ein *wesentlicher* Unterschied, versteht ihr? Es geht also nicht so sehr darum, etwas zu tun, um etwas zu erreichen – wie beispielsweise Bodybuilding, um Muskeln zu stärken –, sondern es geht darum, daß ihr *zulaßt*, daß das bereits Vorhandene in euer Bewußtsein dringen kann, beziehungsweise wahrgenommen wird vom Bewußtsein.

Am besten eignet sich dazu, wenn ihr auch in »kleineren« Alltagssituationen das, was ich »die innere Stimme« nennen möchte, befragt – also nicht gleich bei dem ganz großen Lebensproblem. Dann bekommt ihr ein Gefühl dafür.

Zum zweiten ist es sehr wichtig, daß ihr Vertrauen entwickelt. Ihr stellt euch nämlich mit euren Glaubenssätzen, die von eurem begrenzten Ego gebildet werden, sozusagen zwischen diesen Fluß. Kannst du das verstehen? Ihr denkt dann, die Antwort kommt vielleicht nur aus eurem Intellekt, obwohl ihr doch genau *spürt* – ich meine jetzt die innere Gestimmtheit – was richtig ist. Es ist aber so, daß ihr permanent versucht, mit euren Glaubenssätzen oder mit eurem beschränkten Intellekt in diesen Fluß einzugreifen. Dadurch können Probleme entstehen. Dem muß nicht so sein, wenn ihr lernt, euer Ego auszuweiten. Wie gesagt, das Vertrauen entwickelt sich, indem ihr immer wieder dieser »inneren Gestimmtheit« folgt. Es gibt keinen anderen Weg.

Natürlich könnt ihr eure Ängste, eure *beliefs* nicht einfach wegdiskutieren. Das sollt ihr auch gar nicht. Sie können ruhig weiterhin existieren. Es ist etwas, das sozusagen *gleichzeitig* passiert, verstehst du? Ihr vertraut auf etwas und habt gleichzeitig beispielsweise Angst davor, daß es anders kommen könnte. Das ist jedoch etwas anderes, als das Vertrauen vollständig zu blockieren und sich nur auf die Angst zu verlassen.

Gut. Nochmals zurück zur Frage: Der Kontakt *ist* in jedem von euch. Es geht nur darum, ihn zuzulassen. Das ist das Allerwichtigste, was ihr euch einprägen müßt. Egal, welche Hilfsmittel, welche Übungen ihr wählt – hier kann ich keine allgemeingültigen Empfehlungen geben, da jeder Mensch anders ist –, es bleiben Hilfsmittel, die durchaus sinnvoll sein können. Beispielsweise, wenn ihr Yogaübungen macht oder Meditationsübungen oder auch, wenn ihr singt oder spazierengeht: Es gibt unendlich viele Dinge, um sozusagen euren Intellekt, euer begrenztes Ego zu überlisten. Vergeßt aber bei all dem nie, daß dies Stützen sind, Hilfsmittel. Es ist nicht so, daß ihr etwas erreichen müßt, sondern daß ihr etwas, das bereits da ist, wahrnehmt.

Kapitel 2

ESOTERIK UND ALLTAG

Manchmal habe ich großen Widerwillen etwas zu tun, was ich tun sollte, und weiß nicht, ob das meine innere Stimme ist oder meine beliefs, die mich davon abhalten. Nimm dich aus der Situation heraus und höre nach innen, dann wirst du die Antwort erhalten. Sehr oft kommt es dann zu einem Kompromiß, wie ich vorhin schon angedeutet habe, daß ihr zum Beispiel sagt: »Ja, ja, ich weiß, ich sollte dieses und jenes einfach liegenlassen und etwas für mich tun, spazierengehen, mich mehr auf mich besinnen, aber andererseits kann ich es nicht sehen, wenn mein Schreibtisch so aussieht. Machen wir einen Kompromiß: Ich arbeite noch etwas am Schreibtisch und gehe wenigstens fünf Minuten nach draußen.« Du wirst sehen, das Höhere Selbst ist einverstanden; es ist auch einverstanden, wenn du den Schreibtisch ganz aufräumst, auch wenn du hinterher mit Kopfschmerzen zusammenbrichst. Es »erlaubt« dir sogar das Aspirin und so fort.

Irgendwann kommt immer der Zeitpunkt, wo du nicht mehr weiter kannst, und der Widerwille, etwas zu tun, deutet grundsätzlich auf ein Problem hin. Wenn du Widerwillen hast, den Schreibtisch so, wie er aussieht, stehen zu lassen, dann nimm dich aus der Situation heraus. Und du wirst die Antwort erhalten, daß du diesen Widerwillen hast, weil du weißt, du solltest dich selbst erst einmal in Einklang bringen, bevor du außen anfängst, Dinge zu ordnen. Ordne erst dich selbst. Dann erkennst du vielleicht auch deinen Glaubenssatz, der heißt: »Ich darf mir selbst erst etwas gönnen, wenn ich alles um mich herum in Ordnung gebracht und alles erledigt habe.«

Du weißt aber auch, daß das ein Teufelskreis ist, denn es gibt immer etwas zu erledigen. Das wird dir in dem Moment, in dem du dich zurückziehst, bewußt.

Wenn du dann die Kraft hast, auf deine innere Stimme zu hören und hinauszugehen, um dich wieder in die Mitte zu bringen, dann wird das ebenfalls eine gewisse Überwindung kosten, aber keinen Widerwillen erzeugen. Das ist ein Unterschied. Eher so etwas wie Angst, weil man etwas tut, was man bisher nicht getan hat.

Worum es sich auch immer handelt: ein unaufgeräumter Schreibtisch, ein nicht absolviertes Training, schmutzige Wäsche ... es geht um die Einstellung zu den Dingen! Es ist nicht so, daß das Höhere Selbst in meinem Beispiel nicht will, daß der Schreibtisch aufgeräumt wird. Aber nachdem der Mensch in meinem Beispiel sich zusammen mit seinem Höheren Selbst wieder in Einklang mit sich selbst gebracht hat, kann er seinen Schreibtisch aufräumen oder auch nicht, oder ihn vielleicht umarrangieren; aber egal was er tut, es wird anders geschehen als vorher, nämlich in Einklang. Versteht ihr?

Dem Höheren Selbst ist es sozusagen egal, ob der Schreibtisch aufgeräumt ist oder nicht, aber es sieht eure Gesamtschwingung und wie ihr nach außen hin agiert.

Ihr alle habt oft Schwierigkeiten, das zu tun, was euch das Höhere Selbst sagt, denn ihr habt Angst. Angst wird ausgelöst durch eure Überzeugungen, weil die dann durcheinandergeraten. Widerwillen ist etwas anderes.

Wie soll ich mir denn meiner Grenzenlosigkeit bewußt werden, wenn ich montags wieder in die ungeliebte Arbeit muß, wo die Kollegen »zu« sind und schlechte Laune haben, der Chef mich schikaniert und ich bei künstlichem Licht widerwillig die Arbeit mache, während draußen die Sonne scheint?

In einer solchen Situation wirst du dir wohl deiner Unbegrenztheit nicht bewußt werden können, das heißt, solange du ohne zu fragen weiterhin widerwillig hineingehst.

Nimm an, es ist Montagmorgen, du setzt dich ins Auto und fährst widerwillig in diese Arbeit. Hier ist der Zeitpunkt dich zu trauen und anzuhalten. Nicht, um einen Tag blauzumachen, das wäre das Gegenteil, Weglaufen, sondern um wirklich einmal nach innen zu hören und zu fragen: »Was soll ich tun?« Dann wird eine Antwort kommen.

Zunächst einmal wird die Antwort kommen, daß du in dieser Arbeit, in den schlechtgelaunten Kollegen und so weiter leider nur dich selbst erblickst. Du bist nicht anders als alles, was du dort triffst. Du tust deine Arbeit ohne Liebe, und genauso kommt sie zurück.

Nun gehst du am besten in die Arbeit und siehst dir alles unter diesem Blickwinkel an, denn wenn du beispielsweise kündigst, wirst du woanders genau in die gleiche Situation hineinschlittern, vielleicht diesmal im Freien und mit netten Kollegen. Du kannst dein Spiegelbild nicht verändern, bevor du dich nicht selbst verändert hast. Das Spiegelbild ändert sich immer von allein. Jetzt wirst du dir in der Arbeit deiner Grenzenlosigkeit vielleicht schon etwas bewußter werden.

Es ist eine Ausrede und eine Lüge, die nur von eurer Angst zeugt, wenn ihr mir ein Beispiel anführt, wo das *nicht* gehen sollte. Sicherlich werdet ihr euch nicht von einer Sekunde auf die andere komplett eurer Möglichkeiten bewußt. Ihr erhaltet vielleicht ein grundlegendes Gefühl. Das, was man Erleuchtung nennt, kommt immer wieder vor, aber es ist nicht von Dauer, ihr scheint immer wieder in die Mühle hineinzumüssen.

Nun bist du in der Arbeit, siehst dir die Dinge aus einer etwas anderen Warte an und plötzlich sind auch die Kollegen etwas verändert, weil sie dich plötzlich beachten. Künstliches Licht, die Kollegen unfreundlich, der Chef schikaniert dich … das heißt, du machst künstlich auf Bewußtsein, du bist zugeknöpft und läßt nichts von dir heraus, du bist unfreundlich zu dir selbst und schikanierst dich. Wenn ich dich bitte, dich ein klein wenig mehr zu öffnen, dann werden sich auch die anderen öffnen, das ist automatisch so. Und so geht das Schritt für

Schritt weiter. Nun kannst du die Arbeitsstelle wechseln, bleiben, die Position wechseln, ein Jahr Urlaub nehmen ...

Es gibt natürlich auch einen ganz anderen Fall: Manche haben beispielsweise Angst, einen Tag freizunehmen. Jeder, der morgens keine Lust hat, in die Arbeit zu gehen, ist verschieden, mein Beispiel gilt nicht für alle. Maßstab aber ist, gedanklich und emotional aus der Situation herauszugehen und dann nach innen zu fragen und zu sehen, was da kommt. Schritt für Schritt. Und das geht in jeder Situation.

Wie kann ich die innere Stimme von meinem Wunschdenken oder meiner Einbildung unterscheiden?
Dieser Zweifel entsteht, wenn sich euer begrenztes Ego oder euer Intellekt dazwischen schiebt.

Ganz grundsätzlich gilt: Das erste intuitive Gefühl – so nenne ich es jetzt einmal – ist normalerweise, das heißt, eigentlich *immer*, das richtige. Es *geht überhaupt nicht*, daß ihr nicht wißt, was richtig ist. Das ist etwas, das ihr euch suggeriert. Das ist die Angst, die erst hinterher auftritt, wenn es darum geht, auch auf diese Dinge zu vertrauen.

Also der erste Impuls ist normalerweise der der inneren Stimme?
Richtig. In dem Moment, wo ihr euch fragt, ob das überhaupt richtig ist, ist ja schon der Schritt geschehen, daß ihr einen Impuls vernommen habt und euch jetzt plötzlich mit euren Gedanken und Glaubenssätzen zwischen diesen natürlichen Strom stellt.

Es gibt nun mehrere Möglichkeiten, wenn so etwas auftritt. Wie gesagt, es hat keinen Sinn, die Ängste, daß etwas nur Wunschdenken sein könnte oder was auch immer, zu unterdrücken. Es gibt den Weg, dies parallel laufen zu lassen: Ihr seid euch also bewußt, daß ihr Angst habt, es könne eine Illusion sein, dennoch gebt diesem Impuls Raum in euch. Denn nur, wenn ihr es zulaßt, euch führen zu lassen, könnt ihr auch erfahren, wohin es geht, verstehst du?

Es gibt auch verschiedene andere Möglichkeiten, etwa mit

Hilfe von Freunden, etwas herauszufinden – aber das ist eigentlich nicht, worauf es abzielt.

Wenn ihr Angst habt, daß ein inneres Gefühl Wunschdenken ist, dann sucht immer nach dem zugrundeliegenden *belief*. Dahinter steht nämlich ein Angstbelief: Etwas ist zu gut für mich oder zu einfach oder ähnliches.

Also den ersten Impuls beachten und ihm eine Chance geben?

Ja.

Kapitel 3

KINDER

Wie kann mein Kind meine Kreativität verkörpern, wenn es doch ein ganz eigenständiges Wesen ist?

Zunächst einmal sei gesagt, daß ein Kind nicht die gesamte Kreativität der Eltern verkörpert – damit es da keine Mißverständnisse gibt.

Mit dem Verkörpern ist auf gar keinen Fall gemeint, daß die Kreativität der Eltern nun in den Körper des Kindes hineingeschlüpft ist, sondern ihr wißt ja, daß ihr außen das erlebt und *nur* das erlebt, was ihr innen aufgrund eurer Einstellungen und Gefühle erschafft, was ihr also dadurch sehen könnt. Insofern ist alles, was ihr außen erlebt, lediglich das, was ihr innen an Gedanken und Gefühlen zulaßt, einordnet, wegdrückt.

Die Frage könnte auch lauten: Wieso sehe ich in X diesen und jenen Anteil von mir, weshalb verkörpert meine Frau das und jenes für mich und trotzdem sind sie eigenständige Wesen?

Es ist ein Paradoxon: Jeder Mensch ist eine völlige Individualität und ein eigenständiges Wesen und hat in all den anderen lebenden Wesen – egal ob Mensch, Tier, Baum oder sonst eine Pflanze – die ihn umgeben, lediglich eine Spiegelung seines Inneren. Einer für den anderen, weil es eben so ist, daß du nur das vom anderen wahrnehmen kannst, von seiner Individualität, was du selbst in dir siehst. Es gibt bei jedem Kind bestimmte Eigenschaften, die die Eltern aufgrund ihrer Glaubensmuster nicht wahrnehmen, die aber vielleicht im Kindergarten von der Erzieherin wahrgenommen werden. Ihr wißt ja, daß sich gerade Kinder in einer anderen Umgebung oft anders verhalten. Das hängt damit zusammen.

Ist die Spiegelung in der Umwelt immer zeitgenau wie im Spiegel oder kann ich im »Spiegel des Lebens« auch Flecke sehen, die ich vor ein paar Tagen sozusagen schon beseitigt habe?

Nein, der Spiegel entspricht immer genau dem Moment.

Als Beispiel: Wenn du als Fünfjähriger, der noch nicht lesen kann, einen Shakespeare in die Hand bekommst, wirst du darin kaum etwas erkennen. Als Zehnjähriger quälst du dich vielleicht durch eine Passage hindurch, weil es in der Schule verlangt wird, aber wirklich begreifen wirst du nichts. Selbst als Zwanzig- oder Dreißigjähriger bedarf es einer gewissen Neigung, ein solches umfangreiches Werk wirklich auch aufzunehmen.

Anders ausgedrückt: Wenn du in den Spiegel schaust, kommt es ganz darauf an, was du sehen willst, worauf du deine Aufmerksamkeit konzentrierst. Vielleicht juckt es dich gerade über der rechten Augenbraue. Dann wirst du dorthin schauen und es kann dir passieren, daß du völlig übersiehst, daß du einen Fleck auf dem Pullover hast, denn das interessiert dich überhaupt nicht.

Das nächste Mal willst du ausgehen und siehst in den Spiegel, und dann nimmt ein kleiner Fleck auf deinem Anzug riesige Dimensionen an.

Gerade dann, wenn man seinen Blickwinkel verändert, also seine Einstellungen verändert, neigt man dazu, überall diese Flecken zu sehen. Es ist ein Gefühl, wie wenn du sehr sauber und ordentlich gekleidet sein willst und im Spiegel auf deinem

Anzug Fussel entdeckst. Du denkst dann: »Jetzt habe ich alles frisch gewaschen, mich so sorgfältig gekleidet, und jetzt ist hier schon *wieder* etwas.« Es kommt dir aber nur so vor, weil du die Aufmerksamkeit darauf richtest. Deshalb empfehle ich euch auch, wenn ihr *beliefs* verändert, daß ihr nicht immer auf die Mißerfolge achtet, sondern seht wirklich hin, seht euch den alten Arbeitspullover an, den ihr vorher getragen habt und vergleicht euch *damit*.

Ihr seht euch auch kaum als Ganzheit, sondern eure Augen wandern herum. So geht es euch mit der Außenwelt ebenfalls. Deshalb scheint sie euch manchmal so ungerecht, und ihr wollt nicht daran glauben, daß sie euch spiegelt, aber es ist so.

Wie ist es, wenn meine Kreativität mit der meines Kindes in Konflikt gerät? Beispiel: Mein Kind möchte herumtoben, ich dagegen will mich aufs Briefschreiben konzentrieren, was aber die Toberei verhindert.

Ich habe schon gesagt, das eigene Kind steht nicht nur für die eigene Kreativität, aber es ist ein Symbol dafür.

Wenn ein tobendes Kind, Flugzeuglärm oder sonst etwas Störendes außen auftaucht, bedeutet es, daß du im Moment keine wirkliche Lust hast, um einen Brief zu schreiben. Du bist vielleicht zu unruhig, möchtest auch lieber toben oder Aggressionen ablassen, zwingst dich aber, ruhigzusitzen und zu schreiben. Das erkennst du jedoch im Moment selbst nicht.

In einem solchen Fall ist es grundsätzlich am praktischsten – egal ob du in Konflikt mit den eigenen Kindern oder mit anderen Leuten gerätst – aus der Situation herauszugehen, das heißt, sowohl auf das Briefschreiben zu verzichten, als auch darauf, dich auf die Toberei einzulassen. Statt dessen solltest du ganz kurz überlegen, was das bedeuten könnte. Wenn du nämlich ganz intensiv einen Brief schreibst, stört nicht einmal ein tobendes Kind und normalerweise will dann ein Kind auch gar nicht stören oder man kann es miteinbeziehen.

Solche Konfliktsituationen treten am häufigsten auf, wenn ihr euch selbst belügt. Es tut mir leid, aber es ist so.

Es ist aber nicht so, daß ihr eurem Ärger nicht Luft machen könnt. Oft provozieren Kinder ja, daß angestaute Aggressionen herauskommen, weil sie sie sehr deutlich spüren. Und für sie ist es weit unangenehmer, feindselige Stimmungen oder Aggressionen zu spüren, die *nicht* ausgedrückt werden, als wirklich einmal ein Donnerwetter zu erleben.

Es ist sehr wichtig, daß ihr begreift, daß ihr euere Stimmung ausdrücken dürft, daß ihr auch einmal toben dürft.

Du sagst im Buch »Kinder haben ein tiefes Vertrauen, daß die Umwelt sie unterstützt.« Was ist nun, wenn sie gegenteilige Erfahrungen machen, gibt es dann bleibende Wunden und Blockaden? Falls ja, wie kann man das lindern oder verhindern?

Nun, verhindern kann man das in dem Sinne nicht. Das würde ja bedeuten, daß man dem Kind das Gefühl gibt, »Ich muß dich ständig beschützen, denn die Welt könnte dir Schaden zufügen.«

Das Allerwichtigste, was ihr für ein Kind tun könnt, ist zu begreifen, daß das Kind in seinem Innersten unbeschadet bleiben wird und auch daran zu glauben. Ihr solltet ihm dieses Gefühl geben und so von ihm denken.

Kinder haben noch ein grenzenloses Vertrauen, sowohl in sich selbst als damit auch in die Außenwelt. Ich möchte es an einem Beispiel erläutern: Manch ein Kind trägt von einem einzigen Klaps schwerste seelische Schäden davon, von einer winzigen Mißstimmung, die in seinem ganzen glücklichen Leben zu Hause entstand. Von da ab fühlt es sich unverstanden, sieht die Zuneigung der Eltern nur noch als Fassade an, weil sie das Kind ja eigentlich hassen und so fort. Währenddessen ein anderes Kind, das in einer Trinkerfamilie aufwächst, wo vielleicht Prügel auf der Tagesordnung stehen, zu einem sehr selbstbewußten und reifen Menschen heranwächst und nicht das Gefühl hat, seelische Schäden davonzutragen. Man kann also nicht allgemein formulieren.

Man selbst kann sozusagen *für* das Kind überhaupt nichts

gutmachen, man kann nur für sich selbst etwas gutmachen. Wenn man beispielsweise das Gefühl hat, daß man einem Kind gegenüber unbeherrscht reagiert hat, es unnötig verletzt hat, dann sollte man mit ihm darüber reden oder es sonst irgendwie ausdrücken. Man kann auch mit einem Säugling schon reden.

Das Wichtigste ist, daß das Kind lernt, daß auch Gefühlsausbrüche in keiner Weise die Stabilität schädigen. Je unsicherer der Umgang ist, je mehr Angst herrscht, daß diesem armen Kind ein Schaden zugefügt werden könnte, desto größer ist die Wahrscheinlichkeit. Je eher ihr glaubt, daß das Kind damit fertig wird, desto geringer ist die Wahrscheinlichkeit.

Um die eigenen vermeintlichen Schäden aus eurer Kindheit zu reparieren, dazu habt ihr ja genügend Handwerkszeug. Wenn ihr euren eigenen Kindern und euch selbst mit Liebe und Achtung begegnet, gibt es keine Schädigung. Wenn ein Wesen sich aus einem ganz bestimmten Grund aussucht, bestimmte Erfahrungen zu machen, dann braucht es vor allem das Gefühl, ihnen gewachsen zu sein und nicht das Gefühl, eine bleibende Schädigung zu erhalten. Es braucht das Gefühl, eine Erfahrung gemacht zu haben, aus der es lernen kann.

Du glaubst, daß wir mit unseren Vorstellungen an der Bedeutung des Kindseins vorbeigingen. Das Problem ist, daß wir Erwachsene oft Interessen haben, die mit denen des Kindes in Konflikt stehen. Gibt es dafür eine Faustregel?
Es gibt generell eine Faustregel: Geht davon aus, daß Kinder euch niemals schaden wollen.

Aber wie bringe ich beispielsweise meinem Kind bei, daß es die Tür nicht ständig offen läßt?
Im Grunde genommen genügt es, daß du davon ausgehst, daß es die Tür zumacht. Je mehr Druck ihr ausübt, desto weniger wird das Kind tun, was ihr wollt. Da ist es imZweifelsfall einfacher, aufzustehen und die Tür selber zuzumachen.

Es geht immer darum, die Dinge, die eure Kinder eurer Ansicht nach falsch machen, so wenig wie möglich zu beachten. Das ist in eurer Kultur scheinbar widersinnig. Ihr müßt aber bei eurem Kind die Überzeugung entwickeln, daß es im Grunde alles richtig macht. Ihr tut jedoch im Laufe der Jahre immer mehr das Gegenteil, bis ihr nur noch am Rotieren seid, um überall die Scherben wegzuräumen.

Es geht gar nicht so sehr um Erklärungen. Ihr könnt sagen: »Mach die Tür zu.« Wenn das Kind sie nicht zumacht, dann macht ihr sie zu. Es geht wirklich darum, daß die Pannen, die passieren – das gilt auch für eure neuen Glaubenssätze – nicht übermäßig hochgespielt werden, denn auf diese Art und Weise werden genau die Dinge, die ihr eigentlich nicht haben wollt, manifestiert. Sie sollten gewissermaßen überhaupt nicht ins Bewußtsein treten.

Anderes Beispiel: Mein Kind ist dabei, mit seiner Schokolade oder seinem Joghurt den ganzen Tisch zu beschmieren. Was tun?
Normalerweise ist dem nicht so. Wenn ihr bestimmte Verhaltensweisen verlangt, beispielsweise keine Schokolade im Wohnzimmer und kein Joghurt auf dem Tisch, dann wird sich ein Kind in neunzig Prozent der Fälle danach richten.

Auf der anderen Seite müßt ihr euch einmal überlegen, was bedeutet »keine Schokolade im Wohnzimmer«? Es bedeutet, daß ihr annehmt, daß das Kind nicht fähig ist, aufzupassen, und dagegen rebelliert es in einem solchen Fall. Ihr selber trinkt und eßt ja durchaus einmal etwas im Wohnzimmer. In diesem Falle hilft es, wie auch in anderen Fällen, daß ihr dem Kind erklärt: »*Ich* habe Angst, daß du ...« anstatt: »Du verschmierst ja sowieso wieder alles.« Es geht um die Einstellung, die dahinter steht. »*Ich* glaube noch nicht, daß es geht; daß du es kannst, ist eine andere Frage.«

Wie ich es verstehe, wäre also die Regel, weniger auf-
passen und schimpfen, dafür mehr putzen.
Richtig. Nur werdet ihr sehen, daß ihr dann gar nicht soviel
putzen müßt. Es geht nicht darum, daß ihr euren Kindern
sagt: »Ihr könnt anstellen, was ihr wollt, wir putzen hinter
euch her«, sondern, daß ihr davon ausgeht, daß sie nichts
anstellen. Das ist ein Unterschied. Und wenn sie etwas anstellen, dann seht das einfach als Versehen an, das ihr mehr oder
weniger übergeht, das man wieder gutmachen kann. Genauso
sollt ihr übrigens mit neuen Glaubenssätzen umgehen, auch
die funktionieren nicht gleich.

Wenn ihr also wieder in eine alte Verhaltensweise zurück-
fallt: Je mehr Gedanken ihr euch darüber macht, desto größer
werden sie wieder. Je mehr ihr aufpaßt, nicht mehr dies oder
jenes zu denken, desto mehr denkt ihr es und desto mehr Kraft
bekommt es. Das Einfachste ist zu registrieren »Oh je, jetzt
habe ich wieder den Kühlschrank offenstehen lassen« und ihn
dann eben zuzumachen.

Weshalb helfen ältere Kinder so ungern im Haushalt?
Das hat seine Begründung eben darin, daß es ihnen von kleinauf nicht zugetraut wurde. Ihr wißt ja, wie das ist: Kleine Kinder wollen sehr gerne überall mithelfen. Es ist natürlich, etwas
für die Gemeinschaft zu tun, sich mitzuteilen, so gut man eben
kann. Das macht Freude und Spaß.

Ihr wißt aber, wie das ist, wenn ein Kind beim Kochen
hilft. Zum einen traut ihr ihm tatsächlich nicht zu, daß es etwas zustande bringt, obwohl das nicht richtig ist. Bei manchen Gerichten können durchaus auch Zweijährige mithelfen.
Es geht nicht darum, daß ihr künstlich etwas macht, wobei
die Kleinen helfen können, damit sie die kreative Erfahrung
machen, sondern es geht wirklich um den Alltag. Das fängt
damit an, daß man sagt: »Hol mir bitte mal …« Wenn sie es
tun, ist es gut, wenn nicht, dann macht auch daraus kein
Drama.

Aus euren Verhaltensweisen resultiert, daß normalerweise

später kein Kind mehr Lust hat, mitzuhelfen, denn es macht ja sowieso nichts richtig.

Zum anderen spielt eine sehr große Rolle dabei auch eure Behauptung, daß Hausarbeit etwas wäre, was keinen Spaß macht, eine unangenehme Pflicht, die irgendwann auch einmal die Kinder übernehmen müssen, weil man nicht die ganzen unangenehmen Tätigkeiten selbst machen möchte. Das heißt, ihr müßt auch eure Einstellung zu Arbeiten, die ihr euren Kindern übertragt, überprüfen. Übertragt ihnen möglichst Dinge, die ihr selbst gerne tut. Sie spiegeln zu einem gewissen Grade sehr deutlich *eure* Einstellung zu den Dingen. Wenn es euch Spaß macht einzukaufen, zu kochen und so fort, wird es auch euren Kindern Spaß machen.

Das heißt aber nicht, daß alles, was euch Spaß macht, auch euren Kindern Spaß machen muß, aber ihr werdet in diesem Sinne nicht mehr erwarten, daß sie für euch eine unangenehme Pflicht erledigen.

Weshalb machen Kinder manchmal absichtlich etwas kaputt? Weshalb zerbröseln sie beispielsweise Brot, anstatt es zu essen?
Das würde ich nicht mit »kaputtmachen« gleichsetzen. Ihr wißt ja, wie ihr mit euren Nahrungsmitteln umgeht. Wenn ihr es nicht macht, werden Kinder kaum auf die Idee kommen, mit Nahrungsmitteln achtlos umzugehen. Ihr geht in eurer Gesellschaft aber insgesamt sehr achtlos mit Nahrungsmitteln um. Bei euren Kindern schimpft ihr dann, wenn sie ein Stückchen Brot zerbröseln. Ihr selbst werft es als Gesellschaft tonnenweise weg oder laßt es verderben, aber das Stückchen Brot, aus dem das Kind Krümel macht, wird zum Drama. Wenn ihr also wollt, daß eure Kinder Achtung gegenüber der Natur und ihren Erzeugnissen haben, dann zeigt sie selbst. Wenn das Brot zerkrümelt worden ist, gebt es den Vögeln oder trocknet es für die Hasen.

Wie kann man den Bewegungsdrang der Kinder mit dem
Ruhebedürfnis der Untermieter in Einklang bringen?
Ihr seid selbst kreativ genug, um entsprechende Rahmen zu
schaffen – das tut ihr ja schon, indem ihr das Schlafzimmer
zum Toben zur Verfügung stellt.

Es geht aber vor allem darum, daß ihr die Kinder in eure
Tätigkeiten miteinbeziehst, und das tut ihr kaum. Sie können
euch nicht beim Schreibmaschineschreiben helfen, das ist richtig, aber beispielsweise beim Abspülen. Auch wenn ihr ein
Frühstück bereiten wollt, kann das Kind helfen.

Ein gewisses Maß an »toberischer Freude« ist in jedem
Kind vorhanden; die möchte aber eigentlich in kreative Bahnen gelenkt werden, denn es ist so etwas wie überschüssige
Energie. Es geht nicht nur darum, den Körper in seiner Kraft
zu erproben. Also egal, was ihr tut, bezieht die Kinder soweit
wie möglich mit ein, beziehungsweise übertragt ihnen Aufgaben.

In eurer Gesellschaft wollt ihr Kinder immer nur in irgendeiner Form beschäftigen, damit ihr euren Aufgaben nachkom-
men könnt. In alten und in anderen Kulturen ist es selbstverständlich, daß die Kinder, sobald sie irgendwie die Möglichkeit haben, Aufgaben bekommen. Das fehlt bei euch. Wenn
ihr Kindern eine Aufgabe gebt, dann ist das meist so gehalten:
»Mach du mal das, das kann ich ja hinterher wieder reparieren«. Daß es am Anfang so ist, ist eine andere Sache. Die sollte
übergangen werden.

Es geht darum, daß ihr generell überhaupt nicht davon ausgeht, daß euch Zwei- oder Dreijährige helfen könnten, sondern es heißt: »Sie sind nun einmal da, also müssen wir sie
miteinbeziehen.« Dabei wäre das Mitnehmen und Beteiligen
der Kinder das Normalste der Welt.

Eure Untermieter symbolisieren auch etwas: Ihr wollt oft
vor eurer tobenden Kreativität Ruhe haben. Auch ihr wollt ja
eigentlich etwas tun, wollt eure Energie physisch sinnvoll und
sichtbar umsetzen.

Ihr haltet sie aber zu einem Teil sehr stark zurück, indem

ihr beispielsweise überlegt, ob dies oder jenes besser ist. Und wenn ihr etwas tut, dann bezieht ihr oft eure Kreativität *nicht* mit ein, sondern ihr tut eure Pflicht, *ohne* eure Kreativität, und die tobt dann in euch. Dann ist euer Körper müde, denn er hat doch schon genug getan, aber eure Kreativität nicht. Ihr habt aber die Möglichkeit, eure Kreativität in allem, was ihr tut, miteinzubeziehen. Kinder sind immer kreativ, egal was sie tun. Kreativität bedeutet alles wahrnehmen und alles mithineinnehmen.

Immer dann, wenn wir uns unterhalten wollen, lesen wollen und ähnliches, sind die Kinder besonders anhänglich.
Sie wollen auch bei dieser Kreativität teilnehmen. Wenn aber woanders mehr geboten wird an Aktivität, beispielsweise weil ihre Freunde da sind, dann sind sie durchaus nicht anhänglich.

Kannst du mir sagen, weshalb unser Dreijähriger, seit er in den Kindergarten geht, an hartnäckiger Verstopfung leidet und was wir dagegen machen könnten?
Ich weiß, daß der Rat, den ich gebe, schwierig zu befolgen ist, denn Bauchschmerzen oder Verstopfung einfach zu »lassen«, ist schwierig.

Es geht aber nicht nur darum, sondern auch darum, daß ihr euch in nächster Zeit genau kontrolliert, wieviele Angewohnheiten er hat, von denen ihr ständig sagt, sie seien schlecht.

Das Entleeren des Darms ist für Kinder eine kreative Ausdrucksform, das dürft ihr nicht vergessen. Sie wissen noch instinktiv, daß sie dadurch etwas aus ihrem Körper hinausgeben, sozusagen als Dünger für die Umwelt. Ihr seht das überhaupt nicht mehr, für euch ist es dreckig, »bäh«. Aber in Wirklichkeit ist es ja der Dünger, durch den wieder das wächst, was der Mensch ißt.

Diesen Kreislauf zu schließen ist also eines der ersten Dinge, die Kinder überhaupt können. Deshalb gibt es auch sehr viele Komplikationen damit. Bei euch sieht man von diesem Kreislauf nichts mehr: Die Toilette muß möglichst sauber sein, es darf nicht riechen und es wird weggespült. Es ist nichts Wertvolles, das man sammelt und woraus dann später vielleicht Tomaten wachsen oder wertvolle Erde wird. Es ist aber in Wirklichkeit so, und dieses Gefühl ist bei Kindern noch vollkommen vorhanden. Ihr könnt etwas an die Erde zurückgeben, woraus euch die Sicherheit erwächst, daß wieder etwas für euch wächst. Soviel dazu.

Euer Söhnchen hat also eine unglaubliche Angst, daß das, was er hergibt, entweder falsch ist oder zu unkontrolliert oder gar schädlich ist für seine Umwelt. Ihr neigt bei Kindern sehr schnell dazu, zu sagen: »Damit möchte er etwas durchsetzen« oder »das ist nur trotziges Verhalten« und ähnliches. Ich sage euch immer wieder, das gibt es nicht! Das gibt es bei euch, aber das gibt es bei Kindern noch nicht! Das sind Begriffe, die in euren Erwachsenenhirnen gesponnen werden.

Auch ihr habt ja oft das Gefühl, daß irgendwelche kreativen Äußerungen eurer selbst – der Schnuller ist hier für euer Söhnchen ein ganz wichtiger Punkt – in irgendeiner Form anstößig oder schädlich sind. Wie wäre es denn, wenn ihr beispielsweise dafür eintretet, daß er seinen Schnuller behalten darf? Was ist denn so schlimm daran? Er sollte das Gefühl haben, daß seine Eltern zu seiner Eigenart stehen, so wie er ist und nicht, daß er erst in der Gesellschaft so und so geradegerückt werden muß, versteht ihr?

Unser kleiner Sohn hat eine ziemlich grobe Art, die anderen wirklich weh tut, und dadurch wird er sehr oft geschimpft.
Nun, das ist ja bereits eine Art des Überausdrucks. Solche Dinge kommen ja nicht aus dem Nichts, sondern erst, wenn sehr viele andere Dinge gar nicht beachtet werden, sondern als Selbstverständlichkeit hingenommen werden.

Wenn er ruhig und zufrieden spielt oder malt, das wird ja nicht beachtet. Reaktion kommt nur, wenn etwas körperlich wird und stört.

Wenn es euch möglich ist – vielleicht müßt ihr euch entgegen meinen sonstigen Empfehlungen eine Zeitlang zusammennehmen, da es sonst tatsächlich symptomatisch bei ihm werden kann – und ihr spürt, daß er kurz vor einem solchen Ausbruch steht, dann nehmt ihn vorher und macht irgendein wildes Spiel, aber kein kämpferisches, sondern ein lustiges: miteinander tanzen, in die Luft werfen ... Geht nicht immer in Kampfposition, es ist nicht lustig, daß immer nur einer gewinnen und der andere verlieren muß. Auf den Schultern zu reiten, Pferdchen zu spielen, klettern, laufen, springen, ist etwas ganz anderes, als ständig miteinander zu kämpfen. Und das ist äußerst wichtig.

Manchmal hören sich meine Ausführungen so an, als wollte ich, daß eure Kinder wie die Wilden durch die Gegend laufen. Es ist tatsächlich ein Unterschied, ob ein Kind fürchterliche Manieren hat und das Essen gegen die Wand klatscht oder ob es eben den Trost eines Schnullers braucht: denn beim letzteren passiert nichts, sondern es ist lediglich etwas, das euch stört, obwohl es euch eigentlich nichts angeht.

Wichtig ist, daß ihr einmal ohne das Kind in Ruhe miteinander überlegt, welche Ausdrucksformen es sind, die ihr überhaupt nicht mögt, und ob ihr ihm nicht insgesamt das Gefühl gebt, daß das, was er zur Familie beiträgt, eher störend ist als positiv. Ich meine das Grundgefühl. Das hat jetzt nichts damit zu tun, daß ihr eure eigenen Aggressionen, die ihr verständlicherweise ihm gegenüber auch habt, ständig hinunterschlucken müßt. Doch es ist etwas anderes, ob ihr auf den Moment bezogen einmal brüllt oder ob insgesamt eine Stimmung entstanden ist, die ihm generell das Gefühl gibt, »alles was ich tue ist irgendwie schlecht.«

Was die Nahrungsmittel betrifft, so ist es nicht so, daß Schokolade oder etwas ähnliches im Moment schädlich wären. Die Nahrungsaufnahme hat relativ wenig damit zu tun, daß er seine Körperchemie so verändert hat, daß etwas im Körper zurückgehalten wird.

Es geht eigentlich darum, daß er das Gefühl bekommt, im

Moment, so wie er ist, angenommen zu sein. Da es sich um so etwas wie eine Kur handelt, sage ich ausnahmsweise einmal, daß ihr euch auch zurücknehmen dürft, also für eine bestimmte Zeit einmal ein Auge zudrücken oder ihm etwas vorspielen dürft.

Welchen Einfluß hat das Fernsehen auf unsere Kinder?
Es ist so, daß es von den Kindern nicht mit dem tatsächlichen Leben verwechselt wird, wie ihr das glaubt, sondern daß sie nur sehr intensiv – erinnert euch an eure eigene Kindheit – in diese vorgespielten Leben einsteigen, da sie in ihrem eigenen noch nicht so verhaftet sind. Sie identifizieren sich mit den Figuren, mit den Helden, mit den Taten natürlich sehr viel stärker, als ihr das tut.

Die Auseinandersetzung mit Aggressivität in einer Form, in der sie einfach auch aggressiv dargestellt wird, wird natürlich durch bestimmte Filme hervorgeholt. Eure Kinder haben ja kaum mehr mit einer natürlichen Aggressivität in der Umwelt zu tun, denn es gibt normalerweise keine größeren Auseinandersetzungen in ihrer Umgebung. Die Großfamilie, in der es noch sehr viele *fruchtbare* Auseinandersetzungen gab, existiert kaum mehr. Aggression ist ja nichts Negatives. Das Aufwachsen mit Tieren, wo es um Rangkämpfe geht oder wo auch einmal Tiere geschlachtet werden, all diese Dinge sind ja aus ihrem Leben verbannt. Insofern sind Filmhandlungen, in denen beispielsweise mit Pistolen geschossen wird, für die Kinder gar nicht aggressiv, denn sie wissen ja noch nicht, daß so etwas normalerweise von Tod begleitet wird. Auf der anderen Seite haben Kinder auch noch keine Angst vor dem Sterben – nicht diese intellektuelle Angst, sondern nur die natürliche, die sie daran hindert, etwas Lebensgefährliches zu tun: Das ist etwas ganz anderes. Das ist Lebenwollen, aber nicht Angst vor dem Tod.

Das Nachspielen dieser Szenen macht dann sozusagen die Eltern aggressiv. Für die Kinder sind es nur Bewegungsspiele. Daß solche Dinge als schlecht bewertet werden, ihnen aber permanent dargeboten werden, ist ein großer Widerspruch.

Es ist nichts Negatives, wenn Kinder die Dinge nachspielen, ganz im Gegenteil. Ihr Erwachsenen verarbeitet die Dinge eher nicht. Die *kreative Aggressivität* fehlt bei euch ja weitgehend, beispielsweise in Form von Kinderarbeit wie Tierehüten, Sammeln von Beeren oder Holz und so fort.

Wichtig ist, daß ihr die Erfahrungen, die im Fernsehen dargeboten werden, gewissermaßen in eure Welt einbauen könnt. Wenn ihr das nicht könnt, warum seht ihr es euch dann an oder laßt es eure Kinder ansehen? Wenn bestimmte Dinge im Film als heldenhaft oder witzig dargestellt werden, aber ganz anders bewertet werden, wenn das Kind sie dann nachspielt, ist das widersprüchlich.

Wie sollen sich Eltern verhalten, wenn ihr Kind ständig alles haben will: Süßigkeiten an der Ladenkasse, das Spielzeug, das der Freund hat, Dinge aus der Werbung ...?

Hier sehen die Eltern ihre eigene Einstellung dem Konsum gegenüber sehr stark gespiegelt, denn anstatt etwas Inneres gibt es etwas Äußeres. Wenn ihr verhindern wollt, daß das Kind viele äußere Dinge statt das Wesentliche bekommt, dann gebt ihnen etwas Inneres, was natürlich nicht heißt, daß ihr euren Kindern sämtliches Spielzeug streichen sollt.

Im Grunde ist Spielzeug etwas sehr Eigenartiges, denn Kinder wollen eigentlich mit den Dingen der Erwachsenen spielen, für sie ist ja die Welt ein Spiel. Sie wollen mit den Dingen umgehen, mit denen ihr umgeht, um sie zu erlernen. Spielzeug ist eben nur Spielzeug. Natürlich könnt ihr sie nicht an eure Autos lassen. Wenn der Wunsch der Kinder nach etwas Größerem besteht, könnt ihr ihnen beispielsweise die Wahl lassen, entweder dieses Spielzeug zu kaufen oder – wenn ihr das Gefühl habt, daß es diesen Gegenstand nicht braucht – einen Tag lang etwas mit ihnen zu unternehmen.

Außerdem seht ihr in der Konkurrenz der Kinder untereinander, was das Spielzeug betrifft, wieder eure eigene Konkurrenz gespiegelt. Manchmal kann es aber auch richtig und wichtig sein, daß das Kind das auch bekommt, was die

Freunde haben. Das kann man eben nicht generell sagen. Auch ihr habt ja viel, weil »man« es eben hat oder weil ihr damit irgend etwas Bestimmtes verbindet.

Zum »Kriegsspielzeug«: Kinder sind *kreativ aggressiv*, sie spielen beispielsweise Durchsetzungsvermögen. Nur ihr seht das als negativ, und dann wird es schwierig. Ihr haltet Kriege und Töten für negativ, trotzdem passiert so etwas ständig auf eurer Welt, und trotzdem geschieht es ständig in euren Filmen. Das ist höchst widersprüchlich. Wenn ihr eure Kinder Filme sehen laßt, in denen gekämpft wird, dann muß es möglich sein, daß sie das zu Hause nachspielen, sonst können sie es nicht einordnen und verarbeiten. Kriegsspielzeug ist also einerseits da, um den Kindern zu helfen, solche Dinge zu verarbeiten, auf der anderen Seite ist es hochenergetisch geladen eben wegen dieser Widersprüche. Sie spüren, daß es etwas ganz Besonderes ist, was man eigentlich nicht tun sollte, was aber trotzdem jeder tut oder zuläßt in irgendeiner Form und was angeblich Macht oder Stärke gibt und in den Filmen verherrlicht wird.

Weshalb schwärmen unsere Kinder ausgerechnet so für Dinosaurier?
Hier ist eine Welt, die ist noch völlig unberührt. Ihr habt über alle Dinge *beliefs*, also Glaubenssätze. Das ist aber eine Welt noch jenseits der alten Märchen, die nichts mit Kriegen zu tun hat, eine völlig phantastische Welt, und die hat hier auf der Erde stattgefunden. Was das Wesen dieser Urwelt betrifft, ist sie also noch nicht von euren Vorstellungen so besetzt, es gibt noch nicht solche Wertungen. Es gibt zwar Fleisch- und Pflanzenfresser, aber noch nicht dieses ausgeprägte Gut und Böse. Es gibt hier noch eine Freiheit von den Wertungen der Erwachsenen. Es ist nicht automatisch wie im Kasperletheater der eine der Böse, nämlich der Teufel, und der Kasperl der Gute.

Diese Welt ist also einfach noch unbelastet, und die Erwachsenen halten sich im großen und ganzen aus dieser Welt auch noch zurück.

Wie können Kinder in unserer nicht mehr intakten Um-
welt eine natürliche Beziehung zu Tieren und der Natur
entwickeln und Gottes Schöpfung achten lernen?
Hier geht ihr davon aus, daß die Umwelt, die euch umgibt,
nicht Teil der Natur ist. Ihr geht von einer nicht mehr intakten
Natur aus, ohne zu bemerken, daß auch ihr und all das, was
ihr hervorgebracht habt, Teil der Natur seid. Verstehst du?

Das heißt, schon die Abspaltung, die ihr trefft – hier bin
ich, der Mensch, und da draußen irgendwo ist Mutter Natur –
zeugt von eurer tiefen Unkenntnis.

Eure Kinder bekommen zur Natur, zur Erde, zum Materiellen dadurch einen Bezug, daß sie sehen, wie *ihr* damit umgeht,
wie ihr mit eurer Umwelt, mit eurer Wohnung, mit eurem
Auto, mit euren Topfpflanzen, mit den Fliegen am Fenster, mit
dem Spinnennetz, mit den Ameisen, die irgendwo auf dem Be-
ton herumkrabbeln, wie auch mit dem Computer umgeht, wie
ihr mit den Dingen, mit dem Leben, mit der Materie um euch
umgeht.

Wie geht ihr mit eurer Waschmaschine um, wie geht ihr mit
den Gänseblümchen um? Ihr macht da Unterschiede, verstehst
du?

Das intakte Gefühl zu Gottes Schöpfung, wie es hier genannt wurde, ist ein intaktes Gefühl zur Materie an sich. Das
bedeutet, Kinder sehen, wenn sie größer werden, vor allem an
ihren Eltern oder am Umfeld, was nun angeblich gut oder
schlecht ist. Auch diese Trennung zwischen Natur und
Mensch wird ihnen sehr früh beigebracht. Normalerweise
empfinden gerade kleine Kinder keine Trennung zwischen
Technik oder Natur. Sie spielen mit einem Eisenstift genauso
wie mit einem Grashalm und sie sehen darin genauso Leben.
Das habt ihr bereits verlernt. Auch das ist Natur.

Für Kinder ist also die Waschmaschine genauso eine Per-
sönlichkeit wie der Dackel, und damit sind sie näher an der
Wirklichkeit?
Im Grunde ja. Wie gesagt, indem *ihr* eine lebendige Einstellung zur Welt um euch herum entwickelt, egal ob es sich nun

um einen Dackel oder um eine Waschmaschine handelt, können eure Kinder einen Bezug entwickeln. Der sollte sich aber eben nicht auf das, was ihr unter »Natur« versteht beschränken, sondern einfach auch das Leben außerhalb, das materielle Leben, alles was ihr physisch eben vorfindet, einschließen. Alles ist Natur und Gottes Schöpfung.

Kapitel 4

Väter und Mütter

Du sagst in diesem Kapitel, daß Gedanke und Gefühl alles erschaffen. Wie kommt es aber zu solchen Situationen, wo Gefühle sozusagen durchgehen? Ein Beispiel: Im Spiel warf mir mein kleiner Sohn kürzlich ein Kissen aufs Gesicht. Obwohl keine reale Gefahr des Erstickens bestand, hat mich daraufhin eine unerklärliche Panik gepackt.

Ich möchte zuerst betonen: Es geht nicht darum, daß ihr irgendwelche Gefühle oder Ereignisse mittels eurer Gedanken oder Gefühle verändert, sondern es geht grundsätzlich zunächst einmal darum, daß ihr mittels Gedanken oder Gefühlen eure Realität erschafft.

Wenn in eurem Erleben irgend etwas auftritt, mit dem ihr unzufrieden seid, geht es eben *nicht* darum, daß ihr sofort versucht, mittels eurer Gedanken die Gefühle zu ändern, die *da* sind. Das wäre das falsche positive Denken oder Rationalisieren. Es geht darum, sie zu *akzeptieren*. Das ist ganz wichtig!

Intensive Gefühle werden von euch nur noch als Kind wahrgenommen. Als Erwachsene habt ihr höchstens noch solche Erlebnisse wie du, daß nämlich scheinbar unbegründete starke euphorische Gefühle oder Angstgefühle auftreten – Phobien beispielsweise. Diese sind jedoch nichts anderes als fast schon körperliche Manifestationen eines *beliefs*.

Ich möchte es dir an deinem Kissen-Beispiel erklären: Für dich besteht eine sehr, sehr große Angst, daß dir sozusagen die Freiheit zu denken, deine Freiheit überhaupt, die Luft weggenommen wird. Das bedeutet: Auf alles, was dich in irgendeiner Form zwingt oder einengt, reagierst du entweder mit plötzlicher starker Aggression oder – wenn du das Gefühl hast, du bist dem ausgeliefert oder hast kein Recht, gegen ein Kind nur wegen eines Kissens aggressiv zu werden – du reagierst mit Panik.

Es ist also die grundlegende Angst, daß dir ein anderer die Luft zum Atmen nehmen kann. Da du zu deinen Gefühlen relativ wenig Kontakt hast (zu deinem Eigentlichen; darüber haben wir schon oft gesprochen), machen sie sich höchstens in solchen Paniksituationen Luft. Es ist ein Glaubenssatz, der dein ganzes Leben bisher durchzieht. Gegenüber deinen Geschwistern und Eltern, auch gegenüber deinen Mitschülern hattest du das Gefühl, dich auf gar keinen Fall in irgendeine Enge oder Abhängigkeit treiben zu lassen.

Grundsätzlich alles, was ihr erlebt, resultiert aus euren Gedanken und Gefühlen.

Wie bekomme ich mehr Kontakt zu meinen Gefühlen?
Es geht darum, dieses Panikgefühl wirklich zu erleben, ohne es gleich wegzurationalisieren oder mit dem Kopf »darüberzustehen«. Es geht darum, daß du ein Gefühl der Einengung, das du hast, erlebst und akzeptierst. Danach kannst du vielleicht ganz bewußt die Situation wiederholen, indem du dir das Kissen abwechselnd selbst hinauflegst und wieder herunternimmst und sozusagen bittest, daß sich ein neues Gefühl einstellt. Aber – und das ist wichtig! – nicht um dem Angstgefühl zu entgehen, denn das sollte vorher erlebt worden sein.

Es ist ein Grundgefühl des Erstickens an irgend etwas, insbesondere durch irgendeine Beengung von außen, durch die Materie an sich.

Es hat auch sehr viel mit deiner Mutter zu tun und mit den Gefühlen, die von ihr sozusagen übernommen wurden. Schau dir das in Ruhe an. Es ist ein Glaubenssatz, den du noch nicht direkt angegangen hast.

Es hat auch damit zu tun, daß du dich als Hausfrau und durch deine Pflichten beengt fühlst. Es ist eben das Gefühl, durch die Schwere der Materie insgesamt und durch das, was man hervorbringt, wie Familie, Kinder, die Freiheit einzubüßen.

Du handelst im Alltag genauso wie mit dem Kissen: Auch hier könntest du das Kissen einfach wegnehmen. Du versuchst aber, es im Kopf wegzurationalisieren mit Überlegungen wie »es ist doch alles gar nicht so schlimm«. Du behältst sozusagen das Kissen auf dem Gesicht und schluckst deine Gefühle hinunter. Dadurch kommt es zu körperlichen Manifestationen, die du ja kennst, es kommt zur Blockade im Bauch, die eben die wirklichen Gefühle nicht hochkommen läßt, die so panikartig wären und genauso unbegründet wären wie das Aufbehalten des Kissens.

Schon als kleines Kind hat es für mich Situationen gegeben, die mich in scheinbar unbegründete Panik gestürzt haben. Das ließe sich anhand von Vorleben gut erklären, aber du sagst ja, in diesem Sinne gibt es keine Vorleben. Woher kommt es dann? Sind es von den Eltern übernommene Glaubensmuster?

Ja, es ist eine Mischung aus Verschiedenem.

Ihr müßt euch eure verschiedenen Leben innerhalb der Zeit wie eine Kette denken. Sie sind zwar gleichzeitig, aber wenn ihr in die Zeit eintaucht, ist es ein Nacheinander. Das ist ein Widerspruch in sich. Es ist ja auch nicht so, daß ihr aus einem Körper hinaus und danach in den anderen hineingeht, sondern es ist gleichzeitig.

Ihr habt natürlich zeitlich gesehen, um überhaupt eine Gegenwart zu bilden, die größte Affinität zu dem, was ihr *scheinbar* im letzten Leben erlebt habt. Das ist das Bindeglied. Das ist etwas anderes als die Ursache. Es liegt an eurem selbstgewählten Naturgesetz, daß innerhalb der Zeit die Dinge nacheinander erlebt werden.

Ihr wählt das Umfeld, die Eltern, sozusagen das Horoskop, die Bühne, auf der ihr euer Leben gestalten wollt. Ihr kommt ja nicht als leere Gefäße zur Welt. Ihr habt eine Art Kontext; so wie du dich sehr komisch fühlen würdest, wenn du heute früh nicht wüßtest, wie du gestern hierher gekommen bist.

Zum anderen ist die Verankerung des heranwachsenden Egos – nicht des Selbst – in einem Kontext, also einer Vergangenheit wichtig. Kinder haben ja ein ganz kleines Ego und ein großes Selbst, später wird das Ego immer größer und das Selbst wird zurückgedrängt, bis es eben wieder neu entdeckt wird.

C.s Angst vor Schießereien kommt also aus diesem Kontext-Vorleben?

Es kommt grundsätzlich von dem gewählten Rahmen, den man in diesem Leben haben will. Es ist also nicht so, daß ihr von dem vorangegangenen Leben in diesem Leben bestimmt werdet, sondern umgekehrt.

Wenn du also in diesem Leben mit den Gefühlen arbeiten willst und mit dem Widerspruch, den der Intellekt dazu bildet, insgesamt dargestellt in der Farbe Blau (was sowohl die Freiheit des Himmels bedeutet, als auch die unergründliche Tiefe des Wassers), dann stellst du das als Überschrift über dieses Leben. Und dann, nimmst du aus anderen Leben, die andere Überschriften tragen, die dafür passenden Bindeglieder, damit du einen Kontext schaffen kannst.

Beispiel: dein heutiges Hiersein. Du könntest als Kontext dazu wählen, daß ihr Übungen besprechen wollt, oder aber, daß die Kinder miteinander spielen möchten oder auch, daß du einfach Tapetenwechsel wolltest – wieder ein anderer Kontext. Und je nach Kontext würde sich das heutige Hiersein anders gestalten, und du hättest auch je nach Kontext eine andere Beziehung zu gestern und zu morgen. Der Kontext wird sozusagen in die Vergangenheit gelegt, trotzdem schafft ihr ihn jetzt, denn ihr könntet ihn auch vergessen und einen anderen schaffen.

Ohne Kontext wärt ihr innerhalb der Polarität haltlos. Ihr müßt nur verstehen, daß er ein Hilfsmittel ist. Euer Ego ist nicht schlecht, nur etwas starr: so als würdet ihr für alle eure Treffen immer denselben Kontext behalten.

Um welche Überschrift handelt es sich bei C.?
Um ein intensives Erleben oder Rückerinnern an das vorherige Leben, um das Übergreifende von Raum und Zeit, das Überleben, das bewußte Erleben dieser Einheit. Es haben sich da ja zwei Leben regelrecht überlappt. Es geht wirklich um das Erleben, daß es so ist. Wir haben es einmal genannt: »Die Einheit in die Welt bringen«.

Kapitel 5

Geld und Besitz

Im Moment haben wir relativ wenig Geld, aber auch wenig Ausgaben. Warum?
Ihr haltet eure Kreativität in jeder Hinsicht unter Druck. Ihr habt Angst vor eurer eigenen Kraft.

Ich möchte das am Beispiel des Atmens beschreiben. Es ist richtig, daß ihr wenig Einnahmen und auch wenig Ausgaben habt, denn wenn du wenig einatmest, kannst du auch nur wenig ausatmen.

Ihr habt euch für einen bestimmten Zeitraum entschieden, mit wenig Geld auszukommen. Euch geht es darum, daß ihr beweisen wollt, daß man aus bestimmten Situationen wieder herauskommt. Ihr erschafft euch in irgendeiner Form immer wieder eine in kollektiver Sichtweise negative Situation. Manche Heiler machen das genauso, indem sie krank werden, um sich dann selbst zu heilen, um das Heilen besser zu begreifen.

Ihr habt einen sehr hohen Anspruch an eure Lehrertätigkeit und glaubt, daß ihr das, was ihr nicht selbst erlebt habt, auch keinem anderen vermitteln könnt. Das ist ein Glaubenssatz, den ihr habt. Er bedingt aber eben, daß ihr das auch lebt, denn keiner wird zum Heiler, wenn er in seiner Krankheit stecken bleibt.

Den Entschluß dazu habt ihr damals bei den Gruppensitzungen gefaßt, als ihr die vielen Anfechtungen gespürt habt dadurch, daß euch die physische Erfahrung oft gefehlt hat, daß da Menschen waren mit Problemen, mit denen ihr nie konfrontiert worden seid.

Ihr hättet auch einen anderen Weg einschlagen können, aber ihr habt gesagt: »Wir gehen einen Weg, der möglichst viel erfahrbar macht, um ihn erstens zu erleben und um zweitens selbst auszuprobieren, wie man eine solche Situation heilt.« Denn ihr seid der Ansicht, daß niemand Meister sein kann, der keine Lehre hinter sich hat.

Wenn ihr viel Geld hättet, dann hättet ihr, um das zu tun, was ihr tun wollt, jetzt sehr hohe Schulden. Ihr wolltet es auf einer ganz einfachen physischen Ebene erleben, aber bitte nicht in Form einer Krankheit. Nun gut, ihr habt eine alte Wohnung, im Moment relativ geringes Einkommen, und ihr habt einen Haufen Fähigkeiten. Ihr habt nicht eine Reihe von Häusern, obwohl das, wie ihr wißt, eine Möglichkeit gewesen wäre. Dann würde man die Häuser sehen und ihr würdet mit den entsprechenden Schulden dastehen.

Wenn man viel einatmet, muß man auch viel ausatmen. Man setzt dabei aber auch mehr um. Für den Entschluß, etwas auszuprobieren, gibt es immer sehr viele Möglichkeiten.

Ihr glaubt auch, daß es notwendig sei, eine Reduktion zu erreichen, um aus dieser Reduktion zu lernen. So wie andere sagen, daß eine Krankheit der erste Schritt zu Heilung ist.

Zum Beispiel:

Du verspürst jetzt, nachdem du schon kreativer geworden bist, Rückenschmerzen. Dieses Symptom ist nicht unbedingt negativ zu werten, denn es ist wie bei vielen homöopathischen Arzneimitteln: die Sache, mit der man sich beschäftigt, wird spürbar. Vorher die Nackenschmerzen waren ein Ausdruck, daß dein Eigentliches nicht in den Kopf kommt und vom Kopf nicht in den Bauch. Das ist jetzt behoben, jetzt ist ein Fluß vorhanden – und trotzdem hast du noch das Gefühl, es nicht ausdrücken zu können.

Ihr wollt gewissermaßen das Axiom überprüfen, daß die vorhandene Energie unendlich ist. Wenn das stimmt, daß immer genug Energie da ist, dann muß sie auch in schwierigen Situationen da sein. Ihr probiert das auf sehr viele Weisen aus.

Ein Beispiel: Ihr macht Gruppentreffen in einem Tipi, anstatt wie ursprünglich geplant in einem eigens dafür gekauften und gebauten Haus. Ihr habt in eurer kleinen Wohnung mehr Gäste und Besucher als ihr jemals in eurem großen Bauernhaus hattet, das dafür extra angemietet war.

Die Unabhängigkeit vom Außen ist es, die ihr euch selbst und den anderen beweisen wollt; daß es keine Situation im Leben gibt, in der man sagen darf: »Aber ich habe doch nicht genug ...«

Wie ist es mit der Einteilung des Geld? Hast du einen Rat?
Auch hier kommt es wieder darauf an, wie kreativ ihr einteilt. Teilt ihr ein aus Pflichterfüllung, weil ihr meint dies und jenes haben zu müssen, oder kauft ihr das, was ihr wirklich haben wollt?

Wenn ihr einen Sack Weizen haben wollt, dauert es sehr lange, bis ihr ihn endlich kauft. Inzwischen kauft ihr aber eine Menge Wurst und Tiefkühlkost, die ihr eigentlich nicht haben wollt. Und genauso geht es euch mit eurer Energie überall.

Ich glaube, daß unser Geldmangel auch aus einer Angst davor rührt, daß wir mit viel Geld nichts mehr selbst machen würden.
Es ist richtig, daß ihr den hohen Anspruch habt, die Dinge selber zu machen und euch deshalb einschränkt. Das muß aber nicht immer so sein.

Es geht darum, daß ihr mit euch genauso verfahrt, wie ihr mit Kindern verfahren sollt: Übersieht das, was noch nicht ganz so ist, wie ihr es euch wünscht. Es ist nämlich ganz allgemein eine fürchterliche Eigenart eurer Kultur, daß wenn man sich zu etwas entschieden hat, wenn man sich etwas vorgenommen hat, daß dann irgendwelche Abweichungen so stark geahndet werden, daß sie immer größer werden. Die größten Verbrecher in eurer Gesellschaft sind eigentlich diejenigen, die die besten Menschen werden wollten. Kannst du mir folgen?

Gebt also einfach *dem* Kraft, das euch gefällt, und übergeht das andere.

Ihr wollt den anderen beibringen, daß sie sich nicht an ihren Einschränkungen festhalten sollen, sondern an dem, was selbst in dieser Einschränkung möglich ist, damit sie größer und weiter werden. Ihr seid unbegrenzt. Ihr werdet eure Energie anders einteilen, kreativer. Es geht nicht darum, mehr oder weniger auszugeben, sondern es anders einzuteilen.

Ihr seid unzufrieden, weil die Dinge, die ihr kauft, nicht die Erfüllung bringen, und so geht es ja allen anderen auch. Deshalb habt ihr euch gesagt, lieber kaufen wir wenig, damit wir nicht hinterher wieder vor einem Haufen Schrott stehen. Ihr habt ja schon sehr viel weggeworfen, weil ihr nicht zufrieden wart.

Wenn ihr einen Sack Tannenzapfen sammelt, weil es euch Spaß macht, bringt euch dieser Sack mehr Energie als ein Sack Kohle. Ihr verschleudert Energie, weil ihr sie für Dinge verwendet, die ihr eigentlich gar nicht haben wollt.

Wenn ihr irgendeinen Schritt macht in die Richtung, die ihr euch wünscht, dann gibt euch das sehr viel Kraft, ob ihr nun einen Sack Weizen kauft, Hollerbeeren sammelt oder was auch immer. Überlegt nicht erst lange, ob dieses Tun nun gut oder schlecht ist. Aus dem Tun heraus wachst ihr.

Zum Beispiel: Wir haben die Sitzung vorhin kurz unterbrochen, inzwischen hast du abgespült und den Herd geputzt, ohne es dir vorgenommen zu haben. Es kam einfach so. Es gibt aber noch weit mehr Dinge, die du einfach so machen möchtest und könntest. Du hattest keinen Anspruch auf Perfektion oder aufs Fertigwerden beim Abspülen. Wenn du aber beispielsweise ein Möbelstück baust, hast du diesen Anspruch. Das ist der ganz große Unterschied. Beim Abspülen oder Backen gibst du einfach dein Bestes und sagst nicht: Das muß aber noch besser werden.

Wenn ihr einkauft, dann kauft so gut wie nie unter irgendeinem seelischen Druck ein, also wenn ihr das Gefühl habt, unzufrieden zu sein oder etwas ersetzen zu müssen. Gebt lieber mehr Geld aus und kauft von einem Ding, das ihr wirklich haben wollt, mehr. Wenn ihr ein Shampoo gefunden habt, von dem ihr wirklich das Gefühl habt, daß es euch guttut, dann kauft drei Flaschen statt einer, so daß ihr das Gefühl habt, ihr habt für ein paar Wochen ausgesorgt.

Es geht nicht darum, daß ihr anfangen müßt, Dinge zu horten, sondern darum, daß ihr nicht permanent das Gefühl habt, daß dieses und jenes noch fehlen könnte – und die Liste dessen, was fehlt, ist unendlich. Es fängt an bei einem fehlenden Gewürz bis zu dem schönen Kleid, das fehlt. Das stimmt aber gar nicht, denn die schönen Kleider, die ihr habt, zieht ihr gar nicht an, und die Gewürze, die ihr habt, gebraucht ihr nicht. Also eher vermindern als vermehren.

Individualität in eurer Gesellschaft zeichnet sich im übrigen auch dadurch aus, daß jemand ganz exklusiv nur *eine* Marke eines Autos fährt, nur *eine* Zigarettenmarke raucht, nur *hier oder dort* einkauft, ... Das *kann* natürlich auch behindernd sein, wenn es zu starr gehandhabt wird.

Du sagst im Zusammenhang mit Geld, man kann nur soviel einatmen wie ausatmen. Wie ist das mit Sparkonten, die man aber doch braucht, um hin und wieder größere Anschaffungen zu machen. Oder ist das nur so ein Glaubenssatz?

Es kommt ganz auf die Intention an. Eine gewisse Bewegungsfreiheit ist natürlich von Vorteil. Du kannst das mit Nahrungsvorräten vergleichen, die du einfach für den Winter brauchst, weil dann nichts wächst.

Bei euch ist aber sehr häufig das Extrem anzutreffen, daß in keiner Weise mehr von Vorratshaltung die Rede sein kann, weil Sparen zum Selbstzweck wird. Wenn ihr Geld anlegt, damit ihr eine neue Waschmaschine kaufen könnt oder eine Reise machen könnt, dann ist das ganz in Ordnung. Es gibt euch das Gefühl, autark zu sein.

Übersteigert ist es jedoch, wenn beispielsweise irgend etwas angestrebt wird, das gar nicht den Bedürfnissen entspricht, oder wenn Geld angelegt oder gespart wird, ohne eine Bestimmung zu haben. Das ist so, als würdet ihr zehnmal soviel für den Winter einlagern, wie ihr überhaupt essen könnt, und jeden Herbst käme wieder etwas hinzu. Das Unterste wäre bereits verschimmelt und ihr würdet ständig das Älteste essen, weil es zuerst weg muß.

Geld verfault aber doch nicht.

Doch. Ihr wißt doch, daß ihr euch bei der Geldanlage sehr wohl verkalkulieren könnt und da kann das Geld durchaus »verderben«, nämlich verschwinden. Auch das Abnehmen der Kaufkraft des Geldes ist eine Form des »Verschimmelns«. Jemand, der viel Geld in irgendeiner Form angelegt hat, kann hinterher durchaus mit Schulden dastehen.

Es kommt also immer auf die Gesamtintention an, nicht auf den Betrag. Bei euch geschieht es oft aus einer unbestimmten Angst heraus oder als zwanghaftes Sparen. Ähnlich ist es mit den vielen Versicherungen, die ihr habt. Eigentlich sollte dies euch aber Freiheit geben.

Sparen wird also dann negativ, wenn es mehr Energien kostet, als es bringt, und wenn man das Geld nicht mehr locker in Anspruch nehmen kann, wenn man es wieder einsetzen will.

Ganz genau. Vor allem darf es im Moment nicht allzuviele Energien abziehen. Wenn ihr das Gefühl habt, ihr könnt dieses Polster überhaupt nicht angreifen, denn es muß erst noch größer werden, dann paßt auf! Zuerst habt ihr gedacht, fünftausend Mark reichen, dann wurden daraus zehntausend, schließlich fünfzigtausend, dann hunderttausend und so fort. Das kann ins Unendliche gehen.

Das Geld darf euch also nicht beherrschen.

Woher kommt dieses irrationale Gefühl, daß man erst sicher ist, wenn man eigenen Grund und Boden besitzt?
Es ist vielleicht gar nicht so sehr das Sicherheitsgefühl, sondern mehr das Gefühl, etwas ganz Eigenes – und das kommt bei euch ja oft im eigenen Haus zum Ausdruck – noch sehr viel stärker leben zu wollen.

»Ich möchte meinen eigenen Grund und Boden haben« heißt übersetzt: »Ich möchte meine eigene Lebensenergie und Lebenseinstellung ganz in die Welt bringen und nicht einen fremden Rahmen ausfüllen, indem ich meine Energie hineingebe.« Der Grund und Boden ist nur das äußere Symbol. Deshalb möchten so viele ein eigenes Haus haben und zäunen sich ein. Es ist sozusagen eine Entwicklungsstufe, solange ihr nicht sicher seid, gegen das Fremde ankommen zu können.

Welchen Wert wird Geld in den Wandlungen der kommenden Jahre haben?
In den kommenden Jahren – das ist ein etwas zu geringer Zeitraum. Aber insgesamt wird Geld einen anderen Stellenwert einnehmen als jetzt, beziehungsweise hat sich dieser Stellenwert ja bereits geändert.

Ihr nehmt mehr und mehr eure direkte Verknüpfung miteinander wahr, sei es über telefonische Leitungen, über Computerleitungen, sei es über sogenannte außersinnliche Verbindungen. Das wird immer mehr bewußt und zum Teil auch physisch nachvollziehbar, wie eben beispielsweise durch Computernetze und Telefonverbindungen überallhin in die Welt. Dadurch wird euch das Zusammenspiel von euch allen sehr viel deutlicher.

Genauso ist es mit dem Geld: Es wird immer deutlicher werden, daß Geld letztlich nur eine Art von Energiefluß ist, der zwischen euch genauso hin und herpendelt und in einem

Kreislauf ist wie beispielsweise elektrischer Strom, und daß jegliche Einseitigkeit für beide Seiten zum Kollaps führt. Geld wird also einen eher ideellen Wert erhalten und nicht mehr so sehr einen materiellen haben. Sicherheit wird sich also nicht mehr so sehr auf das Finanzielle aufbauen können, und es wird auch sehr viel mehr in Fluß bleiben. Euch wird sehr viel mehr bewußt werden, daß Geld eigentlich eine von euch geschaffene Fiktion ist, durchaus äußerst notwendig, aber eben eine Fiktion.

Ihr werdet sehen, daß ihr da ein Spiel spielt und werdet es ganz einfach bewußter tun. Geld wird nicht mehr diesen materiellen Wert besitzen. Das tut es jetzt schon nicht mehr. Viele von euch haben nur noch sehr selten Geld in der Hand. Es läuft alles über Plastik-Karten, über Überweisungen und Zahlen, es bleibt fiktiv. Und es wird fiktiver werden.

Ramtha sagt, man soll sich nicht auf Kreditkarten einlassen, bei dir hört es sich jetzt eher positiv an. Wie siehst du das?
Ich möchte das einmal wertfrei betrachten. Ich habe gesagt, wohin die Entwicklung führt. Ihr fragt mich nach positiv und negativ. Ihr wißt, daß ihr da keine Antwort von mir bekommt. Es wird eine andere Form sein, die es annimmt.

Wovon du sprichst und was Ramtha ausgedrückt hat: Es geht darum, daß sehr viele von euch den Wert, der mit Geld verbunden ist, gar nicht mehr wahrnehmen, gerade durch diese Art. Es ist beispielsweise etwas ganz anderes, wenn ich tausend Mark im Monat für mich zur Verfügung habe und das in Papier- oder Münzgeld, oder ob ich tausend Mark auf dem Konto habe und dazu Schecks und Kreditkarten. Dann fehlt der Bezug. Und in eurer Welt gibt es nun sehr viele Menschen, die sich scheinbar verschulden, weil sie *innerlich* das Gefühl haben, daß sie eigentlich nicht genug besitzen. Das ist so ein Teufelskreis und wäre ein eigenes Thema.

Ramtha spielt auch noch auf ein anderes Phänomen an, nämlich auf eure Angst, daß ihr untrennbar miteinander verknüpft werden könntet. Das bedeutet, daß ihr natürlich auch eine unglaubliche Angst vor den Phänomenen habt, die ich angesprochen habe: daß ihr wirklich miteinander permanent in Verbindung steht, daß ihr eigentlich nichts voreinander verheimlichen könnt. Es gibt ja auch nichts zu verheimlichen, das ist die Sache.

Ramtha spricht eben diese Angst sehr deutlich an, die dadurch entsteht, daß ihr nach und nach immer stärker erkennt, wie sehr ihr miteinander verknüpft seid. Natürlich kann jederzeit jeder sozusagen etwas über den anderen herausbekommen, eben auch auf ganz technischem Weg, beispielsweise über Kreditkarten. Ich denke jedoch nicht, daß das eine Form ist, vor der man Angst haben müßte. Ich weiß aber wohl, daß dem so ist, denn ihr alle habt das Gefühl, daß ihr sozusagen niemandem so weit trauen würdet, daß er euch wirklich ganz und gar durchleuchtet, jeden eurer Schritte. Ihr geht immer davon aus, daß da ein Mißbrauch geschehen könnte und zwar, weil ihr noch davon überzeugt seid, daß soundsoviele Anteile von euch schlecht sind, die dann den anderen ebenfalls zu Schlechtigkeit herausfordern könnten.

Zu den Tips, die Ramtha gegeben hat: Jemand, der sich danach richtet, wird über den Eigenwert des Geldes, wenn er sich also materiell mit dem Geld beschäftigt, einen ganz bestimmten Entwicklungsweg gehen – gerade in einer Welt, beispielsweise den USA, in der fast nichts mehr ohne diese Kreditkarten geht. Wenn jemand tatsächlich sein Geld dabei hat, ist das schon etwas ganz Besonders. Nur denke ich nicht, daß dies ein Schritt ist, der sozusagen auf Dauer als besser zu bezeichnen ist. Aber es ist ein Schritt zu mehr Bewußtsein. Man kann das auch nicht isoliert sehen, denn Ramtha hat ja eine ganze Reihe hervorragender Ratschläge zur Bewußtwerdung der eigenen Situation gegeben, und dies ist nur ein Teil davon.

Kapitel 6

KÖRPER UND NATÜRLICHKEIT

Du sagst in diesem Kapitel den Satz: »Altern ist ein Wachstumsprozeß«. Wenn ich aber die Leute in den Altersheimen oder meine Großmutter betrachte, sehe ich vor allem Verfall, die Alzheimer-Krankheit und ähnliches. Ich bringe das nicht mit Wachstum in Verbindung.

Gerade die Alzheimer-Krankheit ist hierfür ein gutes Beispiel: Ihr habt Schwierigkeiten, euer festes Ego überhaupt loszulassen. In anderen Kulturen, wo die alten Menschen hoch angesehen sind (oder waren), sind sie es ja gerade deshalb, weil sie »egolos« geworden sind, weil sie also bereits jenseits der scheinbaren Egobedürfnisse stehen und damit so etwas wie eine Funktion des Höheren Selbst übernommen haben.

In eurer Kultur ist es scheinbar so, daß nur die Egohaftigkeit und das materielle Erleben zählen. Man wird aber körperlich dann scheinbar gezwungen, aufzugeben, wenn man sieht, daß man im immer schneller bei euch voranschreitenden Arbeitsprozeß nicht mehr so mitkommt, bis man die Welt nicht mehr versteht. Aus diesem Grunde kommt es gerade bei solchen Menschen, die sehr stark und egohaft waren, oft sozusagen zum körperlichen Zwang, ihr Ego aufzulösen. Es ist so etwas wie eine Kompensation: Oft werden sie sozusagen das Gegenteil dessen, was sie bisher waren, denn es sind ja immer beide Pole im Leben vorhanden.

Meine Großmutter ißt jetzt beispielsweise kaum mehr, läuft im Unterrock auf die Straße, macht nicht mehr sauber ...

Sie weist euch damit erstens auf eure Glaubenssätze hin. Zum zweiten sind das ja alles Dinge, die gerade sie früher an sich oder an anderen fürchterlich angeprangert hätte. Genau deshalb erlebt sie es auch.

Es ist ihr sehr wohl bewußt, was sie tut, aber sie tut es nicht absichtlich. Auch die Menschen, die so verwirrt erscheinen, daß sie ihre Angehörigen nicht erkennen, haben ein Bewußtsein. Es ist jedoch so, daß keine Verständigung mehr möglich ist, weil ja auch die Angehörigen so auf das alte starke Ego fixiert sind und überhaupt nicht bereit sind, dieses Bild aufzugeben.

Diese Krankheit muß sich manifestieren, wenn kein anderes Ventil gefunden wird, sich auszudrücken. In anderen Kulturen tritt so etwas weit weniger häufig auf, weil es den gesellschaftlichen Rahmen gibt, daß alte Leute sehr wohl eine große Macht verkörpern, auf der anderen Seite aber völlig egolos werden, weil sie Tod und Umwandlung sehr nahe stehen. Bei euch wird dagegen der Tod weggeschoben. Alles, was gilt, ist Jugend, Kultur und so weiter. Ihr achtet auf das Äußere, sei es der Schulabschluß, wieviel man auf dem Konto hat, wer in welcher gesellschaftlichen Stellung ist, auf den Jahresumsatz ...

Andere Kulturen richten sich nach ihren Heilern und Schamanen, nach den Sternen oder eben nach den Alten, die das Leben schon gelebt haben, alles losgelassen haben und aus dieser distanzierten Warte urteilen – und ihnen geben sie die Macht über ihr Leben.

Das sind beides Polaritäten. Es ist nicht so, daß das eine richtiger wäre als das andere. Es sind einfach verschiedene Arten. Das, was ihr erreichen wollt, ist eine Mischung dieser beiden Zustände.

Wie ist das mit dem körperlichen Verfall?
Eigentlich muß der körperliche Verfall nicht sein. Es ist so: nachdem ihr immer mehr in euren *beliefs* erstarrt und je länger er scheinbar andauert, desto schwieriger wird es für euch, irgendeinen Glaubenssatz zu verändern, obwohl das unsinnig ist. Das liegt aber an dieser Zeit, die ihr gewählt habt.

Ihr müßt imstande sein, sowohl euer gesamtes Inneres, also die Gedanken und Gefühle, zu regenerieren, als auch – was dann automatisch folgt – euren Körper vollständig zu regenerieren. Ihr tut das normalerweise sowieso, aber sozusagen immer schlechter. Ihr seht an euren Kindern, wie schnell sie sich verändern. Hier ist es ein permanenter Wachstumsprozeß. Sie verändern sich in ihren Gewohnheiten, ihrem Aussehen, ihrer Größe ... Ihr verändert euch natürlich nicht mehr in der Größe, aber ihr habt vielleicht schon erlebt, daß sich Erwachsene völlig im Charakter ändern, daß sie sich plötzlich anders anziehen. Körperlich zu sterben und körperlich wiederaufzuerstehen, wie ihr es in den schamanischen Büchern gelesen habt, ist das Extrem. Im Moment ist es so, daß ihr diese etwas dramatische Form des körperlichen Sterbens sozusagen noch braucht – das heißt jetzt nicht speziell du oder speziell ihr. Aber überlegt euch einmal, wenn es heute ein Serum geben würde, das euch ewiges Leben garantieren würde, das wäre doch eine sehr beängstigende Vorstellung. Ihr hättet Angst, irgendwann vor Langeweile zu »sterben«, zu erstarren und dann lebendig tot zu sein. Deswegen gibt es diesen Prozeß noch, es ist aber nicht so, daß er notwendig ist.

Es ist eine etwas komplizierte Art, den ganzen Körper abzulegen und den ganzen Körper innerhalb der Zeit wiederaufzubauen. Es geht sozusagen auch von heute auf morgen. Dann müßt ihr aber euer gesamtes altes Wissen vergessen, bis auf ein paar Bindeglieder, die ihr braucht, damit ihr wißt, weshalb ihr euch neu zsuammengesetzt habt. Ein gutes Beispiel ist wieder der Schamane, der ganz genau weiß, wie sein voriges Leben verlaufen ist, aber trotzdem alles vergessen muß, alle Ängste, den Tod und so weiter. Trotzdem braucht er das Bindeglied seiner schamanistischen Ausbildung.

In unserer Kultur gilt es eher als negativ, wenn sich jemand zu stark verändert. Es heißt dann, er habe keine Persönlichkeit und keinen festen Standpunkt, oder er gilt als unzuverlässig und suspekt.
Ja, weil ihr eben so stark auf euer Ego fixiert seid und so tut, als würde es den Tod nicht geben. Und genau deswegen

braucht es ihn. Ihr tut so, als wäre es erstrebenswert, in der Materie zu erstarren.

Wie würde denn ein idealer Alterugnsprozeß aussehen?
Ein idealer Alterungsprozeß hat nichts mit den physischen Jahren zu tun, das bedeutet, er kann im Erwachsenenleben zu jedem Zeitpunkt einsetzen. Ihr geht ihn ein, wenn ihr beispielsweise eure alten *beliefs* behandelt und sie losläßt. Wenn ihr in irgendeiner Form einen Teil von euch erneuern wollt, dann ist es eben wichtig, das Alte loszulassen, auszuscheiden, sich nicht wieder an das Alte zu hängen (denn dann kommen Krankheiten, Falten und ähnliches, dann wird es immer schlimmer) und das Neue entstehen zu lassen.

Das Neue ist aber anfangs eben noch sehr klein, wie ein Keimling im Mutterleib, und wird erst nach einiger Zeit ins Leben treten. Trotzdem müßt ihr eure ganze Energie in dieses Neue geben und das Alte liebevoll verabschieden.

Es ist sehr wichtig, ein Leben oder einen Glaubenssatz nicht mit der Einstellung zu verlassen: »Es war alles verkehrt, es muß weg«, denn wer möchte schon so sterben! Jeder möchte glücklich und zufrieden sterben und so sollt ihr auch mit euren *beliefs* umgehen: »Es hat so und solange funktioniert und war in Ordnung, aber jetzt ist es verbraucht und langweilig geworden, jetzt kommt etwas Neues.« Das wäre die richtige Grundeinstellung, die die ihr euch auch für euren physischen Tod wünscht.

Ihr habt etwas gelernt aus euren Glaubenssätzen. Der Kampf gegen sie funktioniert nicht, denn sie kommen nur wieder. Das ist so wie beim Selbstmord, er ist zwar eine Möglichkeit, die aber deshalb in so vielen Kulturen verworfen wird, weil es dann nur um so schlimmer kommt. Das, wogegen du ankämpfst, weil du sagst, du hältst es nicht aus, das kommt garantiert wieder.

Wie kann ich mit Menschen, die Alzheimer haben, am besten umgehen?

Das wichtigste ist auch hier die Akzeptanz. Was ihr nicht akzeptieren wollt, ist, daß sich ein Mensch so verändert. Dadurch fühlt ihr euch angegriffen. Ihr seid empört, wenn er allgemeine Regeln verletzt.

Das eine ist das eigene Verständnis: Sieh nach, wo du deine eigenen Regeln nicht mehr einhältst. Dein Panikgefühl beispielsweise ist ja durchaus vergleichbar, auch wenn es ganz anders aussieht, aber es ist genauso unlogisch, wie im Unterrock auf die Straße zu laufen.

Wichtig ist, daß ihr nicht versucht, die alte Kontinuität wiederherzustellen, sondern daß ihr den Menschen, so wie er jetzt ist, akzeptiert.

Ich habe schon einmal gesagt, wenn ihr beispielsweise versucht, mit Verstorbenen Kontakt aufzunehmen: Dieses Ego, das ihr kennt, existiert nicht mehr, deswegen gibt es so viele beeinflußte oder fehlerhafte Durchsagen, weil davon ausgegangen wird, »derjenige war so und so«. Aber gerade das hat sich ja verändert.

Wichtig ist die Akzeptanz des jetzigen Zustandes.

Ich habe oft das Gefühl, meine Großmutter will uns schikanieren.

Daß sie euch schikanieren will ist *deine Ansicht*, du läßt dich schikanieren. So wie sie es erlebt, seid ihr völlig unverständig ihr gegenüber. Ihr seid eben in zwei verschiedenen Welten.

Sie will euch nicht ärgern, sie versteht aber sich selbst nicht mehr und ihr altes *Belief-System*. Sie ist sich schon bewußt, was für verrückte Dinge sie tut, sie kann es aber nicht mehr richtig einordnen, und es geschieht nicht mit Absicht. Sie »schikaniert« sich höchstens selbst, um sich zu verwandeln und das Fehlende, das was immer vermieden wurde, ins Leben hineinzunehmen.

Sie war ja eine äußerst gerechtigkeitsliebende Frau, andere zu schikanieren hätte sie völlig von sich gewiesen. Ebenso war sie der Meinung, sie müßte mit allem allein fertig werden und hätte nie andere gebeten, für sie zu sorgen, ganz im Gegenteil. Und jetzt ist es genau umgekehrt, und sie steht fast genauso fassungslos davor wie ihr.

Deshalb gibt es auch diesen Schleier, der ihr nicht alles in dieser Form zu Bewußtsein kommen läßt wie euch, denn das würde sie gar nicht verkraften. Sie erlebt es zwar, aber nicht in dieser bewußt-intellektuellen Form, sie reflektiert nicht intellektuell darüber, sondern eher emotional und in Bildern. Es ist ja auch der verdrängte emotionale Anteil.

Es gibt viele widersprüchliche Theorien über die ideale Ernährung. Gibt es sie überhaupt?

Das kommt natürlich darauf an, wofür ideal. Wenn ihr von idealer Ernährung sprecht, dann habt ihr einiges im Hinterkopf, ihr denkt etwa an Gesundheit, an Leistungssteigerung, an Sport, das ist ganz verschieden. Einige denken ökologisch.

Ideal ist eigentlich etwas, was man analog der Situation seiner inneren Stimme gehorchend tut. Ich habe euch oft gesagt, ihr nehmt mit der Nahrung, wie mit der Luft auch, Information auf, materielle Information, Körperinformation. Je nachdem welche Information ihr braucht, sucht ihr euch automatisch die richtige Nahrung aus, wenn es unbewußt passiert.

Irgendwelche Ernährungskonzepte, die auf Gesundheit oder eine bestimmte Diät hinzielen, sind ähnlich wie positives Denken: Es gibt dann so etwas wie gute oder schlechte Ernährung. Das ist aber nicht richtig, genausowenig, wie man sagen kann, daß es gute und schlechte Erfahrungen gibt.

Selbstverständlich ist eine möglichst natürliche und reine Nahrung ideal, so wie reine Luft ideal ist, reines Wasser ideal ist oder ein harmonischer Schwingungszustand in eurer Familie. Aber ihr wißt ja selber, daß dieses Ideal nicht immer gewünscht wird, aus ganz bestimmten Gründen. Beim positiven Denken geht ihr davon aus, daß es negative Gedanken gibt, die ihr zudeckt, die ihr vermeiden müßt und die dadurch in den meisten Fällen irgendwann wie eine Welle auf euch herabschwappen, weil die Gedanken, vor denen ihr Angst habt, die ihr vermeidet, dadurch sehr stark werden.

Alles hat eine Wirkung auf euch, ihr steht mit allem in Beziehung. So wie ihr mit diesen Blumen hier auf dem Tisch in Beziehung steht, steht ihr natürlich auch mit den Keksen hier in Beziehung. Ich habe euch gesagt, daß es nichts gibt, was keine Bewußtheit hätte, was nicht Lebendigkeit besitzen würde. Die Kekse bestehen aus Information und ihr nehmt sie auf. Es ist eine andere Information, die in diesem Blütenblatt hier enthalten ist. Welche hättest du gerne? In diesen Vollkornkeksen hier ist mehr Schwere, etwas mehr Winterlichkeit und sehr viel Erde enthalten. In dieser Blume ist mehr vom Frühling, von Farbe, von wiedererwachendem Leben enthalten. Aber keines von beiden ist schlecht, versteht ihr? Man kann also nicht sagen, daß Kekse, Fleisch oder etwas anderes schädlich wären, es kommt immer darauf an, was man damit bewirken möchte.

Schwierig ist es, wie ihr mit allen Dingen umgeht, schwierig ist eure Unbewußtheit, daß es euch also nicht klar ist, daß diese Dinge Information besitzen und welche Information sie besitzen. Ihr alle wünscht euch, daß Tiere und Pflanzen natürlich leben können und nicht in diesen großen Fabriken, in Massentierhaltung und Gewächshäusern. Trotzdem nehmt ihr genau diese Information ständig auf: Eier aus der Legebatterie zum Beispiel. Und diese Information des Eingesperrtseins und des Nichtherauskönnens aus einem System bezieht ihr tagtäglich aus eurer Nahrung.

Diese körperliche Information verstärkt dann bei euch das Gefühl, eingesperrt zu sein.

Noch wichtiger als das, was ihr eßt, ist *wie* ihr eßt, wie ihr es zubereitet, wie ihr damit in Beziehung tretet. Ihr könnt die »gesündeste Rohkost« essen und sie kann euch krank machen. Es hat keinen Sinn, die Nahrung überzubewerten. Die Liebe zum Essen, das bewußte Annehmen ist wichtiger als das, *was* ihr eßt.

Es ist schädlich, beispielsweise euren Kindern etwas aufzuzwingen, das als gesund gilt. Ihr könnt euren Kindern diese Dinge höchstens anbieten. Ihr müßt euren Kindern das Vertrauen entgegenbringen, daß sie für sich selber herausfinden, was für sie gut ist. Das ist etwas ganz anderes, als wenn ihr ihnen sagt, daß dies und jenes gesund sei. Sie müssen in einer Welt klarkommen, in der *ihr* ja nicht einmal klarkommt, was das Überangebot betrifft, das euch zur Auswahl steht. Ich habe euch schon oft gesagt, daß eure Kinder im Grunde sehr viel wissen und sehr wohl auswählen können und nur durch eure Vorstellungen oft in relativ absurde Situationen getrieben werden. Normalerweise schadet sich kein Kind selbst. Vertrauen in euer Kind zu setzen ist etwas ganz anderes, als zu sagen »Jetzt iß deinen Salat, iß nicht nur Pommes«. Vertrauen in ein Kind setzen bedeutet, eine innere Einstellung, die das Kind spürt, zu fördern. Wenn es spürt, es ist frei wirklich zu entscheiden, was es möchte, und es darf auf sich hören, weil ihr das auch tut, dann entscheidet es sich auch richtig – und ich möchte dann das Kind sehen, das sich nur von Schokolade und Pommes ernährt. Das ist nur so etwas wie eine Oppositionshaltung, die ihr ja auch einnehmt. Ihr glaubt auch von euren Überzeugungen her zu wissen, daß Alkohol und Zigaretten oder Übermengen an Süßigkeiten schädlich sind. Ihr habt fast alle das Gefühl, daß ihr zu fett eßt, ihr habt fast alle das Gefühl, daß ihr zuviel eßt. Ihr seid schlimmer als eure Kinder, ihr sagt euch aber ständig: Es wird schon nichts ausmachen, mal schauen, was passiert. Ständig habt ihr aber die Überzeugung im Hintergrund: Ich sollte eigentlich Salat essen, ich sollte eigentlich weniger Kaffee trinken und so fort. Beobachtet euch einmal!

Es ist etwas ganz anderes, auf euch selbst innen zu horchen und frei zu entscheiden, als zu sagen, das ist gut und das ist schlecht, je nach euren *beliefs*.

Ihr habt beispielsweise Blumen gerne. Sie freuen euch und haben bestimmt keinerlei negative Auswirkungen. Es besteht auch kein Zwang, sie hier stehen zu haben. Ihr verhaltet euch aber dem Essen gegenüber, Bewegung gegenüber, vielen anderen Dingen gegenüber so, als bestünde ein Zwang, anstatt euch einfach so darüber zu freuen wie über einen Blumenstrauß.

Ihr seid alle mehr oder weniger Positivdenker, das heißt, ihr habt vor bestimmten Dingen Angst. Anstatt diese Gefühle anzusehen und anzunehmen, versucht ihr mit allen Mitteln, diese Gefühle zu unterdrücken.

Ihr raucht, trinkt Alkohol, eßt Schweinebraten oder macht andere Dinge, die ihr für schädlich haltet und sagt: »Und trotzdem geht es mir gut.« Es ist wie ein permanenter Feuerlauf, eine Art Mutprobe, gegen diese ganzen einschränkenden *beliefs* vorzugehen. Aber wie beim Feuerlauf verbrennt ihr euch manchmal die Füße, wenn es zu lange dauert.

Nicht die Zigaretten oder der Schweinebraten sind schädlich, sondern was ihr damit macht, daß ihr etwas zu einem falschen Zeitpunkt tut. Wenn ihr die Blumen in den Gefrierschrank stellt, ist das einfach schädlich für sie, aber ihr fragt nicht: »Sind nun die Blumen schlecht oder der Gefrierschrank?« Die Kombination paßt nicht.

Es gibt nichts, was an sich schlecht ist, es ist nur die Kombination. Und trotzdem kann es immer noch ein hübsches Experiment sein, Blumen in den Gefrierschrank zu legen.

Wenn ich nun eine Diät mache, ist sie also gut, solange ich gefühlsmäßig voll dahinterstehe und sie mir Spaß macht. Wenn ich mich aber dazu zwinge, wird sie negativ?

Sich zu etwas zu zwingen, um einen Erfolg damit zu haben, ist das Gefährlichste, was ihr tun könnt. Ihr könnt es höchstens als Experiment sehen. Aber wenn ihr euch beispielsweise aus Angst vor Krankheit so ernährt oder weil ihr meint, ihr seid geistig weiter, wenn ihr euch so ernährt, dann wird es schwierig. Das ist genauso mit einer Übung oder einer Meditation: Wenn ihr meint, ihr müßt es aus einem bestimmten Grund tun, dann hat es nicht den Erfolg, den es haben könnte. Am wirkungsvollsten ist immer das, was Spaß macht! Ihr wißt nur oft gar nicht mehr, *was* euch Spaß macht. Bei den Blumen wißt ihr es noch, beim Essen schon nicht mehr, denn da seid ihr voller Überzeugungen. Wenn ihr euch nicht dauernd von äußeren Einflüssen ablenken laßt, dann spürt ihr es aber wieder. Ihr könnt euch wieder dafür bewußt machen, daß Tomaten normalerweise voller Sonne sind, wenn sie nicht zu künstlich gezogen werden, daß Karotten erdig sind und so fort. Ihr seid nur zu faul dazu.

Ihr wißt nicht mehr, was ihr eßt. Fragt euch: »Wo kommt das Brot her? Wie wurde es gemacht, und wer hat es gemacht? Mit welcher Einstellung wurde es gemacht? Will ich das essen?« Das könnt ihr sehr gut nachvollziehen, wenn ihr es in die Hand nehmt. Ihr seid nur desensibilisiert. Macht euch frei und experimentiert mehr, seht hin und fühlt hin. Fragt euch, wo die Tiefkühlente herkommt, ob sie ein freundliches Tier ist oder eines, das ihr lieber nicht essen wollt. Aber so wählt ihr nicht aus. Ihr wählt nach dem Preis aus und nach dem Verfallsdatum. Bei Blumen seid ihr noch viel instinktiver. Stellt euch vor, es gäbe Blumen, die man als Pulver aus der Tüte schütten könnte! Aber so ernährt ihr euch oft.

Natürlich ist es eine Information, die die Menschheit im Moment braucht, das muß man dazusagen – denn im Moment experimentiert ihr kollektiv damit, alles Lebendige physisch zu beherrschen durch Technik, durch Medizin, durch Züchtung und so weiter. Ihr beherrscht die Gemüse in euren Zuchtkulturen, die Eier in euren Legebatterien, die Milch- und Fleischproduktion, eure Straßen draußen, euren Tagesablauf, die Jahreszeiten (denn ihr habt eure Heizungen). Ihr seht eure Abhängigkeit nicht mehr, aber ihr seid gefesselt. Es gab nie mehr unglückliche Menschen als im Moment in der Wohlstandsgesellschaft. Es gab nie so viele Menschen, die unzufrieden sind, die suchen, obwohl rein äußerlich alles vorhanden ist.

Natürlich, für ein Huhn in der Legebatterie ist äußerlich auch alles vorhanden, kein Habicht holt seine Jungen. Die Hühner haben auch nicht mehr die mühselige Aufgabe sich wochenlang brütend auf Eier zu setzen, denn das erledigt ein Brutkasten für sie. Auch eure Tomaten in den Gewächshäusern bekommen alle Nährstoffe bestens dosiert, sie werden bewacht, keine Raupe kann ihnen etwas anhaben. Ihr seid genauso, und deshalb nehmt ihr diese Information auf. Es ist also nicht so, daß die Ernährung euch erschafft, vielmehr zieht ihr mit eurer inneren Einstellung diese Art der Ernährung an.

Es geht um die Kontaktaufnahme mit den Nahrungsmitteln. Ihr sollt wieder lernen zu spüren, was sie für euch bedeuten. Zucker kann einmal sehr brauchbar sein und am nächsten Tag wieder nicht. Man kann nicht einfach sagen »Zucker ist schädlich«. Das wichtige ist, daß ihr euch bewußt macht, warum ihr etwas eßt, statt irgendwelchen Ideologien zu glauben, die sagen, was gut oder schlecht ist, oder irgendwelchen Gurus ... Ihr müßt für euch *selbst* herausfinden, was ihr haben wollt.

Es geht darum, daß ihr eure Routine ablegt, daß ihr experimentiert. Ihr könnt das beim Essen heute ausprobieren. Nehmt das, worauf ihr Lust habt, und versucht euch gegenseitig zu erzählen, welche Information ihr da aufnehmt, warum ihr das so gerne eßt, vom Gefühl her und von den Bildern, die euch dazu kommen. Die Nahrung eignet sich deshalb so gut zur Bewußtwerdung, weil sie alltäglich ist und weil ihr die Freiheit habt zu wählen.

Wenn in armen Ländern oft nur wenige Grundnahrungsmittel vorhanden sind, heißt das, daß auch nur wenige *beliefs* vorhanden sind. Es gibt gar keine andere Information. Ihr habt die wunderbare Freiheit, die es heute so schwer und so herrlich macht in eurer Welt, unendlich viele *beliefs* und Möglichkeiten zu haben.

Glaubt man Berichten, dann sind so gut wie alle unsere Lebensmittel mehr oder weniger mit gefährlicher Chemie oder Strahlung belastet. Womit haben wir das »verdient«, wie gefährlich ist es wirklich, und was können wir tun?

Nun, es ist nicht gefährlich für eure Gesundheit in diesem Sinne. Ihr könnt damit sehr gut umgehen, genau wie mit Strahlung, das habe ich euch schon oft gesagt. Hier ist es die *innere Einstellung*, die wichtig ist. So wie nicht das Rauchen oder der Alkohol an sich gefährlich ist, sondern wie ihr damit umgeht.

Weshalb werden eure Nahrungsmittel mit Chemie behandelt? Aus Angst, daß sie krank werden könnten! Weshalb werden sie bestrahlt? Aus Angst, daß sie alt werden könnten! *Diese* Information ist so gefährlich, versteht ihr?

Ihr wollt alles nach außen hin schön haben, ihr seid nur Positivdenker. Ihr könnt keinen verschrumpelten Apfel sehen oder einen Wurm im Apfel, keinen Salat mit braunen Blättern und kein Suppenhuhn, das tatsächlich ein Suppenhuhn ist, weil es nämlich fünf Jahre lang gelebt hat und nur mehr ausgekocht werden kann. Das ist für eure Verhältnisse unmöglich. Ihr wollt das Negative ausklammern und das ist das Unnatürliche. Die Chemie, die Strahlung dient nur dazu, das Positive, immer nur das Positive aufrechtzuerhalten: Schönheit, Wohlstand, keine Fäulnis, kein Verfall, weil kein Vertrauen da ist in den Kreislauf von Werden und Vergehen.

Es ist zu einfach zu sagen: »Die Chemie ist schädlich«. Ihr müßt euch immer fragen, warum ihr das, was geschehen würde, wenn es keine Chemie gäbe, nicht akzeptieren wollt. Mit dem bestrahlten Nahrungsmittel nehmt ihr auch die Angst vor dem Altern, vor der Krankheit in irgendeiner Form zu euch.

Warum lehnen viele religiöse und esoterische Richtungen Fleisch als Nahrung ab?
Fleisch ist sehr stark erdend, es verbindet mit der Materie. Wenn ihr Meditationen macht oder religiös werden wollt, dann wollt ihr ja gerade von dieser Erdenschwere wegkommen. Das ist der einfachste Grund.

In Tieren, die getötet werden müssen, stehen außerdem bestimmte Informationen zur Verfügung, nämlich die Angst vor dem Tod, die ihr mit jedem Stück Fleisch miteßt. Wenn du einem Hasen den Kopf abschlägst, hast du viel mehr das Gefühl brutal zu sein, als wenn du eine Kartoffel aus der Erde ziehst.

Ein Tier zu essen erfordert eigentlich gewissermaßen ein Ritual. Ihr nehmt die Qualität des Tieres auf. Ihr lacht heute über jemanden, der Tigerblut trinkt, um die Feuerenergie, die Kraft des Tigers in sich aufzunehmen. Was eßt *ihr*, noch dazu unbewußt? Ihr nehmt schreckliche Informationen mit dem Fleisch in euch auf, wenn ihr an die Art denkt, wie eure Tire »produziert« und getötet werden! Ihr seid entsetzt, wenn ihr von Menschenfressern hört. Warum? Stellt euch vor, was an euch alles eßbar ist!

All dies sind Gründe für den Verzicht auf Fleischgenuß.

Außerdem verdirbt Fleisch sehr schnell, was natürlich viele Religionsführer in heißen Ländern aus hygienischen Gründen darauf verzichten ließ.

Kapitel 7

SEX

Es ist etwas schwierig, sich vorzustellen, daß man beim Sex etwas anderes erschaffen könnte als Kinder!
Ihr seid euch ja noch nicht einmal bewußt darüber, daß ihr Kinder *erschafft*, ihr meint, sie *passieren* euch! Ihr meint, ihr agiert einen körperlichen Trieb aus und daraus entstehen nun einmal »dummerweise« Kinder – weil die Natur es so eingerichtet hat, damit ihr nicht aussterbt. Eine kleine Minderheit versucht verzweifelt, Kinder zu erschaffen, aber auch sie sind sich nicht darüber bewußt, daß sie sie wirklich erschaffen, sondern sie meinen, es stimmt etwas nicht mit ihren körperlichen Funktionen. Ich wiederhole noch einmal: Ihr *erschafft* die Kinder, einen vollkommenen Körper, einen ganzen Mikrokosmos!

Und wenn ihr euch erst einmal darüber im klaren seid, daß ihr einen ganzen Menschen erschafft mit Hunderttausenden von höchst komplizierten Funktionen, was ist dagegen ein Frühstück oder sonst etwas von den Dingen, die ich euch als Beispiel genannt habe? Ich rate euch, es einfach auszuprobieren.

Vor allem erschafft ihr das, was ihr *emotional* erschafft. Das nimmt dann irgendeine Form an.

Ein hartes oder aggressives Sexualerleben wird euch eventuell ein paar Streitpunkte am nächsten Tag besser bewältigen lassen, aber diese werden dadurch auch mit erschaffen. Ein äußerst romantisches, zärtliches Erleben kann gewissermaßen auch einen Nachklang in Form eines schönen Musikstückes finden oder in Form eines schönen Buches, das ihr am nächsten Tag »zufällig« findet.

Das sind ganz kleine Beispiele, aber insgesamt stimmt ihr eure *Gefühlslage*, die ja letztendlich die *Erschafferin* des Physisch-Materiellen ist, sehr stark über die sexuelle Komponente ein.

Ein »erfülltes« Sexualleben ist, wie wenn man auf einem gut gestimmten Instrument spielt. Mit »erfüllt« meine ich jetzt keinen vorgeschriebenen Orgasmus, sondern daß man diesen Gleichklang erlebt. *Was* zu einem bestimmten Zeitpunkt für einen bestimmten Menschen ausgewogen ist, das ist sehr verschieden. Es geht darum, ob sich der innere Wunsch im anderen auch spiegeln kann.

Wenn beispielsweise eine romantische Frau, die von einem Märchenprinzen träumt, vergewaltigt wird, dann ist das für beide Seiten unerfüllt. Der Vergewaltiger sehnt sich nach der Romantik, die er glaubt, nur mit Gewalt erhalten zu können, und die Frau verdrängt die aggressive Seite, die zu ihr gehört. Daraus ergibt sich natürlich für beide Seiten etwas Unerfülltes, Schmerz.

Wenn ihr also irgendeine Seite an euch unterdrückt – die lustige, die verrückte, die traurige, was auch immer –, dann fehlt die Harmonie, und das Ergebnis ist ebensowenig harmonisch.

Auf dieser Ebene könnt ihr am nachhaltigsten euer Gefühl beeinflussen, weil es die körperlichste ist, das wißt ihr. Am einfachsten seht ihr das ja bei euren Kindern, vor allem, wenn sie noch kleiner sind. Sie lassen sich am allerbesten durch Körperkontakt beruhigen, das heißt, durch Körperkontakt läßt sich das Gleichgewicht ihres Gefühlslebens am besten wieder herstellen. Ihr Erwachsene dagegen versucht das sehr oft durch andere Dinge.

Wie ist das, wenn jemand überhaupt keinen Partner und keinen Körperkontakt hat und das vielleicht noch bewußt, wie beispielsweise Mönche? Oder wie ist das in bestimmten Kulturen, in denen mit der Transformation des Sexuellen gearbeitet wird?

Ich habe ja versucht, das Wort »Transformation« dadurch zu ersetzen, indem ich euch gesagt habe, daß ihr eure Sexualität von unterhalb der Gürtellinie etwas auflockern solltet. Sexualität kann sehr wohl transformiert werden. Sie spielt sich *nicht nur* in eurem Genitalbereich und auch *nicht nur* in eurem körperlichen Bereich ab, ganz und gar nicht! Das ist der Grundgedanke, aber es ist gewissermaßen eine Fehlleitung, daß der körperliche Kontakt zu unterbinden sei – und es gibt eigentlich auch keine wirklichen Weisheitsbücher, die dies lehren, sondern nur *beliefs*, die daraus entstanden sind. Nur ist er vielleicht nicht mehr in dieser Form oder nicht mehr so oft notwendig, sondern es genügt bereits ein Blick, eine Blume, ein Sonnenaufgang, um ein solches Gefühl zu bekommen, das ihr jetzt nur vom sexuellen Kontakt her kennt. Das ist *die* Form, zu der das ganze Leben eigentlich werden sollte, aber das hat nichts mit Verdammung der körperlichen Sexualität zu tun, sondern nur damit, daß jemand der satt ist, sie nicht mehr braucht.

Wenn sich jemand für einen gewissen Zeitraum der Sexualität enthält, kann das äußerst nützlich sein, um seinen eigenen Körper kennenzulernen. Er enthält sich ja lediglich eines Partners, nicht seiner eigenen Sexualität, denn das ist gar nicht möglich.

Ich kann nichts transformieren, das ich nicht kennen und lieben gelernt habe. Das ist in etwa das gleiche wie diese Theorien, die besagen, man solle aus dieser Welt heraus und in eine »höhere« Welt, denn diese sei ein Jammertal, grobe, starre Energie, und irgendwo da oben sei das Feinstoffliche, zu dem man hingelangen müsse. Dabei ist diese »grobstoffliche« Welt doch nur ein Spiegelbild der feinstofflichen, nichts anderes, versteht ihr?

Wenn ihr zufrieden oder gar in einem ekstatischen Zustand seid, dann braucht ihr vielleicht in diesem Moment keinen körperlichen Kontakt. Das heißt aber nicht, daß er ausgeschlossen ist, so wie ihr ja auch nichts zu essen braucht, wenn ihr euch feinstofflich ernähren könnt, was eine Möglichkeit ist. Das ist aber kein Ziel, und es wäre schade, wenn ihr auf dieses Ziel hinarbeiten würdet. Wenn ihr euch aber *bewußt* ernähren könnt, wenn ihr also Grobstoffliches aufnehmt und gleichzeitig die feinstofflichen Schwingungen darin erkennt, dann wäre das ein Ideal.

So ähnlich verhält es sich auch mit der Sexualität. Es ist wirklich nicht so, daß man von ihr wegkommen sollte, ganz im Gegenteil, nur solltet ihr sie *nicht nur* in den Bereichen erleben, in denen ihr sie jetzt eingepfercht habt. Genau dies ist auch mit der vielgerühmten Kundalini-Energie gemeint oder mit dem Aufsteigen der Energie in den Chakren. Nur, wenn sie nicht im untersten Chakra erweckt worden ist, was soll denn da aufsteigen?!

Wenn ihr für eine gewisse Zeit Abstand nehmt von einem körperlichen Partner, kann das, wie ich schon gesagt habe, hilfreich sein, um euch selbst, euer Inneres besser kennenzulernen und vielleicht alle anderen als Partner anzunehmen, nicht sexuell, aber geistig, seelisch, menschlich – und vor allem, um euer inneres Selbst als Patner anzunehmen, im weitesten Sinne als Sexualpartner. Dahinter steht, daß man die Einheit nicht über einen anderen Menschen, durch die Außenwelt erreicht, sondern durch Versenkung nach innen, also gewissermaßen auch durch Masturbation. Das ist in Ordnung, solange es für einen gewissen Zeitraum geschieht. Wenn ihr beispielsweise meditiert, sprecht ihr mit eurem Inneren, nicht mit dem Außen, aber es wäre verrückt, wenn ihr von nun an überhaupt nicht mehr sprechen würdet.

Der Ursprung des Zölibats ist eigentlich die Idee, daß der Priester oder Pfarrer sozusagen schon »entmenschlicht« sein sollte, was er ja nicht ist. Er sollte die göttliche Liebe vertreten. Aber da man schlecht sagen konnte, daß der Herr Pfarrer mit jeder Frau und mit jedem Mann schlafen darf, hat man das Ganze eben umgekehrt. Das wäre die andere Form, versteht ihr? Er sollte sich nicht an *einen* Menschen binden, sondern wirklich *alle gleich* lieben. Das ist nur eine stark vereinfachte Erklärung. Nur – wenn ihr nicht in irgendeiner Form *einen* Menschen lieben könnt, wie könnt ihr dann alle lieben?

Das Zölibat, wie es heute betrieben wird, hat überhaupt keinen Sinn, und es funktioniert auch nicht, da es ja nicht nur Ehelosigkeit bedeutet, sondern auch jede sexuelle Regung als schlecht betrachtet, also auch die sexuellen Regungen des eigenen Körpers unabhängig von einem Partner, da die Körperlichkeit insgesamt als schlecht betrachtet wird. Und ihr seht ja, daß gerade das Christentum vor allem in der Blütezeit eines strengen Zölibats die schlimmsten, ganz physisch verheerenden Dinge angerichtet hat. Ich erinnere an das Mittelalter mit seinen Hexenverfolgungen und ähnlichem. Etwas einfach zu verbieten hat noch nie Sinn gemacht.

Wo liegen nun die eigentlichen Schwierigkeiten mit dem Sex? Sind sie bei jedem Menschen verschieden?
Sicher sind sie verschieden, aber es gibt auch sehr starke kollektive *beliefs*, die je nach Kulturkreis unterschiedlich sind. Insgesamt liegt die Schwierigkeit darin, daß Sex ein ganz körperlicher Zugang zur eigentlichen Einheit ist, daß ihr hier physisch erfahrt, daß ihr von der Welt, von der Einheit nicht abgeschnitten seid und daß ihr auch innerhalb der Polarität in der Einheit lebt, indem ihr euch wieder zur Einheit verbindet – und zwar wann ihr wollt, und daß ihr daraus immer etwas

Neues innerhalb der Polarität erschafft, was sich wiederum verbinden kann und so weiter. Die Schwierigkeit liegt in der Macht und Verantwortung, die damit verbunden ist, in dieser Selbstverantwortung auch.

Ihr neigt dazu, vieles in die Zukunft zu verlagern: Das Paradies kommt übermorgen, aber jetzt nicht; meine Göttlichkeit erreiche ich irgendwann, wenn ich erleuchtet bin, aber nicht jetzt; eine vollkommene Vision erreiche ich, wenn ich soundso lange faste und mich kasteie und mich soundso verhalte, aber nicht auf einem Weg, der mir Freude bereitet.

Insbesondere der Körper, die Körperlichkeit als solche sind in eurem Belief-System bisher vor allem Last und Einschränkung gewesen, aber nicht Möglichkeit, sondern etwas, das man eigentlich am besten wieder verlassen muß: Das Rad der Wiedergeburt muß man verlassen. Man muß möglichst gut leben, um sich auf das ewige Leben nach dem Tod, auf das es ja eigentlich ankommt, vorzubereiten. Nicht dieses falsche Leben hier, das ruhig leidvoll sein kann, sondern das Leben *danach, das* ist es! Also immer diese Projektion auf die Zukunft.

Jetzt gibt es da aber einen Punkt, der auch im schlimmsten Leben meist noch Freude bereitet. Selbst wenn man Hunger hat, ausgenommen vielleicht bei starken Schmerzen, aber sonst in fast allen Lebenslagen bereitet euch diese einfache körperliche Funktion doch sehr angenehme Gefühle. Ihr braucht dazu nicht einmal einen Partner, wenn ihr jedoch einen Partner habt, ist es noch besser.

Nun, dies steht in einem ganz krassen Widerspruch zu dem, was ich vorher gesagt habe. Es ist nämlich eine Möglichkeit im Jetzt, die Möglichkeit sofort angenehme Gefühle zu haben, sofort etwas verändern zu können. Zum Beispiel: Ich bin traurig, depressiv. Warum streichle ich mich nicht selbst, liebe mich nicht ganz körperlich, versteht ihr? Das ist eine durchaus geeignete Möglichkeit, auch einmal lieb zu sich selbst zu sein. Oder mit einem Partner: anstatt Probleme endlos zu diskutieren und zu lamentieren, kann man auch einmal sexuell aktiv werden.

In den armen Bevölkerungsschichten eurer Welt gibt es andere Glaubensmuster als bei euch, deshalb werde ich sie anschließend kurz erläutern, damit es da keine Mißverständnisse gibt. Sie haben zum Teil keine solchen Schwierigkeiten mit dem Sex wie ihr, andererseits haben sie große Schwierigkeiten, etwas anderes darin zu sehen als ihre Möglichkeit, zukünftige Ernährer zu erzeugen. Kinder zu haben bedeutet in den meisten Ländern der Dritten Welt mehr als bei euch, einen Porsche zu fahren und zu den Oberen Zehntausend zu gehören.

Die Bevölkerungsexplosion in diesen Ländern liegt also nicht etwa daran, daß sie zuviel Sex betrieben und keine Verhütungsmittel hätten. *Sie* haben eben zu viele Kinder, *ihr* habt zu viel Wohlstandsmüll. Auch das ist fehlgeleitete Kreativität. Ihr wißt nicht, wohin mit eurem Müll, der eure Welt umbringt. Sie haben Kinder, die verhungern.

Sie haben von dem einen zuviel, ihr von dem anderen. Beides wurde kreativ in die Welt gesetzt. Ihr werdet diese Probleme irgendwie lösen, aber das ist ein anderes Kapitel.

Ein anderer Punkt der Schwierigkeiten liegt in eurer grundsätzlichen Offenheit, die eigentlich bei jedem von euch in der Sexualität zu einem Teil noch gegeben ist. In dieser Offenheit erfahrt ihr dann entweder Ablehnung oder Einheit. Was auch immer, ihr erfahrt es direkt. Es besteht also eine sehr große Angst vor einfacher Ehrlichkeit.

Ihr glaubt immer, der Welt, dem Partner irgend etwas vorspielen zu müssen durch Kleidung, Gestik, Wortwahl, durch das Auto oder ein schickes Haus, das ihr baut, um etwas darzustellen. Auf dieser einfachen körperlichen Ebene aber seid ihr genauso verletzlich wie neugeborene Babys. Es gibt kein Auto und kein Haus mehr, es gibt nichts mehr als diese beiden Menschen, die sich auf diese sehr intime Weise vereinigen oder es versuchen, und es gelingt ihnen oder gelingt ihnen nicht. Das hat im übrigen gar nichts damit zu tun, ob der körperliche Akt gelingt.

Manchmal ist es auch frustrierend oder erschreckend, wenn

man mit einem Partner diese Einheit erreicht hat – nicht auf das Körperliche, sondern auf das Gesamte bezogen –, und man wacht hinterher wieder in der Polarität auf, fühlt sich plötzlich wieder getrennt. Das kann eine Kleinigkeit sein: Gerade lag man noch zärtlich miteinander im Bett, plötzlich greift der eine Partner zur Zigarette und der andere raucht nicht. Die ganze Einheit ist verflogen.

Der scheinbare Rückfall in die Polarität bringt Probleme. Ihr begrenzt die Sexualität auf eine bestimmte Zeit und auf einen bestimmten Akt. Das Problem ist, daß ihr nicht weiterhin offen bleibt, denn dann gäbe es diese Rückfälle nicht.

Es ist schon befremdlich genug, wenn sich beide Partner hinterher unter die Dusche stellen, wieder anziehen und sich vielleicht im Restaurant, in das sie anschließend gehen, noch dazu siezen. Das kann man durchaus machen, wenn man es als kreativ erotisches Spiel betreibt, nicht aber, wenn es eure Zwänge so vorschreiben, daß man zwar auf diesem Gebiet einmal ganz kurz loslassen und Kind werden darf, aber hinterher sofort wieder zum Erwachsenen werden muß. Man zieht sich wieder den Anzug an und die Krawatte und man darf weder weinen noch zu laut lachen noch sonst eine Äußerung von sich geben, die fehl am Platze sein könnte, weil man nicht verstanden wird.

Da ihr in eurer gesamten Umgebung ständig damit beschäftigt seid, euch irgendwie zu schützen vor dem, was andere von euch denken und über euch reden könnten, und da ihr voreinander zu verheimlichen versucht, wie ihr wirklich seid, um nicht verletzt zu werden oder für dumm erklärt oder als Phantast hingestellt zu werden oder was auch immer, rühren daher auch die Probleme, wenn ihr in der Sexualität dann plötzlich offen sein müßt. Das funktioniert dann in sehr vielen Fällen eben nur zu einem ganz geringen Teil, was dann wiederum zu neuen Mauern auf diesem Gebiet führt.

Dieser krasse Gegensatz zwischen Gewalt, Krieg oder allem, was außen ist und dem Intimen ist schon erstaunlich.

Ich sagte ja, daß ihr aufgrund mannigfaltiger *beliefs* versucht, euch ständig zu schützen. Ihr glaubt, keine Schwäche oder Verletzbarkeit durch den anderen zugeben zu dürfen. Da sind die verschiedensten Glaubenssätze: Es fängt damit an, daß man keine Aggressivität zeigen darf und auch nicht weinen darf, wenn man verletzt wurde. Ich meine jetzt Aggressivität in ihren einfachsten Formen, beispielsweise einfach loszubrüllen oder wie Kinder etwas durchsetzen zu wollen. Die innere Verletzlichkeit zu zeigen wird ebenfalls als nicht lebenstauglich erklärt: »Nimm dich zusammen, das ist doch nicht so schlimm, es geht schon wieder, das hat doch gar nicht weh getan,« und wie viele Worte mehr nehmt auch ihr jeden Tag euren Kindern gegenüber in den Mund. Darüber, daß einen die Welt verletzen kann, hat man nicht zu sprechen. Man muß mit ihr fertig werden, das heißt, man hat »Schuld« wenn die Welt einen verletzt und man nicht – auch als Frau – »mannhaft« darübersteht.

So kommt es zu Angst vor Verletzungen, nicht wegen irgendwelcher Schmerzen, die nicht das Schlimmste sind an Verletzungen, da sie normalerweise erträglich sind und auch schnell weggetröstet werden können. In einem reiferen Stadium wird dann darüber gesprochen und es entwickelt sich eine neue kreative Lösung für beide Seiten, wie bei einem kreativen Streit.

Es ist immer die Annahme da, daß man selbst zwar gut, aber die Außenwelt in irgendeiner Form schlecht ist, und man das eigene Gut-Sein gegen dieses vermeintlich Schlechte, Aggressive schützen müßte. Jeder Mensch hält sich selbst und auch ein paar andere für gut, aber »diesen einen da« oder »das da« oder auch eine Partei oder eine ganze Volksgruppe für böse. Eure eigene Empfindsamkeit und Abhängigkeit von der Außenwelt versucht ihr zu ignorieren. Wenn man das sehr lange übersteigert, kommt es zu solchen Formen wie Krieg.

Als aktuelles Beispiel aus dem Golfkrieg: Bush und Hussein könnten sich durchaus einmal in einem Puff treffen und sie könnten dabei über die Dinge unter der Gürtellinie ganz männlich schäkern – wohlgemerkt »schäkern«, nicht offen reden. Jedoch würden sie nicht fertigbringen, was sie eigentlich müßten: nämlich sich weinend und verzweifelt in die Arme zu fallen und zu sagen: »Wir können nicht mehr, wir haben uns verrannt!« Jeder befürchtet, wenn er diese Schwäche zeigen würde, dann würde er vom anderen nicht getötet werden – das ist nicht, wovor man Angst hat –, sondern sehr tief verletzt oder gedemütigt. Scham, ins Geschichtsbuch eingetragen zu werden als einer, der versagt hat. Also rüstet man zum Krieg und trifft sich dann bei einem sehr blutigen Miteinander – auch eine sexuelle Form, wenn auch eine sehr aggressive. Auch diese Form schafft etwas Neues, aber auf eine höchst destruktive Art und Weise, denn letztendlich wird durch den Krieg wiederum nur die gegenseitige Verletzlichkeit offenbar. Das hätte man auch leichter haben können, aber jeder von beiden tat »unverletzlich«.

In Wirklichkeit ist jeder Mensch unverletzbar im weitesten Sinne, aber das kann er nur begreifen, wenn er sein Verletzlichsein zuläßt und ausspricht und dann bemerkt, daß das Außen darauf auch wirklich reagiert, und nicht in dem Versuch, seine Verletzlichkeit zu schützen.

Kannst du etwas zum Thema Aids sagen?
Es ist sozusagen der Gegenpol zu der sexuellen Freizügigkeit, die vorher aufgebaut wurde.

Ich möchte jetzt nicht näher auf die physischen Ursachen von Aids eingehen, aber es ist insofern der Gegenpol, weil ihr euch kollektiv gesellschaftlich vorher in der Proklamation der sexuellen Freizügigkeit »die Einheit ist mit jedem herzustellen« verloren habt. Das ist weit einfacher, als sie mit *einem* herzustellen, versteht ihr?

Das heißt: Die Sexualität hat durch Aids wieder einen höheren Stellenwert bekommen, denn wenn ihr heute jemanden kennenlernt, dann schwebt in irgendeiner Form tatsächlich ein Risiko darüber. Es ist nicht mehr ein gesellschaftliches Muß, mit jedem ins Bett zu gehen, was es ja vorher zum Teil war, als man in manchen Kreisen gleich als prüde verschrien war, wenn man sich anders verhielt. Ein gewisser Zwang zur sexuellen Freiheit ist damit wieder verschwunden. Das bezieht sich auf die sexuelle Ebene.

Daß diese Krankheit vor allem in homosexuellen Kreisen auftritt, hat damit zu tun, daß in diesen Kreisen der Zwang zu sexuellen Freiheit oft sehr groß ist. Obwohl feste Partnerschaften angestrebt werden, ist es üblich, häufig den Partner zu wechseln.

Die Immunschwäche bedeutet, daß euer Körper nicht mehr in der Lage ist, sich gegen irgend etwas zu wehren, weil er glaubt, alles akzeptieren zu müssen. Das heißt, er muß alles mitmachen, alles integrieren. Da ist dieser Gruppenzwang: Jeder Virus muß sozusagen liebevoll begrüßt werden. Es ist also im Grunde genommen auch eine Reaktion auf die »Love and Peace-Zeit«, auf den Glaubenssatz, daß alles liebevoll aufgenommen und verbreitet werden muß, und auch auf die Gruppensex-Zeit, die Freizügigkeit, die Forderung nach allumfassender Liebe.

In manchen esoterischen Kreisen wird ähnliches geglaubt. Das ist aber gewissermaßen unnatürlich, weil einer der Pole dabei verdrängt wird. Der Körper *muß* gegen bestimmte Viren, die permanent vorhanden sind, ankämpfen können, der »dunkle« Pol gehört also dazu.

Immunschwäche bedeutet nichts anderes als ein absolutes Aggressionsverbot: Man *muß* alles in sich aufnehmen, man darf nichts töten, umwandeln. Dadurch wird man aber selber getötet und lernt so die Umwandlung.

Aids ist ja auch eine extreme Umwandlungskrankheit: Der körperliche Verfall wird sehr deutlich, und gleichzeitig geschieht bei sehr vielen Erkrankten durch die »Unheilbarkeit« in der Lebensspanne, die ihnen noch bleibt, eine grundlegende seelische Umwandlung.

Was hältst du vom Zölibat, beziehungsweise von Enthaltsamkeit?

Mit einem Worte: nichts.

Was hinter der Regelung des Zölibats steht, ist in der Tat sehr bedeutsam. Die sexuelle Energie ist die Grundenergie eures Lebens, und ihr seid durch nichts so stark in Kontakt mit der Lebensenergie schlechthin wie durch eure Sexualität. Ihr kennt das beispielsweise in Form der Kundalinienergie. Diese Kraft kann natürlich für ganz andere Bereiche freigesetzt werden, wenn sie nicht nur in den sexuellen Akt mündet. Trotzdem ist die Sexualität, auch das Lustempfinden, das damit einhergeht, die polare Anziehung, die dabei stattfindet, eben die Grundenergie, die dazu notwendig ist, um diese Kraft überhaupt erst einmal zum Fließen zu bringen. Gerade hier ist es am allergefährlichsten, gewaltsam einen natürlichen Fluß zu unterdrücken, um ihn dadurch in höhere Bereiche zu heben. Was passiert, ist, daß sich die sexuelle Energie im Idealfall von allein transformiert. Das bedeutet, daß sie sich nicht nur auf die unteren Chakren beschränkt, sondern von ganz allein sämtliche Chakren sozusagen durchfließt und dadurch natürlich weit mehr wird als ein rein sexueller Akt. Das ist dann eine Vereinigung mit dem Leben an sich, eine komplette Einheit, in der das Ego tatsächlich völlig im All-Eins-Sein aufgeht. Das klingt jetzt sehr theoretisch und wird auch in vielen Büchern so theoretisch beschrieben. Es ist eigentlich *un*beschreiblich.

Ein Weg dorthin führt *nie*, ausdrücklich *nie* über die Verleugnung eurer Sexualität – und das ist es, was meistens mit einem Zölibat oder auch mit dem Wort »Enthaltsamkeit« gemeint ist in eurer Welt. Diese Kraft kann sich nur transformieren, wenn sie anerkannt wird als dem Wesen zugehörig, auch als wertvoll und als Quelle des Lebens erkannt wird. Ihr alle seid *nur* durch diese Kraft auf der Welt. Macht euch das einmal bewußt. Ihr habt euren Körper nur und ausschließlich durch diese Kraft. Kein Mensch, kein Tier und keine Pflanze ist aus irgendeiner anderen Kraft heraus entstanden. Es ist eine Manifestation der göttlichen Schöpfungskraft.

Das macht euch natürlich Angst. Ihr haltet es für animalische Triebe, für niedrige Triebe, weil ihr hier mit Dingen konfrontiert werdet, die sehr viel mit absoluter Hilflosigkeit zu tun haben, mit einem absoluten Kontrollverlust. Hier hat nämlich euer Ego keinen Einfluß. Zölibat, Enthaltsamkeit, das sind Dinge, die das Ego tut. Hier aber seid ihr in Kontakt mit dem Leben. Das einzige, was ihr tun könnt, ist, einen Rahmen zu schaffen in Form von bestimmten Techniken, wie beispielsweise Tantra. Das ist aber wohl etwas völlig anderes als Enthaltsamkeit.

Es ist jedoch durchaus möglich, daß für bestimmte Menschen für einen Zeitraum eine Enthaltsamkeit aus verschiedenen Gründen notwendig ist. Darauf möchte ich jetzt nicht näher eingehen, weil die Frage nicht darauf zielt.

Es gibt, wie gesagt, aber auch ein *echtes* Zölibat, ein entstandenes – das würde bedeuten, daß sich die Sexualität aus sich heraus transformiert hat; das heißt, sie ist so gewaltig geworden, daß ihr sozusagen permanent im Zustand eines großartigen Lustgefühls seid, auch wenn ihr eine Tasse in die Hand nehmt oder wenn ihr einen Sonnenuntergang seht oder wenn die U-Bahn vorbeifährt. Ich versuche das irgendwie zu beschreiben. Es ist also nicht nur auf einen sexuellen Akt beschränkt, sondern erstreckt sich auf das Leben an sich. Dann ist es natürlich so, daß es die sexuelle Vereinigung mit einem anderen Menschen automatisch nicht mehr »braucht«. Das ist aber kein Zustand, der angestrebt oder erarbeitet werden kann, sondern der sich ergibt. Und es ist ein Zustand, der nicht unbedingt stabil ist: Auch jemandem, der in der Tat sehr »transformiert« ist, tut es gut, auf die ganz bodenständige Art sexuellen Kontakt zu haben. Wie ihr wißt, muß oben und unten immer in Verbindung bleiben.

Das kirchliche Zölibat, daß man sich nur mit dem Göttlichen vereinigt und nicht mit dem Menschlichen, hat ja einen tieferen Hintergrund, der so gesehen natürlich richtig ist. Nur der Weg dorthin über das *Verbot* der Sexualität zwischen zwei Menschen ist absolut unsinnig. Wie gesagt, man kann sich dazu nicht zwingen, sondern erzwingt geradezu das Gegenteil. Und die größten Perversitäten – also das, was man bei euch unter Perversität versteht – geschehen eben dadurch, daß eine lebendige Energie unterdrückt wird. Das, was die Kirche tut, ist ja sowieso die Unterdrückung des Lebendigen aus Angst, die Kontrolle darüber zu verlieren, beziehungsweise entsteht aus der extremen Spaltung von Göttlichem und Irdischem, von Gott und Teufel, die so nicht existiert. Wie gesagt, ihr alle seid nur durch einen sexuellen Akt am Leben! Diese Zölibatsforderung läßt sich auch nur verstehen, wenn man das Leben als Leiden begreift, verstehst du?

Kapitel 8

BEZIEHUNGEN

Kannst du einmal etwas zum Thema Eifersucht sagen?
Eifersucht ist immer der Schmerz, daß man – gemessen am Ideal der kompletten Vereinigung, sei sie nun sexuell oder geistig-seelisch – noch so weit entfernt voneinander ist. Es ist also ein Vorwurf oder eine Aggression, die sich nach außen richtet, aber in Wirklichkeit ein tiefer Schmerz innen ist.

Eifersucht besteht fast immer darin, daß man versucht, den Partner zu ändern, den man ja nicht ändern kann – und daher kommt auch der Schmerz und der Stachel bei der Eifersucht – anstatt in sich selber mehr zu integrieren. Es ist eigentlich Trennungsschmerz, das Gefühl, daß das Ideal und das Erlebte nicht übereinstimmen.

Daß das Sexuelle dabei eine so große Bedeutung hat, liegt einfach in der Natur des Sexuellen, da es die einfachste körperliche Form der kompletten Vereinigung der Pole ist. Wenn das mit einem anderen geschieht, dann ist es logisch, daß es in diesem Moment nicht mit dem eigenen Partner geschehen kann und man fühlt sich von der Einheit ausgeschlossen.

Wie stärke ich die Kraft zum Loslassen in einer nicht mehr funktionierenden oder gescheiterten Beziehung?
Wenn du dir ganz sicher bist, daß eine Beziehung nicht mehr funktioniert, dann beendet sie sich sozusagen von selbst. Das ist aber jetzt zu einfach und zu pauschal, ich weiß.

Eine Beziehung zu einem Menschen, den man einmal geliebt hat, beziehungsweise in den man einmal verliebt war – was ja wohl das Häufigere ist – bleibt auch nach einer Trennung sozusagen »natürlich« weiterhin bestehen. Das Loslassen bezieht sich ja wohl vor allem darauf, daß man das Gefühl hat, aus dieser Beziehung nicht herauszukönnen, ohne den Partner zu verletzen, ohne sich selbst damit immensen Schuldgefühlen auszusetzen oder ohne sich selbst Verletzungen durch den Partner auszusetzen. Wenn eine solche Situation da ist, wenn ihr das Gefühl habt, daß irgendeines von den drei vorgenannten Gefühlen in euch wachgerufen wird, dann solltet ihr euch die Zeit nehmen, euch wirklich damit auseinanderzusetzen, was es denn ist, das ihr da vehement loswerden wollt durch den Partner. Das sind ja Anteile von euch selbst, die sich nicht automatisch verändert haben, sondern vielmehr euch bewußt geworden sind und von denen ihr euch jetzt mit Gewalt distanzieren wollt.

Setzt euch mit den Gefühlen, die ihr habt, Schuldgefühlen, Wut, Trauer und Haß auseinander. Ich möchte nicht sagen, daß man nicht in Wut und Trauer auseinandergehen kann, wenn es einem einfach zu viel wird. Nur, ihr müßt dann schon davon ausgehen, daß ihr, falls ihr nicht sehr an euch arbeitet – was ohne Partner ungleich schwieriger ist – dann wieder einen Partner oder eine Partnerschaftsbeziehung mit den gleichen Problemen anziehen werdet. Aber das wißt ihr ja.

Noch ein ganz wichtiger Punkt: Die Kraft zum Loslassen einer Beziehung erhaltet ihr aus eurem Inneren. Loslassen *wollen*, das geht nicht. Loslassen heißt hingeben, loslassen heißt vertrauen, loslassen heißt etwas gehen lassen, loslassen heißt passiv sein. Ein Passivsein kann man nicht stärken und kann man nicht wollen. Man kann eben nicht mehr, man ist nicht mehr stark, man ist völlig hilflos, man kann nicht mehr anders. Eine solche Kraft gewinnt ihr aus der Rückbesinnung auf euch selbst – welche Form ihr auch dazu wählt, auf alle Fälle durch die starke Besinnung auf eure innere eigentliche Kraft, auf euer inneres eigentliches Wesen.

Ich spreche jetzt von einer Trennung, die sozusagen unter Schmerz und Trauer vollzogen wird, aus einem Gefühl heraus, daß man entweder dem Partner unerträgliche Schmerzen zufügt und somit Schuldgefühle entstehen oder wo man Angst hat, daß einem selbst Schmerz durch den verlassenen Partner zugefügt werden könnte. Es könnte auch sein, daß man von einem Partner verlassen wird, also sozusagen die Opferrolle einnimmt. Wenn man derjenige ist, der aus der Beziehung herausgehen will, sich also gewaltsam trennen will, dann ist das immer so, daß die Eigenschaften, die man im Partner nicht mehr aushält, Eigenschaften sind, die einem in einem selbst bewußt geworden sind und von denen man sich rigoros abschneiden möchte.

Folglich müßte man sich mit seinen eigenen Eigenschaften auseinandersetzen, und dann würde der Partner von selbst verschwinden?

Er kann von selbst verschwinden oder es kann natürlich Konflikte und Streit geben, das ist ein sehr kreatives Potential. Ihr geht immer von einer idealen Beziehung aus und wißt gar nicht, wie langweilig das wäre! Es wäre aber keine Frage, daß ihr auseinandergeht, sondern eine natürliche Entwicklung, so wie es natürlich ist, daß ein Kind irgendwann zu laufen anfängt, wobei es natürlich durchaus manchmal notwendig sein kann, daß man sich aggressiv trennt. Das sind aber jetzt Themenbereiche, die nur für bestimmte Menschen wichtig sind. Ganz generell gehen Verbindungen zusammen und auseinander wie in einem natürlichen Rhythmus.

Das ist aber natürlich nicht unser kollektives Ideal. In unse-

rer Kultur sieht das Ideal so aus, daß man einen Partner findet, und das ist der Richtige, und mit dem bleibt man für immer zusammen.

Das ist ja im Grunde genommen auch richtig – vom Bild her. Das, was dahinterliegt, ist aber ein ähnliches Mißverständnis wie beim Zölibat: Die Suche nach dem idealen Partner ist bei euch nichts anderes als die Suche nach jemandem, der einem die Verantwortung für das Leben abnimmt. Gleichzeitig ist aber da das innere Gefühl, daß es außen eine Entsprechung für das innere Stabilsein geben müßte, daß man, wenn man in absolutem Kontakt mit dem Inneren ist, auch außen automatisch diese Harmonie treffen müßte. Dadurch, daß ihr das völlig auf einen möglichen Partner projiziert, entstehen die Probleme: Es muß also diesen einen oder diese eine irgendwo auf der Welt geben, und sie oder er muß dann ein Leben lang mit mir beisammen bleiben – diese Dinge sind reine Ego-Konstrukte. Das bedeutet, daß ihr oft in dem Moment, in dem ihr innerlich einmal ein Gefühl habt für eure Ganzheit, oder die Ganzheit auch mit einem anderen Menschen spürt, sofort Angst habt, diese Ganzheit wieder zu verlieren. Sofort setzen also Besitz- oder Verlustängste ein. Aus diesem Grund gibt es dann Regelungen oder Normen, die aber jegliche Spontanität eher unterdrücken oder lähmen, als daß sie förderlich wären. Die Menschen, denen ihr verbunden seid, mit denen seid ihr sowieso in mehr als nur in einem Leben immer zusammen, auch wenn ihr euch überhaupt nie trefft. Sobald ihr etwas festhalten wollt, habt ihr es schon verloren, verstehst du? In diesem Moment, wo ihr Beziehung oder Liebe absichern wollt, ist es schon vorbei. Ich möchte das an einem anderen Beispiel erklären. Wenn ihr eine Meditation macht und dabei einen sehr intensivenZustand des ganzheitlichen Verstehens erreicht, dann könnt ihr diesen Zustand am ehesten zum Auslöschen bringen, wenn ihr versucht, ihn mit eurem Bewußtsein festzuhalten. Und ihr werdet ihn auch mit dem Bewußtsein – wie bin ich da hingekommen, wie habe ich das gemacht? – nie mehr erreichen. Ihr werdet ihn sowieso nie mehr auf dem gleichen Weg erreichen, es wird euch einfach manchmal passieren. Und je eher ihr vertraut auf dieses Gefühl und euch diesem Gefühl öffnet – anstatt herausfinden zu wollen, wie ihr da hingekommen seid und wie ihr es euch sichern könnt – je mehr ihr euch auf das intensive Gefühl konzentriert und nicht auf den Weg, der dort hinführt (das ist nämlich nicht eure Sache, ist nie die Sache eures Ego) –, um so häufiger wird es euch gelingen, sowohl in bestimmten Übungen wie auch im Alltag, dieses intensive Gefühl zu haben. Und ähnlich ist es eben auch bei Beziehungen, Freundschaften und Partnerschaften. Ihr wißt ja auch, was ich in dem Kapitel über die verschiedenen Formen von Beziehungen gesagt habe, und wie ihr wißt, sind ja auch die Idealformen in keiner Weise konfliktfrei. Das ist etwas, das nur in euren Köpfen herumspukt. In dem Moment, wo du versuchst, irgend etwas zu vermeiden, Konflikte zum Beispiel, wird es nur immer größer!

Wie finde ich den richtigen Partner?
Im Grunde genommen habt ihr alle immer den richtigen Partner im Moment. Das mag jetzt weh tun, wenn ihr vielleicht keinen habt oder in einer sehr dramatischen Beziehungssituation gefesselt seid. In dieser Frage liegt wieder die Sehnsucht nach dem Traumpartner. Wie gesagt, ihr wißt innerlich instinktiv, daß das, was innen ist, auch außen zu finden ist, in Form beispielsweise einer Partnerschaft. Aber das ist etwas, auf das habt ihr keinen Einfluß durch euer Tun oder Wollen. Ihr habt immer nur Einfluß auf euch selbst und ihr *kennt* dieses Gefühl *in euch selbst*, das ihr in diesem Traumpartner sucht. Sobald ihr euch also auf euch selbst verlaßt, auf euer inneres Selbst, auf eure eigene Kraft, in diesem Moment werden auch Begegnungen in der Außenwelt passieren. In dem Moment wo die Begegnung beabsichtigt wird, kommt sie überhaupt nicht zustande oder ist so schnell wieder vorbei, wie sie eben zufällig passiert ist. Seid euch bewußt, daß ihr im Moment immer in der richtigen Partnersituation steckt für eure eigene innere Entwicklung, beziehungsweise, daß ihr im

Moment immer den Partner oder die Partnerin habt, die ihr als Gegenüber, als Spiegel braucht. Wenn ihr nicht in einer festen Partnerschaft seid, dann habt ihr genügend andere Formen. Es kann durchaus sein, daß ihr das Risiko eines permanenten Spiegels nicht eingehen wollt oder daß ihr euch noch nicht auf einen festlegen wollt. Es ist ja keineswegs so, daß eine Beziehung unbedingt notwendig ist. Wie gesagt, dieses Wunschbild, dieses Sehnen in euch, das findet ihr nur in euch selbst, und außen tritt es dann wie zufällig in Erscheinung. Dazu könnt ihr überhaupt nichts tun, dahin könnt ihr euch nur führen lassen.

Das heißt also, man kann die Ganzheit nicht über den Partner erreichen, sondern nur in sich selber?

Richtig. Es ist zwar durchaus möglich, daß dadurch dann auch ein äußeres Erleben der Ganzheit möglich ist, aber nicht umgekehrt, denn das führt euch immer wieder in die Enttäuschung und wirft euch immer wieder auf euch selbst zurück.

Kapitel 9

GUT UND BÖSE

Du sagst in diesem Kapitel wörtlich: »Liebet eure Feinde.« Wie soll ich mich aber verhalten, wenn ich auf Jugendbanden, Hooligans oder aggressive Betrunkene treffe, die mich zu einer Schlägerei provozieren wollen, wie es mir schon passiert ist?

Es kommt ganz auf die Art des Kontakts an, ob du nämlich auf der Straße so etwas nur mitbekommst oder ob du beispielsweise in der S-Bahn diesem Kontakt nicht ausweichen kannst, zumindest nicht bis zur nächsten Haltestelle.

Auch hierzu gibt es natürlich eine Vorgeschichte, das heißt, daß nicht jeder außen automatisch auf irgendwelche Schlägertypen trifft.

Im konkreten Fall ist es am einfachsten, in keiner Weise ihre

Anwesenheit zu registrieren, was natürlich nicht so einfach ist. Gleichzeitig könntest gerade du dies üben, indem du in Situationen, in denen du freier bist, also auf der Straße, ganz bewußt einmal an jemandem dieser Art näher vorbeiläufst als normalerweise, also keinen Bogen machst. Du kannst dabei das Nichtbeachten üben und gleichzeitig Klarheit darüber erlangen, weshalb du solche Situationen anziehst. Es ist nämlich in der Tat deine Ausstrahlung, die zu Konflikten führen kann.

Diese Ausstrahlung hast du gemeinhin kaum, wenn du mit deiner Mutter zusammen bist, du hast sie aber durchaus öfter bei deinem Vater oder in der Gruppe mit anderen. Es ist also ein Unterschied, ob du zu Hause am Frühstückstisch sitzt oder mit zwei Freunden durch die Stadt läufst. Dann bekommst du schon eine ganz andere Gangart und die Ausstrahlung dazu kennst du ja beispielsweise auch von deinem Vater, wenn er sich zu bestimmten Leuten an den Tisch setzt. Und das ist es, was unter Umständen Schwierigkeiten provozieren kann.

Es ist eine gemischte Ausstrahlung, die in etwa beschrieben werden könnte mit: »Ich bin großartig und mir kann keiner etwas« und gleichzeitig lauert dahinter das Gefühl, nicht permanent so großartig sein zu können, verstehst du? Es ist also auch die Angst da, was ist, wenn deine verletzbare Seite ans Tageslicht kommt. Die beiden Gefühle sind also sozusagen hintereinandergelagert, und gerade dadurch kommt es dann zu solchen Konfliktsituationen, in denen du sozusagen der Unschuldige bist und von außen mit Aggressionen überrollt wirst. Du strahlst in diesem Sinne nicht direkt Aggressivität aus, sondern so etwas wie aggressive Großspurigkeit.

Üben kannst du zu Hause auch sehr gut mit deinem Vater – wobei ich nicht sagen will, daß er mit irgendwelchen Rockern gleichzusetzen ist – aber es geht darum, dich nicht durch die Stimmungen und Schwingungen der anderen aus deiner ruhigen Mitte bringen zu lassen.

*Und du meinst, wenn ich diese Schwingung nicht aus-
strahle, dann laufen aggressive Typen einfach an mir
vorbei?*
Ja, das stimmt, beziehungsweise sie rempeln dich vielleicht
auch an, aber das wird dich nicht weiter aufregen.

*Sind Gut und Böse beziehungsweise Polaritäten über-
haupt, nun Glaubenssätze oder ein Naturgesetz?*
Beides. Das bedeutet, wenn ihr auf dieser Welt innerhalb der
Polarität inkarniert, dann wählt ihr damit Rahmenbedingun-
gen. Diese beruhen ebenfalls lediglich auf Glaubenssätzen, die
ihr kollektiv habt.
Die sogenannten Naturgesetze wie Erdanziehung, das Wet-
ter, der Ablauf der Jahreszeiten ... all das ist kollektiv als Ge-
samtbühne gewählt.

*Wenn man aus der Polarität herausgeht, bricht man
damit dann sozusagen die Spielregeln?*
Es geht ja nicht darum, aus der Polarität herauszugehen, sondern darum, sie zu begreifen. Deshalb habt ihr ja auch diese
Spielregeln gewählt. Die Polarität ist ja dazu da, daß ihr euch
bewußt werdet darüber, was ihr eigentlich seid, daß ihr nämlich die beiden scheinbar unterschiedlichen Seiten wie innen
und außen als einheitlich erkennt. Es geht also um einen Be-
wußtseinsprozeß.
Das bedeutet nicht unbedingt, daß ihr die Polarität nicht
überwinden könnt. Aber die Polarität wird dadurch nicht auf-
gehoben, sondern ihr begreift sie als Ganzheitliches.
Stellt euch ein Dreieck vor: Punkt A liegt gegenüber Punkt
B und Punkt C wäre derjenige, der die Polaritäten überwindet,
aber sie auch beide umfaßt.

*Warum ist Nationalsozialismus und Ausländerhaß plötz-
lich wieder ein Thema in Deutschland?*
Ihr werdet feststellen, daß auf der ganzen Welt im Moment
»ähnliches« geschieht, nämlich die Frage nach der eigent-

lichen Identität. Das ist der Punkt, um den es geht: wer man ist.

Die Abgrenzung gegenüber anderen ist in eurer Welt im Moment für viele sehr schwierig geworden, da eine ungeheure Öffnung geschehen ist. Das, was du ansprichst, sind nur Extremformen, die auftreten, genauso wie beispielsweise die Kriege jetzt in Jugoslawien oder auch die Schwierigkeiten, die mit der früheren DDR bestehen, überhaupt die Schwierigkeiten in den Oststaaten, die sie haben, um selbständig zu werden – in eurem Sinne.

Also Nazitum und Ausländerhaß sind Auswüchse eures inneren Gefühls, daß ihr überhaupt nicht mehr wißt, wo eure Identität ist. Es ist die Angst, im Grenzenlosen, in Europa, in der Welt aufgesogen zu werden. Es ist sowohl die Angst vor kulturellem Verlust, wie auch vor dem Verlust der inneren Stabilität. Die »Heimat«, das ist ja das begrenzte Ego: Da bin ich geboren, da gehöre ich hin, hier ist mein Zuhause. Es hat also auch mit dem ungeheuren Bewußtseinswandel zu tun, der im Moment *kollektiv* passiert. Es öffnet sich alles, es kommen ungeheuer viele Eindrücke auf euch zu, ihr habt Hunderte von Fernsehkanälen und Rundfunkkanälen, nicht *einen*. Es gibt viele Sprachen, es gibt viele Völker, die überall zusammenkommen, nicht ein Volk und seine Nachbarn, die »Guten« und die »Bösen«.

Also die Wertungen funktionieren nicht mehr, ihr habt aber noch keine neuen gültigen Wertmaßstäbe, sondern unendlich viele verschiedene.

Es ist also der Versuch, sozusagen eine Art Rückschritt zu machen. Ihr kennt das auch, wenn ihr eure *beliefs* verändert, wenn ihr plötzlich das Gefühl habt, ihr habt zuviele Möglichkeiten.

Nehmen wir ruhig als Beispiel das Channeln. Ihr könntet jetzt mit diesem oder jenem in Kontakt treten, mit allem und jedem. Ihr habt euch ja auch sozusagen auf etwas Bestimmtes geeinigt, habt ihm einen Namen gegeben, nur um euer Bewußtsein zu beruhigen. Ihr wißt, daß ihr jederzeit mit allem in

Kontakt seid über diesen Namen, verstehst du? Aber dieser Name ist eine Beruhigung für das Bewußtsein. Genauso müßt ihr politisch, kulturell euer Eigenbewußtsein wieder mehr stärken, damit ihr tun könnt, was euch Spaß macht ohne Angst zu haben, daß das jetzt gegen außen gewandt wäre.

Die Welt wird in Zukunft so aussehen, daß ihr zwar sehr frei miteinander seid, offen seid, in einem offenen Austausch, aber dennoch individueller. Jetzt ist es so, daß es überall Coca-Cola gibt, daß es überall McDonalds gibt, daß es überall die gleichen Jeans gibt, daß es diese Unterschiede gar nicht mehr gibt, die ja etwas ausgedrückt haben, nämlich die Großartigkeit eurer selbst, weil jeder zu einem bestimmten Zeitpunkt nur etwas Bestimmtes verkörpern kann. Im Moment seid ihr dabei, Gleichheit zu erfahren.

Ihr entwickelt euch aber dahin, daß ein jeder höchst individuell ist und daß er das tut, was ihm Spaß macht – das ist ja eure eigentliche Bestimmung –, aber völlig frei und offen ist dem anderen gegenüber, der anders ist, da dann auch ein höheres Bewußtsein existiert, das im anderen lediglich einen anderen Teil des Selbst sieht. Es gibt dann keine Angst mehr vor dem anderen.

Aber der Weg dorthin ist im Moment noch etwas schwierig. Ausländerhaß ist die Angst vor etwas Fremden, das in eure behütete Welt einbricht. Es ist genauso, wie ihr selber Angst habt vor bestimmten Gedanken. Ich sage euch oft, versucht nicht positiv zu denken, also etwas auszuklammern, denn das braucht es nicht. Ihr braucht ja keine Angst zu haben, ihr könnt es zulassen.

Nimm einmal an als Beispiel, du hast plötzlich irgendwelche Ängste in bezug auf dein Altern, dann haßt du diese Gedanken genauso wie dieser Ausländerhaß kollektiv im Moment scheinbar in Erscheinung tritt. Es ist ja kaum greifbar, eher so ein Gefühl, daß hier etwas Fremdes irgendwie über einen herfällt und nichts mehr seine Ordnung hat, keine Grenzen mehr da sind – die Öffnung Europas ist ja gleichzeitig geschehen –, daß du also nicht mehr die Kontrolle hast über deine Identität, daß hier Ängste kommen, Gedanken kommen, Gefühle kommen, die du nicht haben willst. Anstatt anzuerkennen, daß das Anteile von dir sind, haßt du sie, schiebst du sie weg.

Es hat nun wenig Sinn, mit positivem Denken oder mit Lichterketten anzugehen *gegen* diesen Haß, gegen diese Angst. Wichtig ist, das anzuerkennen und zu fragen, woher kommt das, was ist die Ursache? Man muß also tiefer gehen. Das reine Dagegenangehen schürt nur noch mehr die Kluft und vertieft die Polarität. Es ist wunderschön, wenn ihr euch auf die Straße stellt und Frieden und Liebe darstellt. Das ist die eine Seite. Die andere Seite ist, daß ihr damit auch wieder Menschen ausgrenzt und sagt: »Wir sind gegen euch, die ihr Angst habt vor Fremden.« Wenn ihr euch auf die Straße stellt, dann für *alle*, mit Liebe und Verständnis für alle und nicht wieder *gegen* jemanden. Wenn du Angst hast vor Falten, dann bekämpfst du sie am besten nicht, denn sonst hast du sie morgen im Gesicht, verstehst du?

Ich ertappe mich ständig beim Werten, obwohl ich weiß, daß ich nicht urteilen soll. Aber läßt sich das überhaupt vermeiden auf unserer polaren Welt, und ist es nicht als Antriebsfaktor sogar nötig?

Ihr werdet natürlich, solange ihr in einer polaren Welt seid, permanent werten. Das ist aber etwas anderes als verurteilen, bewerten. Natürlich werdet ihr beispielsweise sagen: »Mir ist kalt, ich ziehe mir Socken an.« Dann ist das Kalte das »Schlechte« und das Anziehen der Socken die notwendige Tat, damit etwas »Gutes«, nämlich die Wärme eintritt. Das ist in eurer Sprache schon so festgelegt.

Was *ihr* aber tut ist, die Kälte an sich als schlecht zu beurteilen und die warmen Socken als gut. Ihr wißt aber, wie unsinnig das eigentlich ist, denn im Sommer bei 30 Grad im Schatten ist das ganze ja umgekehrt. Und das muß euch immer klar bleiben!

Natürlich wertet ihr ständig: Ihr atmet ein, ihr atmet aus,

ihr habt Mann, ihr habt Frau, ihr habt Tag, ihr habt Nacht, ihr habt Krankheit, ihr habt Gesundheit, ihr seid zufrieden, ihr seid unzufrieden ... Vergeßt aber dabei nie, daß es immer die gleiche Münze ist, daß beides zusammengehört! Das ist das, was ich mit *nicht urteilen* meine, mit *nicht bewerten* meine.

Natürlich reagiert ihr auf eine Situation, die euch als unangenehm erscheint. Stell dir einmal vor, du verbrennst dich an der warmen Herdplatte und wertest das nicht als schlecht für deinen Körper! Aber du verurteilst nicht die Herdplatte. Verurteilen ist etwas anderes als werten für sich selbst im Moment. In eurer Sprache sind die Unterschiede nur sehr schwer auszudrücken. Innerhalb der polaren Welt erlebt ihr polar. Insofern ist die Frage richtig gestellt. Ihr könnt das Werten, das Sich-Bewegen innerhalb der Pole, nicht aufgeben. Es wird aber schwierig, wenn ihr nur einen Pol als positiv seht und den anderen weghaben wollt.

Nehmt als Beispiel den Hagel vom letzten Jahr. Wer von euch war nicht traurig über die kaputten Blumen im Garten? Trotzdem habt ihr den Hagel nicht als schlecht bewertet, sondern als etwas Besonderes. Ihr habt im Horoskop nachgeschaut, was er bedeuten könnte, und ihr habt auch keine Angst, daß heuer wieder so etwas geschehen könnte, versteht ihr? Ihr habt einfach die Situation als solche erlebt mit ihren beiden Seiten.

Kapitel 10

RELIGION

Warum wird die Esoterik von der katholischen Kirche so verteufelt?
Konkurrenz ist ein Stichwort, aber das ist zu einfach. Sicherlich ist es einer der Hauptgründe, die ihr oberflächlich betrachtet erkennen könnt.

Nun, hier hat es vor allem mit Angst zu tun, denn normalerweise dürfte es zwischen Kirche und Esoterik überhaupt keinen Widerspruch geben. Daß es diesen Widerspruch gibt, ist an sich schon verrückt. Ihr wißt ja, daß es normalerweise von den reinen Lehren her keine Widersprüche gibt, es sind nur verschiedene Gewänder für ein und dasselbe, ob man es nun Mystik nennt, Esoterik oder Religion.

Die Schwierigkeit liegt darin, daß die Ausführenden in den großen Kirchen zum großen Teil vergessen haben, worin ihre eigentliche Macht und Magie liegt, das heißt, sie haben einen Glauben, aber kein Wissen mehr. Es fehlt das innere Wissen, das innere Erleben dieser Dinge und wenn nun in irgendeiner Form ein solches Erleben außen auftritt, gerät natürlich das starre Gefüge in Gefahr. Das starre Gefüge ist ja auch schon ein völliger Widersinn, denn ein Ritual durchzuführen, ohne wirklich zu wissen, *welches* Ritual man durchführt und *warum*, ist natürlich sinnlos – obwohl es immer noch eine Wirkung zeitigt.

Dazu kommt noch die ganz menschliche Seite: Nimm einmal an, du hast einen besonderen Beruf, zu dem du dich auch noch besonders berufen fühlst, und dann kommt da irgend jemand daher und kann das ganze viel besser als du und sagt, er müßte dazu nicht jahrelang studieren, sondern hat das ganze einfach so im Traum empfangen. Dann sagst du natürlich auch, daß das nicht sein kann. Du spürst aber zugleich, daß er recht hat. Es ist dann nicht nur deine Machtposition gefährdet, in einer großen Firma beispielsweise, die dir ja auch Sicherheit gibt, sondern deine gesamte Vergangenheit, deine gesamte Denkstruktur ist gefährdet.

Gibt es tatsächlich gefährliche magische oder spiritistische Praktiken?

Nun, natürlich gibt es sie. Genauso wie Autofahren gefährlich ist oder Wasser gefährlich ist, oder das Leben an sich. Wenn einer dazu neigt, sich einen Unfall oder eine Krankheit zuzulegen, dann kann er einen Unfall haben oder eben nicht mehr wissen, wie er bestimmte Energien, die nichtstofflicher Art sind, aus seinem Haus wieder entfernt. Er kann es auf der einen oder auf der anderen Ebene erleben. Früher gab es dafür einen Pfarrer, der ein solches Haus ausgesegnet hat.

Die spiritistischen Sitzungen junger Leute sind oft nichts anderes als das S-Bahn-Surfen. Wenn ihr in solchen Sitzungen Wesen anruft, die eure Ängste personifizieren, wenn ihr euch nur mit dem Dunklen beschäftigt und wenn ihr dann nicht genügend innere Stärke habt, dann kann es natürlich schwierig werden. Aber ich halte die reine Beschäftigung mit angeblichen Lichtwesen für genauso gefährlich, gefährlich in dem Sinn, weil es dann den Kampf gibt. Was wäre das für eine Kraft, die nicht über *beide* Bereiche verfügen würde? Etwas, das sich Gott nennt oder All-das-was ist, muß doch höher sein als diese polaren Dinge. Deshalb ist die Zuwendung zum sogenannten reinen Positiven ebenso gefährlich und hat seine Resonanz dann im sogenannten Teuflischen.

Stimmt mein Eindruck, daß die großen Religionen auf dem Rückzug sind?
Richtig, aber nicht von heute auf morgen, sondern ganz automatisch, wobei ich sagen muß, daß es immer lokale Praktiken geben wird, rituelle oder magische Praktiken, eben wie Sprachen oder Gebräuche, die aber dann von Leben durchdrungen sind und nicht von einer Diktatur befohlen werden.

Der Islam bekommt inzwischen lediglich in euren Augen eine ungeheure Macht. Ihr habt euch früher einfach nicht um ihn gekümmert. Es ist nicht so, daß sich der Islam wirklich erneuert, es ist nur so, daß ihr plötzlich anders schaut, daß ihr auch sehr schnell seht – denn ihr kennt das von euren Kreuzzügen –, was passiert, wenn man im Namen eines Gottes etwas tut. Aber insgesamt gesehen sind die übergeordneten leeren Institutionen am Verschwinden.

Es heißt doch, der Vatikan hüte jede Menge an altem esoterischen Wissen. Warum holt er es nicht hervor?

Das ist natürlich sehr leicht gesagt. Wie willst du es denn deinen Schäflein beibringen, daß du immer schon soviel Wissen gehabt hast, es aber nicht preisgegeben hast?

Es war zu einer anderen Zeit ganz in Ordnung, daß es sozusagen geheim war, denn es war ja nie *wirklich* geheim. Jeder, der es wirklich haben will, hat es ja in sich und findet auch außen die entsprechenden Botschaften – zu allen Zeiten. Es ist eine Art der Überheblichkeit, die ihr nicht nur aus der Kirche kennt. Es gibt auch sehr viele in den neuen esoterischen Richtungen, die meinen, sie hätten die alleinige Heilslehre, vergeßt das nicht! Da gibt es sehr viele Ähnlichkeiten: Sie haben den einzigen Kanal nach oben, sie wissen als einzige, was übermorgen passiert, sie wissen als allereinzige, daß nur noch die Farbe Lila zu tragen ist und nur noch grüne Bohnen zu essen sind und übermorgen die Welt untergeht. Da steht auch eine starke Angst dahinter, sich selbst auf etwas einzulassen, selber zu glauben und es auszuprobieren. Statt dessen wird missioniert, denn wenn es die anderen glauben, kann man es auch selbst leichter glauben. Und außerdem, was bliebe einem sonst übrig, als selber nur grüne Bohnen zu essen und sich auf den Weltuntergang einzustellen – und wer tut das schon gerne?

Etwas bekanntgeben und zur Verfügung stellen ist etwas anderes, als den Wahrheitsanspruch für sich zu behaupten. Es ist etwas anderes, darauf zu vertrauen, daß sich das, was wahr ist, durchsetzt ohne daß man etwas dazu tut, und zwar bei jedem in seiner eigenen Art und Weise.

Die andere Seite ist die, die ihr bei der Kirche angreift: Es ist das Verbot, etwas anderes zu glauben. Dahinter steht die Angst, daß es nicht wahr sein könnte, denn weshalb sollte man sonst etwas verbieten?

Weshalb ist der derzeitige Papst so besonders rück-
schrittlich?
Das ist einfach ein Versuch, eine Orientierung zu geben. Ihr
lebt ja in einer Zeit, in der es für eine Masse von Menschen
auch sehr wenig Orientierung gibt. Die Kirche hat ja früher
eine sehr starke Orientierung geboten und tut das auch noch
heute, wobei natürlich inzwischen bekannt ist, daß beispielsweise die kirchlichen Feiertage sehr alte Feiertage sind, die
eher natürlich sind und genauso als esoterische Tage gesehen
werden könnten.

Daß der Papst sozusagen gegen den Trend arbeitet, beim
Thema Geburtenkontrolle beispielsweise, geschieht einfach,
um Stärke zu demonstrieren. Man kann doch nicht plötzlich
etwas, das man seit Jahrhunderten verboten hat, gutheißen.
Nachdem der Kirche ständig vorgeworfen wird, daß sie zu
labil ist, daß sie keine Stütze mehr gibt, daß es keine Wunder
mehr gibt – was bleibt ihr denn dann anderes übrig?

Was die Geburtenkontrolle betrifft, wißt ihr ja, daß es
eigentlich darum geht, daß die Menschheit lernt, mit ihrer
Kreativität umzugehen, und es ist sehr einfach, sich auf
Äußerlichkeiten wie »Geburtenkontrolle oder nicht« zu beschränken.

Kapitel 11

DIE NATUR DER DINGE

Du hast gesagt, jedes Ding habe Bewußtsein. Ich habe
beispielsweise eine alte Jeans, die ich ständig getragen
habe und die jetzt ganz durchgewetzt ist, aber es fällt
mir schwer, sie einfach wegzuwerfen, weil ich eine Bezie-
hung zu ihr habe. Hat diese Jeans auch so etwas wie Ge-
fühle?
Im weitesten Sinne ja. Nur ist Bewußtsein nicht gleichzusetzen
mit euren menschlichen Gefühlen. Die Jeans hat beispielsweise

kein Mitleid mit sich selbst, wenn sie nun weggeworfen wird, sondern das projizierst du darauf.

Auf der anderen Seite ist es, gerade mit Dingen, die euch sehr am Herzen gelegen sind, so, daß ihr ihnen eine »würdige« Bestattung oder Umwandlung wünscht und nicht einfach den Reißwolf. Eine Materie, die auf solche Art behandelt wird, ist natürlich auch eine andere.

Die Materie antwortet sozusagen: nicht deine Jeans, aber vielleicht deine anderen Hosen. So wie es in einigen Märchen dargestellt ist, »sprechen« die Dinge ja auch untereinander, kommunizieren einfach durch die Ausstrahlung, die sie haben. Ein altes, aber ungeliebtes Erbstück, das in eurem Geschirrschrank steht, kann sozusagen euer anderes Geschirr verderben, das heißt, die Atmosphäre verderben. Das wißt ihr ja. Es ist genauso wie in einem Kreis von Freunden, die sich gut verstehen: Schon ein Quertreiber kann die ganze Harmonie zerstören.

In der Schwangerschaft konnte ich bestimmte Gegenstände einfach nicht ausstehen, ohne rationale Gründe.
In der Schwangerschaft treten oft stärkere Aversionen und Vorlieben auf, da die gesamte Wahrnehmung sensibilisiert ist. Das ist überlebensnotwendig.

Zweitens hat auch das Kind, das heranwächst, ein Mitspracherecht, und es können mit bestimmten Gegenständen, Farbtönen, Nahrungsmitteln und so weiter Assoziationen oder Körperinformationen geweckt werden, die dem Kind nicht liegen.

Du hast schon öfters gesagt, daß Haustiere sehr viel von ihrem Besitzer spiegeln. Meine Stute weigert sich manchmal ohne ersichtlichen Grund, irgendwo vorbeizugehen. Liegt das an mir?
Am einfachsten ist es manchmal, auf sie zu hören. Du kannst an Tagen, an denen dies verstärkt auftritt, selber nachfragen, was es eventuell bei dir damit auf sich hat. Insgesamt: Ver-

traue ihr ruhig manchmal, so wie du auch, anstatt sofort mit dem Kopf gegen deine Gefühle anzugehen, sie zunächst einfach einmal akzeptieren sollst. Es sind unlogische Gefühle, weiter nichts. Es hat keinen Sinn, dich oder das Pferd ständig zu zwingen, solche unlogischen Gefühle wegzurationalisieren. Das wäre so ähnlich wie positives Denken.

Sie giftet auch oft gegen andere Pferde und droht ihnen. Du kannst einmal andere, die mit ihr umgehen fragen, ob sie sich bei ihnen genauso verhält.

Was gespiegelt wird, ist eine unbewußte aggressive intellektuelle Haltung deinerseits, die in deiner Familie oft zum Tragen kommt. Ein oft über Tage andauernder stiller Vorwurf, Dinge, die nicht richtig ausgesprochen, sondern wegrationalisiert werden. Aber gleichzeitig ist latent eine permanente aggressive intellektuelle Ausstrahlung vorhanden, ein schweigender Vorwurf, der sich in spitzen Bemerkungen oder Körpersprache, so wie eben beim Pferd, äußert, aber niemals in einem wirklichen Angriff, sondern in einer beständigen Bedrohungshaltung. Auch das Pferd kämpft ja nicht oder will sich unbedingt durchsetzen, sondern behält nur eine Drohgebärde bei. Wenn bei dir diese Spannung da ist, siehst du es auch bei deiner Stute.

Außerdem blockst du Fremden gegenüber oft deine emotionale Seite ab. Du verständigst dich zwar intellektuell mit ihnen, ohne dich aber wirklich auf sie einzulassen. Du baust eine Art Schutzschirm.

Das Pferd zeigt ganz offen, wenn es ihm im Moment zu viel ist, wenn es andere nicht ausstehen kann und daß sie ihm nicht zu nahe kommen sollen. Du signalisierst dagegen intellektuell und verbal, daß du dich gerne unterhältst, obwohl du eigentlich schon bis zum Hals angefüllt bist. Oft bemerkst du im Moment gar nicht, daß dir manche Kontakte zuviel werden, sondern du merkst es erst, wenn du wieder in deinen eigenen Kreis zurückkommst.

In den letzten Jahren ist uns die Gefahr durch unsichtbare Strahlung sehr bewußt geworden. Woher kommt das und wie kann man damit umgehen?

Nun, nachdem ihr ja fast alle physisch sichtbaren Gefahren ausgerottet habt – es gibt keine Kälte mehr, es gibt keine Krankheiten mehr, die man nicht schnell von einem Doktor behandeln lassen kann (daß ihr trotzdem daran sterbt und dahinsiecht, das seht ihr ja nicht so gerne, und vor allem seht ihr es nicht mehr in eurem Alltag), es gibt für alles ein Medikament, es gibt einen riesengroßen Supermarkt und nicht nur einen sondern hunderte, tausende; ihr habt meistens genug Geld, ihr habt Altersversorgungen, Versicherungen – wo sind *nun* die Probleme, was soll denn passieren? Und plötzlich gibt es da sogar *unsichtbare* Gefahren, versteht ihr?

Früher hattet ihr Angst vor Hagel, vor der Kälte, daß eure Kinder sterben, daß sie krank werden könnten. Heute geht es in andere Bereiche.

Es gab immer schon Strahlungen. Natürlich gab es nicht so viele wie jetzt, nicht so viele künstliche elektromagnetische Strahlen, aber eure ganze Erde strahlt, euer Körper strahlt beständig. Und genauso wie bei den Erdstrahlen oder den Strahlen, die ihr Menschen aussendet, gibt es keine schlechten und keine guten, sondern das ist immer individuell verschieden. Die Strahlung von Tschernobyl wird als schlecht angesehen, aber ihr bezieht euren Strom aus solcher Strahlung. Die Asche mußtet ihr früher auch ausräumen, und wenn ihr euch zu nahe an ein Feuer wagt, verbrennt ihr. Ihr könnt nur noch nicht damit umgehen. Ihr habt vergessen, zu den Dingen wirklich Kontakt aufzunehmen.

Plutonium – allein, der Name! *Uran!* Uran ist natürlich etwas, womit ihr in Zukunft sehr viel zu tun haben werdet, aber ihr müßt ganz *bewußt* mit diesem Material umgehen, das ist etwas ganz anderes, versteht ihr? Es ist einfach eine ungeheure Energie, aber sie ist nicht negativ, genausowenig wie Wasser negativ ist, obwohl es Überschwemmungen gibt. Trotzdem ist Wasser lebensnotwendig.

Die Angst vor etwas bringt euch nichts. Ihr werdet aber mit Uran weniger in Form von solchen wirklich sehr riskanten Atomkraftwerken zu tun haben als in Form von einer direkten Energie, die direkt abgegeben werden kann, mit der ihr aber erst den Umgang lernen müßt.

Zunächst einmal muß euch bewußt werden, daß Radioaktivität sehr, sehr viel mit Bewußtheit zu tun hat. Ihr seid auch jetzt von Strahlen umgeben, auch von radioaktiven. Sie haben deshalb mit Bewußtheit zu tun, weil sie etwas bewirken können, beispielsweise etwas verbrennen oder etwas erzeugen, obwohl sie nicht sichtbar sind. Sie sind nicht sichtbar und bewirken trotzdem – wie der Geist!

Versucht, mit diesem Prinzip Kontakt aufzunehmen. Wenn euch klar ist, daß Uran von Uranus, von *Wassermann* kommt, dann dürftet ihr keine allzugroßen Probleme damit haben. Eine Schädlichkeit kann man durchaus mit Strahlung, mit »Rückstrahlung« neutralisieren, in diesem Falle zum Beispiel mit Reiki. Es ist sehr, sehr hohe Energie, die von euch noch sehr kindlich eingesetzt wird.

Sie ist sehr empfänglich für innere Strahlung. Umgang ist eigentlich nur möglich, indem ihr ganz bewußt mit allem umgeht, was euch ohne daß ihr es seht, umgibt: die Kraft, die da ist und die nicht sichtbar ist, die Stimme, die ihr in euch hört und die scheinbar nicht zu euch gehört. Das was man früher »Gott« nannte und was scheinbar da oben auf einer Wolke thronte, das ist die Energie, die in allem enthalten ist.

Alles was falsch angewendet wird ist schädlich, auch Feuer, obwohl Feuer wärmt.

Ihr wißt ja, daß letztlich alle Dinge strahlen, auch radioaktiv strahlen. Das ist die Energie, von der ich einmal gesagt habe, ihr könntet eigentlich einen Elektrostecker auch einfach in die Luft halten um die Energie herauszuziehen, wenn ihr dazu Kontakt hättet. Das hat nichts mit Technik zu tun. Aber dadurch, daß ihr Uran schon technisch verwendet habt, wird es für euch vorstellbar, genauso, wie ihr über das Telefon zur Telepathie kommt, weil es vorstellbar wird, daß man mit der anderen Welt telefoniert. Ihr könnt mitempfinden, was auf der ganzen Welt passiert, wenn ihr Fernsehapparate habt. Es wird euch verständlicher, was es bedeutet, daß gleichzeitig viele Leben ablaufen, wenn ihr hundertdreißig Programme gleichzeitig empfangen könnt. Es wird euch verständlicher, daß ihr sehr viele Rollen spielt, wenn es an einem Abend mehrere Filme mit dem gleichen Schauspieler gibt und so fort. Ihr müßt nicht mehr alles im Leben »erleiden«, wenn ihr manche Sachen im Kino erleben könnt. Ihr versteht, daß ihr das Programm wechseln könnt, wie ihr das am Fernseher tun könnt. All diese Dinge sind nicht nur, wie ihr das oft seht, negativ. Die Technik ist an sich nicht negativ, sie ist ein Hilfsmittel. Sie wird verschwinden, aber im Moment ist sie nichts anderes, als würdet ihr mit Bauklötzen oder Lego spielen, um etwas zu erfassen. Sie ist da, um etwas für euch vorstellbar zu machen. Ohne Telefon wäre es für euch sehr schwierig, euch vorzustellen, daß ihr mit jemandem in China in Kontakt treten könnt. Und so ist es eben auch mit der Atomenergie. Sie lehrt euch, daß alles aus Energie besteht. Ihr könntet sie *direkt* nutzen, ohne Umweg über die Technik.

Über uns entsteht allmählich ein Ozonloch. Wie kann man sich schützen?

Es ist ein ähnliches Phänomen wie die Radioaktivität, denn auch die Sonne steht ja für Bewußtheit und Uranus ist nur eine vergrößerte Sonne. Ihr seid der Sonne jetzt mehr ausgesetzt, der Pfeil trifft jetzt. Es ist ein Symbol dafür, daß ihr andere Energie empfangen könnt. Die Sonne läßt alles wachsen, ihr wißt, daß ihr ohne Sonne in kürzester Zeit krank werdet. Ihr seid nicht dafür geboren, um ohne Sonne, ohne Bewußtheit zu leben.

Ihr seid jetzt also einer viel größeren Dosis an Bewußtheit ausgesetzt. Daß Hautkrebs dabei zunimmt, hat nur damit zu tun, daß Konflikte, die im Inneren sind, nach außen kommen. Hautkrebs ist eigentlich die harmloseste Krebsart, da dabei etwas an der Oberfläche passiert, was sonst tief in euch ist.

Jemand, der Hautkrebs bekommt, hatte sowieso Krebszellen in sich, die jetzt an die Oberfläche kommen. (Ihr alle habt Krebszellen in eurem Körper, aber ich meine jetzt die bösartigen.) Bewußtheit macht etwas sichtbar, deshalb das verstärkte Auftreten von Hautkrebs und Hautausschlägen. Hautkrebs ist sogar viel leichter heilbar als die anderen Krebsarten, weil ihn jeder sehen kann. Einen Krebs im Inneren siehst du ja nicht. Bei Hautkrebs weißt du, es stimmt etwas nicht mit mir. Und es geht ja nicht nur darum, einen Krebs zu heilen, sondern auch darum, zu sehen, was überhaupt los ist, daß sich so etwas wie Krebs – Selbstzerstörung – entwickeln konnte. Es kommt also nur sehr viel schneller nach außen, wie wenn es nach außen gezogen würde. Ihr denkt immer in die falsche Richtung. Es ist nicht die Sonne, die den Krebs verursacht, sondern sie bringt ihn nur ans Licht. Ihr seid noch nicht sensitiv genug, um alle gegenseitig in eure Körper schauen zu können.

Kann man auch bei Tieren vom Karmagesetz ausgehen oder welche Erklärung gibt es für Tierquälerei wie Tierversuche, Tiertransporte und ähnliches?
Zum Karmagesetz habe ich ja schon sehr viel gesagt, daß es also eigentlich so, wie ihr euch es vorstellt, nicht ist, daß es aber eine durchaus legitime Hilfskonstruktion darstellt. Wenn ich von der Hilfskonstruktion Karma ausgehe, würden auch Tiere diesem Karmagesetz unterliegen.

Es ist aber doch so, daß die Qualen, die die Tiere in den beschriebenen Formen erleiden, für die Tiere – mißversteht mich jetzt bitte nicht – nicht so schlimm sind, wie für ihre Täter, also wie für euch. Ihr nehmt beispielsweise das Fleisch dieser geschundenen Tiere als Körperinformation auf. Ihr nehmt Qual, Elend und Leid *in euren Körper auf, als lebende Information*! Die Tiere sterben daran. Sie sind dann frei. Wie gesagt, ich hoffe, es mißversteht mich niemand, für die Tiere ist das ebenfalls eine schreckliche Situation, aber es ist etwas völlig anderes als für euch.

Ihr seid ja mit den Tieren oder auch mit den Pflanzen und

dem Planeten weit verbundener, als ihr das so annehmt. Wenn wir vom Karmagesetz ausgehen als Hilfskonstrukt und die Tiere wären eigenständige Persönlichkeiten, die sozusagen auch ihre karmische Vergangenheit und Zukunft haben, dann könnte man es tatsächlich so betrachten – ich muß das alles unter Anführungszeichen setzen –, daß es so etwas wie ein Ausgleich oder ein Experiment im karmischen Sinne ist, also ein Sichhingeben für die Erfahrung eines anderen. Die Erfahrung macht ja vor allem ihr Menschen. Auch ein Leiden, um einem anderen eine Erfahrung zu ermöglichen – das funktioniert nur mit dem Hilfskonstrukt Karma.

Tiere stellen den instinktiven, den emotionalen Anteil eurer Welt dar. Wenn du also ein Tier siehst, das leidet, dann ist es dein eigenes Gefühl, das leidet. Ihr verkörpert euch sozusagen in der Vielheit. Es sind eure eigenen Anteile, die ihr da quält und schindet. Und du nimmst die Information auch sehr viel stärker an, als das Tier dies tut, auch wenn es natürlich leidet unter der Situation. Aber ein Medikament zum Beispiel, für das Tiere unsägliche Qualen erleiden … du kannst dir vorstellen, mit welcher Energie es auf deinen Körper wirkt, welche unsäglichen Qualen deine Gefühle erleiden, wenn du dieses Medikament zur Unterdrückung nimmst (es sind ja meistens Unterdrückungsmedikamente).

Wenn du Nahrung zu dir nimmst, egal, ob von geschlachteten Tieren oder vergewaltigten Böden, also vergewaltigten Pflanzen: Diese Energie nimmst du zu dir! Du baust sie als Information, als – lebende Information in deinen Körper ein: Qual, Leid, Geschlagenwerden, Elend, Ausweglosigkeit.

Man müßte also schon um seiner selbst willen …

Nur um seiner selbst willen, alles andere ist – entschuldigt den Ausdruck, ich hoffe es mißversteht mich niemand – *falsches* Mitleid. Es ist kein wirkliches Anerkennen der Ganzheit. Es ist ein Mitleiden, indem man ein, zwei oder drei Tiere erlöst, um selber die eigenen Gefühle, die man permanent vergewaltigt, nicht anschauen zu müssen.

Wobei ich sagen muß, daß ihr ohne Leid, also wenn ihr das

Leid als solches ausklammern wollt, auch kein Glück erleben könnt. Aber diese Form von Leid, diese extreme Form, ist genauso verrückt wie die extreme Form der Jagd nach Glück, die ihr im Moment habt und die genauso leidvoll ist. Genauso leidvoll ist es, sich am Abend so richtig vollzuschlemmen mit großen Platten. Es ist leidvoll, ihr fühlt euch hundeelend hinterher, ihr fühlt euch auch seelisch nicht besonders wohl. Ihr freut euch vielleicht auf einen besonderen Abend und ein wunderbares Fünf-Gänge-Menü, aber eigentlich seid ihr danach doch zumeist enttäuscht. Und je mehr, desto schlimmer bei der Jagd nach Glück, nach viel, nach Exklusivität. Es ist eben genauso schlimm – es ist nur das andere Ende dieser Extreme, wie eure Schlachttiere gehalten, transportiert und getötet werden.

Wenn ihr zum Einkaufen geht, sollt ihr immer nachspüren, welche Informationen in den Dingen liegen. Macht das bitte nicht mit dem Kopf! Vorsicht, auch biologisches Fleisch oder überhaupt kein Fleisch zu essen ist schon wieder etwas, das ihr mit eurem Kopf tut. Ihr vergewaltigt oft wieder eure Gefühle. Es geht erst einmal darum, eure eigenen Gefühle nicht mehr so zu quälen, damit sie euch »von Nutzen« sind, denn ihr nehmt Tod und Gift dadurch wieder in euch auf in verstärkter Form. Wenn ihr also Lust auf etwas habt, dann vertraut dieser Lust. Das hat nichts damit zu tun, welche Dogmen über Fleisch und die Art des Essens es gibt, sondern es geht um die Lust, es geht um das Nachspüren: Was tut mir jetzt gut, worauf freue ich mich, wovor ekelt es mir? Wie gesagt, die gesündeste Nahrung mit Ekel gegessen ist für euren Körper weit schädlicher als eine Maß Bier und ein Schweinebraten voller Freude genossen. Das kann ein wahrer Balsam sein, versteht ihr?

Ihr müßt lernen, dem, was diese Tiere verkörpern, zu vertrauen, es anzunehmen und es nicht einfach euch gefügig machen zu wollen. Eben eure Gefühle, eure Instinktivität. Wir hatten schon das Thema eurer Sexualität. Auch das gehört hier dazu. Zölibat, das erzwungene Zölibat, ist die extreme Form einer Kasteiung, eines Einsperrens, damit es einem »von

Nutzen« ist, verstehst du? So wie man ein Kalb eben einsperrt und hochmästet, damit es möglichst schwer wird, so wird die Sexualität, ein Mysterium, eingesperrt, damit sie einem »von Nutzen« sein soll zur höheren Erleuchtung.

Wenn ihr eure Traurigkeit einsperrt oder wegdrückt, eure Kindlichkeit, eure Wut, euren Zorn, eure Lebendigkeit, weil sie euch in eurem Weltbild für euch selber schädlich vorkommen, wenn ihr Gefühle wie Liebe oder Verzweiflung beschneidet, weil sie euch Angst machen oder in Verantwortlichkeiten bringen oder in Hilflosigkeiten, dann tut ihr das gleiche, wie wenn ihr Schweine mästet oder wie wenn ihr Medikamente an wehrlosen Tieren ausprobiert. Medikamente, die euch vor solchen unliebsamen Gefühlen, die sich jetzt körperlich manifestiert haben, schützen sollen. Also noch mehr Unterdrückung!

Vertraut doch dem Leben, dem Inneren, vertraut dem Aggressivem, dem Wilden, vertraut den instinktiven Anteilen in euch, vertraut den intuitiven, den emotionalen Anteilen in euch!

Kapitel 12

Schicksal

Es gibt viele Mißstände, und fast jeder will irgendwie helfen. Aber welche Hilfe ist sinnvoll und kann man überhaupt helfen, wenn doch jeder seine Realität selbst schafft?

Das ist ganz einfach: Du erschaffst dir ja auch, diesen Mißstand zu sehen, verstehst du?

Natürlich erschafft sich jeder seine Realität, das ist richtig, aber *du* erschaffst es dir beispielsweise, jemanden auf der Straße liegen zu sehen, der am Verbluten ist. Das hast *du* dir erschaffen. Das ist das Wichtigste, und was du aus deiner Situation machst, ist *deine* Sache. Daß er sich seinen Unfall erschaffen hat, ist *seine* Sache. Hier ist wieder das Problem des Wertens. Aber wenn du dir erschaffst, einen blutenden Menschen auf der Straße zu finden oder sei es auch nur einen Vogel, der nicht mehr fliegen kann, dann ist es *deine* Sache, was du damit tust. Es reicht in keiner Weise aus, zu sagen: Nun, dieser Vogel hat sich erschaffen, nicht mehr fliegen zu können.« Wer wäre damit schon zufrieden?

Es ist ein völlig natürliches Bedürfnis, kreativ zu sein, lebendig zu sein, manchmal ist es auch ein Bedürfnis aggressiv zu sein. Das Helfen ist genauso ein Bedürfnis wie manchmal das Bedürfnis zu mogeln oder sich herumzuschummeln, oder auch einmal zu schimpfen oder sich mit jemandem zu streiten.

Nochmal: *Ihr* erschafft euch eine Situation, in der Hilfe notwendig ist, darum geht es. Bewertet *nicht* die Situation des anderen. Warum er sich seine Situation erschafft, ist seine Sache. Es ist dein Leben, es ist dein FIlm, der da abläuft, und du führst die Regie.

Nun gibt es aber Leute, die ständig und überall nur Mißstände sehen und gar nicht mehr überall helfen können, weil ja die ganze Welt so schlecht ist.

Ich sage ja, es kommt darauf an, was du siehst. Die Menschen, die angeblich sehr, sehr viel helfen, helfen oft in Wirklichkeit überhaupt nicht. Sie wollen gebraucht werden von den anderen. Es ist keine Hilfe zur Selbsthilfe. Nehmen wir das Beispiel mit dem blutenden Unfallopfer: Da wird kein Notarzt gerufen, sondern man versucht selbst, einen Verband anzulegen, den der Blutende aber selbst nicht mehr abmachen kann, so daß man immer weiter gebraucht wird. Es entsteht eine Art Aufopferung. Aufopferung ist aber immer die Weigerung, anzuerkennen, daß ich mir die Situation selbst schaffe und natürlich derjenige, dem ich versuche zu helfen, auch. Jemand, der ein solches Helfersyndrom hat, glaubt ja, daß der andere irgend etwas Schlechtem außerhalb seiner Macht ausgeliefert wäre und er wäre nun so etwas wie ein Schutzengel oder Götterbote. Es ist ein großes Bedürfnis nach Liebe – da sich der

»Helfende« im Grunde selbst nicht liebt –, das er auf diese Weise zu kompensieren versucht. Denn natürlich kannst du überall, das ist richtig, einen Mißstand entdecken! Es gibt in einer ganz objektiven Welt hunderttausend Ansichtsmöglichkeiten von ein und derselben Situation, und jeder Mensch hat eine andere, weil jeder seine Realität schafft.

Es gilt aber als christlich, viele Mißstände zu sehen und darunter zu leiden.
Nicht darunter zu *leiden*, sondern sie *mitzuempfinden*, sie als die eigenen zu sehen.

Ich sage ja, ihr erschafft eure Realität. Niemand verlangt aber von euch, daß ihr unter Dingen leidet, die es so gar nicht gibt, daß der Zuschauer mehr leidet als das Unfallopfer beispielsweise.

Die christliche Forderung zu helfen oder den anderen so zu sehen, wie man selber ist, das ist ja nichts anderes als das, was ich jetzt sage: Wenn du eine Blume siehst, die Wasser braucht, versetzt du dich gewissermaßen in sie hinein, sie wird ein Teil von dir und natürlich gibst du ihr Wasser. Das ist damit gemeint. Andererseits ist es natürlich nicht so, daß du allen Blumen auf der ganzen Welt Wasser geben kannst, daß du verhindern kannst, daß jemals eine Blume zusammengetreten wird. Wenn du darunter leidest, ist das mangelndes Vertrauen in Alles-was-ist.

Ein solches Gefühl, eine permanente Angst, daß außen irgendeinem hilflosen Wesen etwas geschehen könnte, ist ein Spiegel der inneren Situation: Man hat das Gefühl, völlig machtlos und lieblos in einer eiskalten Welt zu sitzen. Und da gibt es eben keinerlei Hilfe, höchstens einen vermenschlichten Gott, einen Schutzengel oder Guru, der vielleicht von außen helfend eingreifen kann, aber nicht dieses Fließen aus dem Inneren heraus, nicht diese permanente Verbindung mit Allem-was-ist, mit dem Göttlichen, mit dem inneren Selbst. Es gibt kein Einverstandensein mit dem Leben, denn daraus kommt die wirkliche Hilfe. Ihr wißt ja, wenn ihr nach innen fragt: Ihr braucht nur loszulassen, dann ist schon alles in Ordnung.

Inwieweit ist Entwicklungs- und Katastrophenhilfe, wie beispielsweise die humanitäre Hilfe für Jugoslawien, sinnvoll?
Nun, ihr macht es sowohl richtig als auch falsch. Auf der einen Seite ist es so: Wenn ihr sehr viel außen helft, deckt ihr damit leicht eure inneren Mißstände zu, und das passiert im Moment politisch in sehr vielen Ländern. Das ist das gleiche wie bei jemandem, der ein Helfersyndrom hat, der permanent außen hilft, außen gebraucht wird, weil er auf sich selbst nicht schaut, weil er sich selbst nicht liebt, weil er nicht zugibt, daß er allein ist und traurig und eigentlich Hilfe von außen bräuchte.

So ist es beispielsweise bei euch in der Bundesrepublik zum Teil so, daß ihr sehr viele Asylanten aufnehmt, dort helft, da helft, obwohl ihr eigentlich Hilfe bräuchtet, um mit euren Problemen fertig zu werden, obwohl ihr im Moment keine neuen Menschen mehr verkraften könnt. Das gesteht ihr euch aber nicht zu, denn ihr seid ja die Starken. Das ist also nur eine Vergrößerung dessen, was viele von euch auf der persönlichen Ebene tun.

Meinst du damit, die Bundesrepublik sollte keine Asylanten mehr aufnehmen?
In der jetzigen Situation ist es doch so, daß ihr politisch gar nicht wißt, wo ihr mit den Menschen, die *hier* sind, hinsteuert. Wie könnt ihr da Menschen aufnehmen? Das heißt, ihr könnt natürlich Menschen aufnehmen, aber ohne Garantie. Ihr müßt vor allem aufhören zu sagen: »Wir geben euch die Garantie, wir sind stark.« Ihr könnt sagen: »Wir können es miteinander versuchen, aber wir wissen auch nicht, wie es weitergeht.« Das wäre ehrlich. Es geht nicht darum, jemanden auszusperren; es geht um die Ehrlichkeit zu sagen: »Wir können nicht unendlich helfen, wir haben nicht unendlich

Geld, wir haben nicht das Wirtschaftswunder, wir haben Probleme.«

Ähnlich ist es mit der Entwicklungshilfe. Wenn ihr jemanden seht, der verhungert, gebt ihr ihm natürlich etwas. Es sind nur Tropfen auf den heißen Stein, ihr aber habt das Gefühl, daß da geholfen wird.

Wenn ihr jemandem, der nichts hat, ein Stück Brot gebt, hilft das für ein oder zwei Stunden. Das ist so, wie wenn ihr irgendeinen Gedanken, den ihr habt, permanent beruhigt, anstatt die Ursache anzugehen. Wenn ihr helfen wollt, dann fragt: »Brauchst du Arbeit, brauchst du ein Zuhause?« Er braucht vielleicht eine Aufgabe, er braucht vielleicht einen Arzt, oder er braucht vielleicht eine Betreuung, der Mensch, der da sitzt. Das würde aber bedeuten, daß ihr euch voll engagiert, vielleicht sogar wochenlang für diesen einen einzigen Menschen. Ansonsten gebt eben ein Stück Brot, aber sagt *ehrlich*: »Ich habe nicht mehr Zeit« – tut aber nicht so, als würdet ihr permanent helfen.

Helfen ist immer Hilfe zur Selbsthilfe. Eine Hilfe, die einen anderen abhängig macht, ist Ausnützen, ist nicht helfen. Dabei ist es immer derjenige, der »hilft«, der eigentlich Hilfe braucht. Und ihr verhaltet euch so bei den Entwicklungsländern. Ihr macht diese Menschen von euch abhängig. Sie sind oft nicht mehr imstande, selbst etwas herzustellen. Ihr bräuchtet aber eigentlich von *ihnen* Hilfe. Und das hat schon begonnen: Ihr seht ja in den esoterischen Richtungen, daß ihr das alte Wissen aus diesen Ländern wieder benötigt. Und es wird auch bald so sein, daß eure Forscher beispielsweise das Pflanzengut aus solchen Ländern benötigen, um Rückkreuzungen vorzunehmen; sie müssen herausbekommen, wie die Bodenbewirtschaftung auch ohne Kunstdünger funktioniert und so weiter. Die alternative Medizin greift auf solches Wissen zurück, auch andere kollektive Lebensformen werden interessant: Es findet also ein Austausch statt.

Nochmal: Helfen ist in keinem Falle verkehrt, aber sprecht nicht immer von Hilfe, sondern manchmal auch davon, daß ihr euer schlechtes Gewissen beruhigen wollt und im Moment nicht mehr tun könnt und wollt. Aber sagt nicht, ihr habt geholfen, verstehst du?

Kapitel 13

NEUE WELT

Im Moment sind viele Katastrophenvorhersagen für die kommenden Jahre in Umlauf – sowohl von wissenschaftlicher Seite als auch von esoterischer Seite. Woher kommt das, und wie groß ist die Wahrscheinlichkeit, daß sie eintreffen?

Zunächst einmal gab es zu allen Zeiten, gerade auch in esoterischen und religiösen Kreisen, extreme Katastrophenvorhersagen, und man hat immer behauptet, nie wäre die Zeit so schlimm gewesen wie gerade jetzt.

Die Ursache hierfür liegt vor allem darin, daß die Menschheit als Kollektiv glaubt, sich nicht ändern zu können ohne Druck von außen – siehe eure Kindererziehung. Also: wenn nicht sonst etwas Schreckliches passiert, ändere ich mein Verhalten nicht. Es geht wieder um die Angst vor dem Negativen, die euch aber sozusagen einen Antrieb gibt.

Ihr geht ja davon aus, daß ihr das tut, was euch Spaß macht und daß das schrecklich ist. Das stimmt aber nicht. Ihr macht *nicht*, was euch Spaß macht und *deshalb* ist es schädlich. Ihr wollt etwa in einer schönen, reinen Welt leben, vergiftet sie aber permanent.

Ich möchte es einmal so sagen: Sehr viele Vorhersagen sind symbolisch zu verstehen. Natürlich ist es so, daß man durchaus von einem Weltuntergang sprechen kann, wenn sich ein ganzes Zeitalter und damit auch der kollektive Mensch ändert, und das *ist* ja im Moment so. Das geht nicht von heute auf morgen, sondern betrifft jetzt vor allem diese Generation, die den Hauptübergang erfährt.

Die Katastrophe ist sehr häufig folgendermaßen zu verstehen: Nehmen wir einmal die Vorhersagen, die die Erde selbst in die Veränderung miteinbeziehen, so daß die Erde euch auf ganz physischer Ebene dazu zwingt, Veränderungen einzuleiten, wie Vorhersagen über Erdbeben oder den Polsprung. Der Polsprung ist im Grunde genommen ein sehr schönes Symbol dafür, daß sich eure Wertungen ändern. Alles Physische, alles Äußere ist ja nichts weiter als ein Spiegelbild des Inneren, das wißt ihr ja.

Ihr habt oft zum Spaß Übungen gemacht, in denen ihr euch telepathisch bestimmte Dinge gesendet habt, und habt dann gesehen, was beim anderen angekommen ist. Ihr habt versucht, eine bestimmte Energie zu senden, und beim anderen sind dann ähnliche Bilder angekommen – oder auch ganz andere, die euch dann erst darauf aufmerksam gemacht haben, daß ihr das in dieser Zeit ja angesehen habt. Von diesen Übungen her kennt ihr, daß ihr Symbole verwendet, um etwas auszudrücken: Farben, Gegenstände, Menschen. ... Ganz genauso ist es mit diesen Vorhersagen, sie sind symbolisch zu verstehen.

Nun werden einige sehr unangenehm darauf reagieren, wenn ich das sage, denn es gibt gewisse Vorstellungen in vielen Gemeinschaften, die meinen, sie hätten endlich einen Sinn, eine Heilslehre gefunden und alle andern *beliefs* seien schlecht und falsch und müßten untergehen.

Das ist der falsche Weg, denn dabei geht es immer noch um den Kampf gegen das Böse, den ihr ausfechtet und der nicht funktioniert. Die Welt geht nicht unter, das »Böse« wird nicht verschwinden, aber ihr werdet es anders sehen. Ihr bekommt einen neuen Blickwinkel, und dann gibt es nicht mehr schwarz und weiß, sondern dann ist Leben, das ist etwas anderes. Bewußtheit ist etwas anderes als positives Denken, als Licht-und-Liebe-Denken. Dann *ist* Liebe, aber nicht die Liebe, von der ihr jetzt sprecht, die immer Angst hat vor dem Bösen. Licht hat keine Angst vor dem Schatten, warum auch.

Trotzdem sind sehr viele Erfahrungen für viele Menschen

nur möglich aufgrund solcher Gefühle, daß irgendwelche Katastrophen eintreten könnten. Ihr wißt ja selbst, daß ihr unter einem gewissen Druck oft enorm fähig werdet. Nehmt als Negativbeispiel eine unheilbare Krankheit, durch die man sich dann endlich dazu zwingt, das zu tun, was man schon immer tun wollte. Man hat eben nur noch zwei Jahre, und jetzt ist es doch egal.

Oder die Katastrophe ist eine Art Rechtfertigung, endlich die blöde Stadtwohnung zu verkaufen und aufs Land zu ziehen, was man doch immer schon tun wollte. Es ist die Rechtfertigung vor sich selbst gegenüber den eigenen Vorstellungen, was richtig und falsch ist, das heißt, die Katastrophenvorstellung ist also auch extrem wichtig und im Symbolgehalt für sehr viele Menschen unverzichtbar. Gibt es noch eine Frage dazu?

Du hast einmal gesagt, wir werden in einigen Jahren die Welt gar nicht wiedererkennen. Wie meinst du das?
Nun, ihr bemerkt ja gar nicht, was sich schon alles verändert hat! Es gibt kein West und Ost mehr, ihr habt inzwischen schon eine ganz andere Welt als vor vier oder fünf Jahren.

Wertvorstellungen, die unumstößlich waren, sind einfach verschwunden, versteht ihr? Und das geht immer weiter so. Natürlich geht das nicht ohne Probleme vor sich, aber es ist etwas ganz anderes, als von einer Katastrophe zu sprechen.

Die Wertvorstellungen, die bisher gegolten haben – vor allem die *polaren* Wertvorstellungen, die nur das eine *oder* das andere gelten lassen, die starken Ideologien, die gegeneinander streben – können nicht aufrecht erhalten werden. Die Polaritäten können nicht aufrechterhalten werden. Die Dritte und die Erste Welt als Polarität zum Beispiel: Ihr empfindet euch inzwischen aufgrund der Umweltschäden immer mehr als Erdengemeinschaft. Ihr wißt inzwischen auch, daß, wenn sich in irgendeinem Land eine Umweltkatastrophe ereignet, ein Nuklearunglück zum Beispiel, daß sich das auch auf euch hier auswirkt. Weshalb interessiert euch plötzlich ein Ölunglück auf dem Atlantik? Es ist doch nicht auf der Isar passiert, versteht ihr? Ihr bekommt also ein viel umfassenderes Bewußtsein. Es ist nicht mehr so, daß ihr euren Müll einfach in Nachbars Garten kippt, um selbst das Negative nicht mehr sehen zu müssen.

Die unendlich vielen Kontakte, die auf der Welt bestehen, die ihr »gechannelte Kontakte« nennt, und die verschiedenartigen »esoterischen Bewegungen« – ich nenne es jetzt einmal so, obwohl mir der Ausdruck nicht so gefällt –, die die Menschen zu ihrer eigenen inneren Individualität und zu ihrer größeren Seele zurückbringen, werden sehr große Auswirkungen haben und haben sie überall auch schon. Ihr seht es nur noch nicht, aber überlegt einmal: Hättet ihr euch vor zehn Jahren vorstellen können, daß ihr hier so beisammen sitzt und mit mir sprecht und daß ihr sogar mit der Kassiererin im Supermarkt in irgendeiner Form darüber sprechen könnt? Damals war das noch etwas sehr Außergewöhnliches.

Woher kommen dann die großen Diskrepanzen in den verschiedenen Aussagen aus esoterischen Kreisen?

Es gibt keine große Diskrepanz, das ist nicht richtig. Es gibt nur verschidene Übersetzungen. Ihr wißt ja, daß es immer sehr darauf ankommt, wie auf der einen Seite das Muster des Mediums aussieht und auf der anderen Seite auch das der Fragenden. Das Insgesamt ergibt dann die Information. Dennoch sind global die Aussagen relativ gleich, wie könnte es auch anders sein. Es sind nur verschiedene Sprachen. Verfallt nicht wieder in den gleichen Fehler, in den ihr bei den Religionen verfallen seid! Es sind die gleichen Muster, es sind nur verschiedene Übersetzungen. Für manche Menschen ist es einfach wichtig, daß sie sozusagen noch polar an etwas herangeführt werden. Auch ihr konntet ja früher nichts damit anfangen, daß es kein Gut und Böse gibt. Auch ihr wolltet doch »gut« werden. Auch ihr konntet nichts damit anfangen, daß es im Grunde keine Zeit gibt, daß ihr frei seid, daß ihr tun sollt, was euch Spaß macht. Das sind Begriffe, die für euch sehr, sehr schwierig sind. Ihr *beginnt* gerade, das zu verstehen.

Du sagst, unsere Kinder werden uns »über die Schwelle ins Wassermannzeitalter helfen«. Inwiefern können sie uns helfen?

Ihr bemerkt gar nicht, daß eure Kinder schon ganz andere Informationen aufnehmen als ihr. Für euch war »eine Sitzung mit mir« anfangs noch etwas sehr Außergewöhnliches. Eure Kinder wachsen damit auf, versteht ihr? Sie wachsen damit auf, daß man auf die innere Stimme hört, nicht damit, daß man in die Kirche geht, daß man an Autoritäten glaubt.

Wenn sie Schwierigkeiten haben in der Schule, wenn sie nicht wissen, wie sie mit den Eltern zurechtkommen oder welchen Beruf sie wählen sollen – sie können die innere Stimme fragen. Das ist so anders als ihr aufgewachsen seid. Es ist die erste Generation die so aufwächst. Und ihr wißt ja gar nicht, wieviele das tun, jeder in einer anderen Form. Es ist durchaus nichts Ungewöhnliches mehr, daß Tarotkarten auf dem Kaffeetisch liegen und zwar überall, nicht nur in einer bestimmten Schicht. Der innere Wert, die innere Führung, gewinnt eine unglaubliche Kraft. Ihr vermittelt das natürlich euren Kindern, die dadurch diesen Glaubenssatz nicht mehr zunächst totschlagen müssen, um ihn hinterher wieder aufbauen zu müssen in irgendwelchen Seminaren. Für sie ist es selbstverständlich, so wie es für euch selbstverständlich ist, daß es Bananen gibt, obwohl eure Eltern euch erzählt haben, daß es nicht immer so war. Es ist einfach das Lebensgefühl, das Selbstverständliche, wie sie damit umgehen, denn sie besitzen es als Grundbelief. Ihr dagegen habt oft noch dieses Gut-und-Böse-Denken.

Auch Video und Computerspiele, wie auch die vielen Fernsehkanäle sind übrigens Dinge, die auf der technischen Ebene eine innere Entwicklung repräsentieren.

Kapitel 14

Ich habe den Eindruck, daß sich Dinge, die man nicht haben will, viel schneller materialisieren, als Dinge, die man haben will. Stimmt das?

Das ist richtig, weil ihr bei dem, das ihr haben wollt, immer davon ausgeht, daß ihr es *nicht* habt, daß es weit weg ist. Die Veränderung geschieht dadurch, daß ihr es gefühlsmäßig zu haben beginnt. Du kannst beispielsweise die zukünftige Badezimmertüre streichen, anstatt darüber zu lamentieren, daß dahinter noch immer kein Badezimmer vorhanden ist. Dann hast du schon einmal die Badezimmertüre!

Ich habe in letzter Zeit oft das Gefühl, daß ein lebloser Zustand vorherrscht, alles ist alltäglich und grau. Ich habe meinen Enthusiasmus verloren.

Wenn ihr etwas von außen nach innen bringen wollt, dann entsteht dieses »graue« Gefühl.

Versuche wirklich, das was du von innen her ausdrücken willst, auszudrücken, und nicht erst in einem halben Jahr und an einem ganz bestimmten Ort, sondern jetzt und wo du gerade bist. Es geht immer!

Ich glaube, ich kann das, was innen ist nicht nach außen bringen, weil es dann kaputt geht oder kaputt gemacht wird.

Stell dir einen Schriftsteller vor, der eine gewisse Vorstellung davon hat, wie sein Werk verfilmt werden soll. Er hat alle Mittel, die er braucht, aber irgendwie ist er nicht zufrieden mit der Verfilmung; sie trifft nicht den Kern.

Du bist in dieser Situation. Du bist in ihr, um herauszufinden, was für dich der Kern ist und was den Kern trifft.

Kapitel 15

TRÄUME

Du sagst, kleine Kinder haben noch keine Glaubens-
sätze, weshalb haben sie dann aber auch schon Alp-
träume?
Kinder haben ein weit intensiveres Erleben als Erwachsene
und erleben sowohl das, was euch als angenehm, als auch das,
was euch als unangenehm erscheint, intensiver.

Kinder erleben im frühen Alter ganzheitlich *und* bipolar. Es
besteht eine feine Spaltung der Pole, die sich dann immer weiter voneinander entfernen. Vereinfacht ist die eine Seite die
Freude, die andere die Angst, das Unangenehme.

Nun könnt ihr euch ja darüber freuen, daß scheinbar bei
euren Kindern die angenehmen Dinge oft überwiegen. Ihr seid
euch zwar der Tatsache bewußt, daß die Welt aus zwei Polen
besteht, aber ihr seid voll von »positivem Denken«, mit dem
ihr die ängstlichen, unangenehmen, »negativen« Gefühle in
den Hintergrund schiebt. Ihr schiebt sie zehn oder zwanzig
Jahre oder noch länger auf. Was eure Wahrnehmung betrifft,
tastet sich euer einer Fühler sozusagen nach vorne, der andere
bleibt eingezogen.

Das Kind erlebt prinzipiell positiv und negativ gleichermaßen. Somit müßt ihr eigentlich damit rechnen, daß es zu
50 % mit »negativen« Dingen konfrontiert ist, genauso wie
ihr, jedoch seid ihr Meister im Verdrängen.

Wenn ein Kleinkind das, was es träumt, äußert, besteht die
Möglichkeit, negative Erfahrungen auszudrücken, ohne sofort
zurechtgewiesen zu werden. Das Kind kann dann sagen: »Ich
habe das ja nur geträumt; es hat nichts mit meiner anständi-
gen positiven Welt zu tun«, in die es ja von Anfang an gezwungen wird.

Traumzustand und Phantasien sind die Versuche, die Ganzheitlichkeit in eure bipolare Welt zu bringen.

*Ich habe als Kind bestimmte Träume immer wieder ge-
träumt, und zwar exakt die gleichen, wie in einem Video,
und oft über Jahre. Wie kommt das?*
Du hattest in deiner Welt eine sehr starke Permanenz. Denke
an die einfachen, eindringlichen Worte deiner Mutter, das einfache Sein deines Vaters, die Stabilität.

Ihr könnt im Traumzustand anzapfen, was ihr wollt, da es
dort keine Zeit gibt. Du hast oft dasselbe erinnert, dich in der
Erinnerung auf ein Geschehen eingeklinkt, um eine Stabilität
herzustellen, die der äußeren Stabilität die Waage hielt.

*Kannst du mir den Traum deuten, den ich am häufigsten
hatte? Ich wache nachts auf und bin ganz allein im Haus.
Ich schalte in allen Räumen das Licht an und mit jedem
Licht auch einen Ton. Licht und Ton lassen sich nicht
mehr abschalten, sondern werden immer greller und unangenehmer, bis das Haus gleißend hell und der Ton
kaum mehr zu ertragen ist. Ich renne in Panik aus dem
Haus und hinterlasse dabei abgrundtiefe Fußspuren, die
mich zwingen, immer schneller zu rennen, denn sonst
versinke ich in ihnen.*
Die einfachste Bedeutung ist, daß du das Bewußtsein nicht
abschalten kannst, daß es immer heller und lauter wird. Wenn
du dich aber nicht bewegen würdest, würdest du in Unbewußtheit versinken, wovor dir auch graut.

Du läufst vor deinem kristallisierenden Ego davon, vor
einem Ich, das immer künstlicher wird, das immer mehr ein-
seitig positive Formen annimmt. Deshalb dieser Alptraum.

*Warum habe ich als Erwachsener immer noch Alp-
träume?*
Warum solltest du sie nicht haben? Alpträume sind ja eine
Form, sich mit Gefühlen beispielsweise auseinanderzusetzen,
die sehr viel mit Hilflosigkeit zu tun haben. Alpträume sind ja
immer verbunden mit einem Gefühl von einem Übergriff,
gegenüber dem man wehrlos ist. Etwas Übermächtiges, Be-

drohliches, Böses kommt also auf einen zu, so daß man handlungsunfähig wird oder man steht unter dem Druck, plötzlich selbst von einer solchen bösen Energie beeinflußt zu sein, so daß man sich selbst als Täter erlebt – wohl die schlimmsten Alpträume!

Immer wenn so etwas auftaucht, ist das eigentlich ein sehr kreatives Zeichen, und heißt, daß ihr euch zumindest auf der Traumebene mit diesen Gefühlen und mit der Hilflosigkeit, die damit verbunden ist, auseinandersetzt. Ihr seht, ihr wacht immer wieder auf, es geschieht nichts. Auch im Traum passiert nie etwas wirklich, verstehst du? Es gibt *immer* ein Hindurchgehen! Es geht weiter. Wenn Alpträume mit dem gleichen oder ähnlichem Inhalt häufig auftauchen, dann blockiert man vor diesem Weitergehen-Schritt.

Wenn du einen Alptraum hast, dann überlege dir, welche reale momentane Situation eigentlich damit angesprochen ist, welches Gefühl angesprochen wird, das du im Alltag nicht zuläßt, im Wachbewußtsein, dem Alltag gegenüber, der Arbeit, dem Partner, irgendeiner Situation gegenüber, die dieses Gefühl in dir auslöst und dem du dich ebenso ausgeliefert fühlst wie dies im Alptraum beschrieben ist.

Meistens seid ihr ja viel zu stolz, um zuzugeben, daß ein Partner eine solche Gewalt über euch hat, daß ihr ihm auf Leben und Tod ausgeliefert seid. So fühlt ihr euch ja manchmal, nicht wahr? Daß eine läppische Arbeitsstelle, eine Beförderung ja oder nein, daß so etwas eine solche Gewalt über euch hat wie Leben und Tod: Ihr seid viel zu stolz und habt euch viel zu sehr in der Hand, um das zuzugeben. Das macht aber krank. Im besten Fall verursacht es wenigstens Alpträume. Das ist ja eine Möglichkeit, ans Bewußtsein zu gelangen, wenn ihr euch daran erinnert. Alpträume habt ihr alle, aber ihr erinnert sie nicht alle. Also gesteht euch diese Gefühle einer Situation gegenüber ein, hört auf, vor euch selbst davonzulaufen! Wenn ihr sie einmal empfunden habt, wenn ihr das Gefühl zuläßt – ich weiß, daß das einfach gesagt ist – wird es sich verändern. Es gibt keinen anderen Weg. Der Weg der

Unterdrückung oder gar des positiv Denkens führt euch genau dahin, wo ihr nicht hinwollt. Laßt das Gefühl, das der Alptraum darstellt *zu*, dann wird sich die Wendung ergeben.

Also müßte man eigentlich froh sein über Alpträume und das Gefühl davon ertragen, bis es sich von selbst verändert?

Natürlich könnt ihr froh sein darüber. Aber das Gefühl nicht ertragen, sondern *erleben*. Das Gefühl auch wirklich im eigenen Leben, im Alltag suchen und sich zugestehen, *daß* man so fühlt, es einsehen, es nicht mehr wegdrücken. Real einsehen: Ich fühle mich meiner Frau, meinem Mann gegenüber absolut hilflos, ich kann nicht mehr, mein Chef bringt mich um. So dramatisch wie im Alptraum *ist* das Gefühl in euch! Ihr braucht keine Angst vor diesen Tiefen zu haben. Ich weiß, ihr habt Angst. Der einzige Weg führt dahinein, um wieder herauszukommen und deshalb: Alpträume sind eine vorzügliche Form, um euch überhaupt damit in Kontakt zu bringen.

Kapitel 17

BERUF

Wie finde ich eine berufliche Tätigkeit, die mich ausfüllt?
Ich habe euch bereits gesagt, daß ihr zwischen Beruf und Berufung unterscheiden sollt.

Stell dir vor, du bekommst viel Geld für eine »erleuchtete« Tätigkeit. Wie fühlst du dich dann?

Ich sage dir, daß du dich dann genauso fühlen wirst wie im Moment, nur mit vertauschten Rollen: Es würde innen in dir die Härte bestehen, die jetzt scheinbar außen besteht. Es würde damit beginnen, daß du viel mehr verpflichtet wärst.

Im Supermarkt zu arbeiten ist weder besser noch schlechter als beispielsweise ein »Starmedium« zu sein. Ihr meint immer noch, daß euch irgend etwas in eine bestimmte Situation hineinmanövriert, und sei es das Höhere Selbst, das Karma oder was auch immer.

Du hast zur Zeit einfach das Geringste gewählt, das, was du immer verabscheut hast. Insofern hast du nun die größtmögliche Auswahl, da es für dich sozusagen keinen »Abstieg« gibt, da du das Geringste schon gewählt hast.

Dir geht es nicht darum, viel Geld zu verdienen, sondern darum, das Innere nach außen zu bringen, und das ist ein Unterschied. Unter einer Tätigkeit, die dich vom Status her befriedigt, aber nicht dein Inneres nach außen bringt, würdest du weit mehr leiden, als du es jetzt tust. Deine Vorstellungen sind da kompromißlos.

Manchmal nehme ich etwas voll Zuversicht in Angriff, und wenn es dann nicht auf Anhieb klappt, bin ich wie gelähmt, und das Ziel rückt in unerreichbare Ferne. Ich habe schon Angst, Dinge überhaupt in Angriff zu nehmen.

Nun, es ist erfreulich, daß du diese Frage stellst, da du einen Kern-Glaubenssatz damit ansprichst.

Du trennst die Pole Gut und Schlecht sehr stark und bewertest das, was du ausdrückst, als mangelhaft, unattraktiv und so weiter. Das, was du bist, ist unantastbar, aber sobald du es ausdrückst, nach außen bringst, wird es für dich negativ. Selbst eine sehr erfolgreiche Karriere kann für dich negativ sein: Denke an deine bisherigen beruflichen Erfolge!

Mit einfachen Worten könnt man deine innere Einstellung so formulieren: Was ist besser, Innen oder Außen? Das hat archaischen Charakter, denn dahinter steckt die Frage: Ist es nun gut, daß ich auf der Welt bin oder bin ich nicht eigentlich ein Schädling? Wäre es nicht besser ich würde nicht existieren, denn dann würde ich keine Umweltbelastung, keinen Schmutz, keine Verletzungen verursachen? Wer weiß, ob ich das jemals aufwiegen kann?!

Dies ist vereinfacht ausgedrückt, aber du hast dadurch sehr große Schwierigkeiten, einfach etwas zu tun, um zu sehen, was passiert, und ohne in gut und schlecht einzuteilen.

Ich empfehle dir, mit kleinen Schritten zu beginnen, einfach physisch etwas zu tun. Du kannst dein Inneres *überall* ausdrücken.

Wie kann ich möglichst früh in meinem Leben zu meiner Aufgabe (Berufung) finden?

Indem ihr sie nicht sucht, sondern sie einfach ausführt. Wie gesagt, dieses Gefühl einer Berufung ist sehr häufig auch eine Art der Selbsttäuschung, genauso wie der Traumpartner eine Selbsttäuschung sein kann. Egal was ihr tut, Befriedigung liegt nicht in der Art der Arbeit, sondern in der Art, *wie* sie getan wird. Und wenn ihr immer mit dem Gefühl an eine Sache herangeht, »das ist es ja nicht, ich muß ja etwas ganz anderes tun«, dann ist das eben so wie: ihr geht in den Kindergarten, *um* dann in die Schule zu gehen, ihr geht in die Schule *um* dann in eine höhere Schule zu gehen, ihr geht in die höhere Schule *um* dann irgendeine Ausbildung zu machen oder zu studieren, ihr studiert *um* dann ... und so weiter und so weiter. Und so macht ihr es mit eurer Berufung auch, anstatt im Moment zu sein.

Möglichst früh im Leben heißt: jetzt sofort! Das was du jetzt tust, ist deine Berufung. Es kommt darauf an, *wie* du es tust! Je weniger du dich selbst blockierst mit Davonlaufen vor dem, was du eigentlich tust, desto eher kann deine gesamte Energie in das Tun miteinfließen. Man findet auch dadurch sehr viel leichter eine befriedigende Ausdrucksmöglichkeit für die eigene Kreativität. Es ist aber nicht so, daß die Berufung so etwas ist wie ein Heilsjob, mit dem man der Menschheit und natürlich auch sich Segen bringt. Es ist eine innere Einstellung zur Welt, das Wahrnehmen dessen, was ist. Ihr kommt an eurer Berufung nicht vorbei, das garantiere ich euch. Ihr könnt gar nicht anders als sie leben, so wie ihr nicht anders könnt als atmen. Ihr könnt euch aber damit herumquälen und ständig so tun, als wüßtet ihr es nicht und ständig außen nach etwas suchen und dadurch wirklich kreuzunglücklich werden und eure Berufung sozusagen mangelhaft für euch selbst erleben. Oder aber ihr könnt das, was ihr seid, einfach erleben, annehmen, akzeptieren, euch führen lassen, um dann auch im Außen natürlich ganz andere und leichtere Umstände vorzufinden, ihr könnt also sehr viel besser und freier, an besseren Plätzen, mit anderen Menschen, bei der richtigen Arbeit sein. Ihr behindert euch dann nicht.

Setzt also jeder automatisch seine individuelle Berufung frei?

Ja, aber fast jeder hat das Gefühl – und das habe ich ja angedeutet – daß das nicht richtig ist, was er macht. Wie schon gesagt, das was am häufigsten geschieht ist, daß die Energie, die in der Berufung vorherrscht (eigentlich mag ich das Wort Berufung nicht so gerne), im Beruf gesucht wird. Da kommt es dann zu einem fast krankhaften Karrierestreben. Das Gefühl der Sicherheit, das vom Beruf ausgehen sollte, der Rhythmus der Jahreszeiten, der die Basis bilden soll, gehen völlig verloren und bald darauf kann auch die Eigenenergie dann nicht mehr nach außen gebracht werden.

Der Beruf fordert viel Zeit, dazu kommen dann noch »Nebenberufe« wie Haushalt, Garten usw. ganz zu schweigen von den Hobbies. Welche Zeit bleibt da noch für die Berufung?

Deshalb sollt ihr sie ja nicht hintanstellen und sagen: »Ich muß warten, bis ich auf der Bühne singen kann«, wenn ihr eine Berufung zum Sänger fühlt, sondern ihr sollt es jederzeit tun. Wenn du beispielsweise schreiben willst, solltest du deinen Notizblock immer dabei haben.

Berufung ist die *Grundenergie,* die eben immer strömen sollte. Sie ist nicht an Zeit gebunden, sondern sie ist eine innere Qualität.

Wenn jemand seine Berufung überhaupt nicht im Beruf unterbringen kann ...

Dann hat er den falschen Beruf oder das falsche Bild von seiner Berufung.

Gibt es nicht auch Leute, die nur ihrer Berufung nachge-
hen, beispielsweise manche »Channel-Medien«?
Wenn jemand beispielsweise zwölf Stunden am Tag als Heiler
arbeitet, ist er vielleicht zwei Stunden morgens oder abends in
seinem Garten. Der Ausgleich ist immer da. Es kommt nicht
sosehr darauf an, wo der zeitliche Schwerpunkt liegt. Es gibt
immer eine einfache, d. h. austauschbare und eine ganz individuelle Energie.

Kapitel 18

HEILEN

Es ist völlig normal, daß ihr mannigfaltige Fragen habt zu
eurem Körper, weil ihr an ihm eben am einfachsten und am
direktesten ablesen könnt, mit welchen *beliefs* ihr momentan
Schwierigkeiten habt. Alle anderen Ebenen sind nicht so einfach, konkret und durchsichtig.

Ich habe in letzter Zeit häufig Schmerzen in der Achilles-
sehne und im Kniegelenk. Welche Glaubenssätze ver-
ursachen das?
Es handelt sich um das Loslassen, das Faulsein, Freisein, das
Genießen-dürfen und nicht immer das aktive Tun-wollen,
Laufen-wollen, Leisten-wollen, Irgendwohin-gelangen-wollen.
Der Glaubenssatz, der dahintersteht, ist sehr vereinfacht
der, daß nur im aktiven Tun und gewissermaßen auch im
Schlagen der anderen – und sei es nur in Gedanken, daß man
schneller ist, besser ist, stärker ist als der andere – eine Art Zufriedenheit eintritt. Diese Zufriedenheit tritt gewissermaßen
nicht ein, wenn man langsamer ist als der andere.
Gerade beim Sport zeigt sich das ja sehr deutlich, deshalb
auch deine »Behinderung«, da du es dir ja aufgrund deiner
Schmerzen »leisten« kannst, nicht ständig unter einem so
hohen Anspruch zu stehen. Dieser Anspruch bezieht sich aber

nicht nur auf irgendwelche sportlichen Dinge, sondern insgesamt auf dein Leben.

Es geht auch darum – Kniegelenk und Achillessehne sind betroffen –, etwas von anderen anzunehmen. Das Knien ist bei euch eine demütige Haltung. Ihr erbittet dabei etwas, nehmt euch selbst völlig zurück und legt alles in die Hand dessen, von dem ihr es erbittet. Es ist nicht mehr das »ich will«, sondern »ich erbitte«.

Diese Einstellung ist dir sehr ungeheuer. Du forderst lieber oder verzichtest. Das ist aber auf Dauer sehr kräftezehrend.

Also noch einmal: das Nichtstun und das Genießen in den Vordergrund stellen.

Meine Haut ist sehr anfällig für Pilzkrankheiten. Was kann ich dagegen tun?

Die Haut als euer unmittelbarstes Kontaktorgan zur Umwelt ist am leichtesten anfällig für irgendwelche Irritationen.

Die Empfindlichkeit des Rückens und der Schultern bei dir bedeutet die Angst, daß dir jederzeit jemand in den Rücken fallen könnte. Es ist eine erhöhte Sensibilität vermeintlichen Angriffen gegenüber, die in keiner Weise gerechtfertigt sein muß.

Ebenso bedrückt dich die Last des Alltags, der alltäglichen Verpflichtungen: Genauso fällt dir der Alltag sozusagen in den Rücken. Es geht hier nicht nur um Personen, sondern auch um Situationen und so fort.

Weil diese Empfindsamkeit eben nicht ausgedrückt wird, nicht zugelassen wird, manifestiert sie sich körperlich.

Du duscht sehr häufig. Ich habe dir schon einmal gesagt, daß du nicht so häufig duschen sollst und daß du vor allem nicht diese scharfen Mittel dazu nehmen sollst, wenn du schon so oft duschen mußt. Hilfreich auf körperlicher Ebene ist Joghurt, auch das habe ich dir schon gesagt. Du solltest ihn innerlich wie äußerlich anwenden.

Ich möchte wissen, woher Krampfadern kommen, wenn sie aus der Zeit der Schwangerschaft stammen, und welche Glaubenssätze diese verursachen.

Körperlich – das dürfte ja bekannt sein – heißt das, daß das Blut nicht mehr zum Körper zurückkehrt, sondern gewissermaßen am liebsten aus den Füßen herausfließen würde und nicht mehr zum Herzen zurück, nicht mehr in den Körper zurück. Das bedeutet zweierlei.

Zum einen ist für dich die materielle Basis – das hat nichts mit Reichtum oder viel Geld zu tun, sondern einfach das, was du unter deiner Basis verstehst –, die physische Basis also, äußerst wichtig, auch deine Einstellung dazu. Das Blut, die Energie geht hinein, aber du selber nimmst passiv daraus keine auf, obwohl das im Körper umgekehrt ist: Das Nach-oben-gehen des Blutes erscheint aktiv, ist aber eigentlich auch ein passiver Akt, da ja der Druck der Muskeln da ist und die Klappen, die in den Adern vorhanden sind, sich passiv zurückstellen durch den Druck. Du müßtest also weit mehr lernen, Energie auch zu beziehen – und zwar gerade die weibliche Energie – aus der materiellen Basis.

Das sind aber Dinge, mit denen du scheinbar überhaupt nichts anfangen kannst, nämlich dieses Frau-Küche-Kinder. Es beschränkt sich nicht nur darauf, ist aber ein Bestandteil davon. Auch energetisch solltest du versuchen, die Hausarbeit erstens barfuß zu erledigen, zweitens mehr als Hobby zu betreiben. Ich weiß, Kuchenbacken und ähnliches liegt dir nicht besonders, aber du solltest es einmal versuchen. Es ist eine ganz andere Form der Befriedigung als etwas zu schreiben oder ein Seminar zu machen – eine *andere*, nicht eine bessere, aber eine, die dir fehlt und weshalb es zu dieser Stauung kommt.

Bei diesen Hausfrauentätigkeiten solltest du also darauf achten, daß du nicht nur Energie hinein*gibst* – du machst das alles sehr schnell, sehr perfekt und möchtest es möglichst schnell weghaben, weil du meinst, und das ist dein Glaubenssatz, daß es dir eigentlich nicht liegt – sondern daß du die

Energie auch ganz bewußt herauf*nimmst* in den Körper. Ein Stapel gebügelter Wäsche kann durchaus Befriedigung hervorrufen, auch ein schön gedeckter Tisch oder ein gutes Essen.

Warum ist dieses Problem nur bei den Frauen in meiner Familie verbreitet, nicht bei den Männern?
Der Auftrittszeitpunkt ist ja sehr aufschlußreich: bei der Schwangerschaft. Auch hier handelt es sich um etwas typisch Weibliches, nämlich ein Kind in sich entstehen und wachsen zu lassen. Also die Energie, die eine Schwangerschaft einer Frau auch geben kann, hast du dir nicht genommen. Es ist eine typisch weibliche Energie. Du hast eher Angst vor diesen *typisch* mütterlichen Gefühlen.

Du wirst kaum Frauen mit Krampfadern treffen, die beispielsweise sehr intensive Geburtsvorbereitungskurse besuchen und miteinander wirklich nur noch über das Kind sprechen – da gibt es natürlich eventuell andere Probleme.

Krampfadern trifft man fast immer bei eher burschikosen Frauen. Auch in deiner Familie ist es so aufgrund der Glaubenssätze, daß alle Frauen mit dieser reinen Weiblichkeitsrolle Schwierigkeiten haben. Versteh mich da jetzt nicht falsch: Ich will dich nicht zum Hausmütterchen machen. Aber wenn du dir die Frauen in deiner Familie ansiehst, dann wirst du vielleicht bemerken, daß auch sie sich regelrecht für die Familie aufopfern, so wie du das ja zum Teil auch empfindest, aber selber nicht diesen weiblichen Genuß daran haben, eine Familie zu haben, also die Energie nicht aus dem Boden nehmen.

Die Schulmedizin behauptet, daß Krampfadern mit einer allgemeinen Bindegewebsschwäche zu tun haben. Ist das richtig?
Das tritt häufig gleichzeitig auf und ist ebenfalls ein Zeichen von mangelnder Stärke und von mangelndem Energiehereinholen. Es ist aber nicht so, daß die Bindegewebsschwäche Ursache für die Krampfadern wäre, sie tritt nur gleichzeitig auf.

Vor einigen Jahren ist mir eine Zahnwurzel abgestorben. Jetzt steckt ein Metallstift in der Wurzel, der eine Krone trägt. Mein Heilpraktiker behauptet, solche abgestorbenen Zahnwurzeln würden ein Störfeld bilden, das den ganzen Körper beeinträchtig. Stimmt das?

Ja, das stimmt im Grunde genommen, denn ihr müßt euch denken: wenn ein Zahn abgestorben ist, dann ist er eigentlich tot. Ihr erhaltet sozusagen ein Stück totes Gewebe künstlich am Leben. Diese Fehlinformation ist es, die tatsächlich ein Störfeld aufbauen kann. Der Zahn ist nämlich nicht mehr wirklich energetisch mit dem Körper verbunden, nicht mehr durch Nervenreize und Blutgefäße ausreichend vom Körper versorgt, sondern nur noch durch ganz wenige Kanäle. Ganz abgestorben ist er natürlich nicht, nur die Hauptwurzel eben. Es ist so eine kleine Lüge.

Ihr habt zweierlei Möglichkeiten: Entweder ihr laßt euch den Zahn entfernen und eine Brücke machen, wodurch aber auch zwei andere Zähne in Mitleidenschaft gezogen werden. Das ist aber die Realität. (Wobei natürlich auch künstliche Zahnhilfen nicht ohne Störfelder für den Körper sind, aber nicht so ausstrahlend wie das, was sich direkt im Kiefer abspielt. Eine Brücke ist eine relativ äußere Kosmetik, während im Kieferbereich es doch schon zu sehr tiefgreifenden Wechselwirkungen kommt.)

Die andere Möglichkeit ist, den Zahn trotz seines jetzigen Abgestorbenseins und dem Metallstift darin wieder mit dem Kiefer zu verbinden. Und das geht, denn ganz tot ist ein solcher Zahn nicht.

Diese Möglichkeit sollte, natürlich auch über längere Zeit hinweg, sehr intensiv erfolgen. Es sollte immer wieder ein aktiver energetischer Ausgleich von diesem Zahn und den beiden Nachbarzähnen durchgeführt werden. Also aktiv sich vorstellen, daß der Zahn wurzelt, daß etwas von diesem Zahn – strahlend hellrot-goldene Äderchen – in den Kiefer hineinwächst. Es muß fühlbar, sichtbar werden, daß zwischen dem Körper und dem Zahn ein richtiger Austausch stattfindet. Die energetischen Beeinträchtigungen lassen sich dadurch absolut reduzieren, und vielleicht bildet sich sogar eine neue Wurzel.

Gerade für die Zähne ist, anstatt eures »Odols« oder eurer doch recht intensiven Zahnduschen, die vielleicht ein wenig zu drastisch sind, ein Apfel oft von besserer und von andauernderer Wirkung, da ja beim Zähneputzen mit scharfen Mitteln auch die notwendigen Bakterien entfernt werden, die normalerweise Karies verhindern. Ihr putzt ja eure Speiseröhre auch nicht und bekommt deswegen auch keine Löcher dort. Es ist natürlich nicht ganz dasselbe, aber im Grunde genommen ist das, was ihr als Karies bezeichnet, schon eine reine Zeitkrankheit. Ich gehe später noch näher darauf ein.

Setzt statt scharfer Mittel Bach-Blüten zu. Diese sollten unter dem Gesichtspunkt der eigenen Durchsetzungsfähigkeit in der Welt gewählt werden.

Ich habe fast das ganze Jahr über Schnupfen, oft sogar ziemlich stark. Weshalb?
Du bist allergisch. Die Sensibilität besteht auf verschiedene Stoffe, es besteht aber insgesamt das, was ihr unter »Hausstauballergie« versteht.

Nun bitte nicht erschrecken, es ist wirklich nicht so, daß man nun alles blitzeblank putzen müßte. Du solltest aber sehr darauf achten, welche Kleidung du trägst. Es sollte auch beim Waschpulver aufgepaßt werden, vor allem für die Bettwäsche, denn hier reagierst du ebenfalls sehr stark auf die Zusatzstoffe. Also möglichst etwas verwenden, das vielleicht sogar aus dem Reformhaus kommt, und die Bettwäsche wie auch die Unterwäsche mindestens zweimal spülen, so daß diese Inhaltsstoffe noch möglichst gut herausgespült werden.

Das, was bei euch als Hausstauballergie bekannt ist, ist eigentlich nicht der Hausstaub, sondern die ganzen Putzmittel und so weiter, die verwendet werden, und die Veränderung, die die Bakterien dadurch durchmachen, denn ihr könnt euch vorstellen, daß beispielsweise auf einer Wiese ganz andere Bakterien sind als im Haushalt.

Meine (16 Jahre) Zahnspange ist nun draußen, und die Zähne fangen schon wieder an, sich übereinanderzuschieben.

Ja, das ist so eine Geschichte mit eurem Zahnspangenfimmel. Normalerweise regulieren sich die Zähne im Laufe der Jahre von selbst, und es gibt eigentlich überhaupt kein Gebiß, wo sie einfach wunderschön gerade herauswachsen, sondern sie wachsen ein bißchen kreuz und quer und stellen sich später selber in die richtige Reihenfolge. Das dauert aber.

Niemand würde auf die Idee kommen, bei Zehn- oder Zwölfjährigen, bei denen oft die Arme zu lang sind, die Gliedmaßen gewaltsam zu korrigieren. Man sagt dann: »Das wächst sich noch aus«, und das ist richtig. Das Kind muß dann zwar vielleicht auf die Haltung achten oder mehr Sport treiben, aber daß gleich ein Korsett angeschafft wird, das passiert wohl nicht.

Zahnregulierung ist eine gute Sache, wenn sie nicht zu früh eingesetzt wird. Im Grunde genommen sollte sie erst nach dem 21. Lebensjahr eingesetzt werden. Sie dauert dann etwas länger, ist aber noch genauso erfolgreich. Sie ist dann weniger schön, weil vielleicht größere Spangen über einen längeren Zeitraum eingesetzt werden müssen, aber es würde ungefähr 80 Prozent eurer Zahnspangen einsparen. Erst ungefähr mit diesem Zeitpunkt ist eine endgültige Stellung da, die nicht mehr ohne weiteres von allein in gerade Stellung geht.

Insofern ist das Gefühl schon richtig, daß deine Zähne jetzt versuchen, die alte Stellung wieder einzunehmen. Du sollst dir deshalb aber keine allzugroßen Sorgen machen, sondern Lockerungsübungen im Kiefer durchführen. Was für dich äußerst günstig wäre, ist singen. Das kannst du allein tun oder unter der Dusche, aber du solltest dir überlegen, ob du nicht vielleicht für ein paar Monate einem Chor beitreten möchtest. Es geht darum, den Unterkiefer zu lockern. Das geht natürlich auch mit entsprechenden Übungen.

Bei dir sind vor allem vorsichtige Gesichtsmassagen angebracht, denn das Zu-eng-Stehen der Zähne bedeutet, daß du eigentlich meinst, viel zu viel Kraft zu benötigen, um beispielsweise irgend etwas von dir selber durchzusetzen. Es werden sozusagen fast mehrere Zahnreihen gebildet, wie bei einem Haifisch. Die Fehlstellungen sind ja auch fast ausnahmslos im vorderen Gebißbereich.

Eine Spange ist in diesem Alter ein relativ starker Eingriff in die ersten Versuche, die Eigenpersönlichkeit durchzusetzen. Daß diese Durchsetzung nicht ohne Weh vonstatten geht und sich dadurch auch in den Zähnen äußert, ist ja eigentlich normal. Wie gesagt, deine Zähne werden mit ziemlicher Sicherheit in ein paar Jahren eine natürliche Stellung finden. Im Moment möchte ich wirklich von einer weiteren Kieferkorrektur abraten, denn sie kostet höchstens ein paar Zähne, und dann ist der ganze Nutzen wieder dahin. Eine Lockerung des Kiefers wäre dagegen, wie schon gesagt, sehr angebracht.

Durch eine Spange wird eine künstliche Stellung verankert, die energetische Spannung innen aber ist eine andere. Dadurch kommt es gewissermaßen innerhalb des Kiefers zu Energiestauungen, die sich nicht natürlich entladen können. Dadurch kann es sogar zu abgestorbenen Zähnen kommen, da manche Zähne einfach mit Energie überversorgt und andere unterversorgt werden.

Ich habe auch hin und wieder starke Zahnschmerzen und der Zahnarzt findet keine Ursache.
Das ist so eine Energiestauung, die den ganzen mittleren Gesichtsnerv miteinbezieht. Die Ursache liegt sozusagen in der jetzigen Fehlstellung: Die Zähne sind zwar gerader geworden, aber für deine eigene Energie stehen sie nicht richtig, verstehst du? Dadurch kommt es in bestimmten Streßsituationen eben zu Stauungen, die sich dann in einer Überreizung der Nerven äußern. Das ist es, was ich gemeint habe, als ich sagte, daß unter Umständen sogar Zähne durch eine Regulierung absterben können. Abhilfe schafft hier wiederum eine völlige Entspannung des unteren Kiefers. Du solltest in diesem Fall darauf achten, ob du zuviel krampfhaft gelacht hast, zu energe-

tisch warst, zu fröhlich warst, obwohl es gar nicht deiner inneren Stimmung entsprach. Du solltest also dein Gesicht daraufhin kontrollieren, ob eine Verspannung des Kiefers durch ein krampfhaftes Lachen vorliegt und solltest es ausgleichen.

Den Energieüberschuß, der sich dann in den Zahnschmerzen äußert, kannst du dadurch lindern, daß du gewissermaßen mit dem Finger eine Art Ableitung schaffst für diese Energie. Auch hier hilft wieder das Singen.

Wie ist das mit den Löchern in den Zähnen ganz allgemein und warum bilden sie sich meistens schon in der Kindheit und Jugend?

Ein Großteil eurer Karies entsteht in der Tat durch das falsche Zähneputzen, weil ihr von klein auf sozusagen gewarnt werdet, daß eure Zähne kaputtgehen könnten, wenn ihr sie nicht richtig pflegt. Gerade durch diese Pflege aber werden mehr Schäden verursacht als verhindert.

Ihr pflegt weder eure Knochen noch eure Zunge und bekommt dort trotzdem keine Löcher. Die Zähne sind aus ähnlichem Material wie eure Nägel. Eure Fingernägel bekommen auch keine Karies. Gut, sie wachsen nach, aber eure Zähne sind auch darauf angelegt, nachzuwachsen, immer neuen Schmelz zu bilden, weil er sich ja auch ständig abreibt. Eure Zähne wachsen also auch ständig nach. Ihr könntet ja einmal den Versuch machen, eure Fingernägel dreimal am Tag so intensiv zu putzen wie die Zähne und zwar vom ersten Fingernagel an.

Ich möchte damit nicht sagen, daß ihr eure Zähne nicht mehr putzen sollt. Es geht vor allem um die Einstellung. Oft sind natürliche Reinigungsmittel – ein Apfel, rohe Früchte, Salat als Abschluß einer Mahlzeit – durch ihren natürlichen Säuregehalt weitaus eher geeignet, ein gesundes Milieu in eurem Mundraum zu bilden als die scharfen Reinigungsmittel.

Alles, was scharf ist, was euch die Tränen in die Augen treibt, das schmeißt aus eurem Badezimmer hinaus, sofort!

Auf biologischer Basis gibt es ja Zahnpasten auf Salzbasis. Die sind durchaus geeignet, aber eine natürliche Schicht um den Zahn herum wird auch durch diese immer wieder zerstört. Dadurch die hohe Anfälligkeit. Ähnlich natürlich das Waschen mit Seife, was die Haut betrifft.

Ihr seht eure Zähne als sehr stark an und schrubbt auf ihnen herum. Ich rate euch zu weichen Bürsten, zu sanften Mundduschen. Das sind die äußeren Ursachen.

Die inneren Ursachen sind, daß ihr in der Kindheit und besonders in der Pubertät, die allergrößten Lügen oder Zwiespältigkeiten durchmacht, was eure Eigenenergie und die Durchsetzung derselben betrifft.

Im Alter zwischen 14 und 21 spürt ihr sehr stark, wer ihr seid, und wollt das eben auch durchsetzen und hier werden in der Tat ganz grundlgende Weichen gestellt – auch bei den Zähnen. Das ist zwar im Nachhinein etwas schwierig, aber dennoch zu heilen. Ihr spürt, wer ihr seid und was ihr tun wollt und ihr spürt das äußest intensiv. Ihr habt zum erstenmal das Gefühl: Das will ich tun, und das werde ich tun, und das werde ich durchsetzen. Das ist die sogenannte Pubertät. Es taucht auch schon in der Kindheit auf, aber nicht so sehr vom eigenen Willen beeinflußt als vom allgemeinen Willen, etwas auszuprobieren, nicht so sehr von »Ich will ganz bestimmt das und das, egal, was die Eltern sagen, egal, was die Schule sagt.«

Gleichzeitig paßt ihr euch aber gerade in dieser Zeit ungeheuer stark an, an eine Gruppe, die euch scheinbar unterstützt. Ihr habt Streit mit euren Eltern, weil sie eure eigene Energie scheinbar nicht unterstützen, und ihr erfahrt immer wieder, daß eure eigene Energie scheinbar nicht gefragt ist. Dazu gehört nämlich auch bespielsweise das Problem der Zahn-Fehlstellung: Ihr paßt mit eurer noch unkontrollierten Kraft und Energie nicht in das Kollektiv hinein, habt keine ganz geraden Zähne, sondern sie wachsen noch ein wenig kreuz und quer.

Wichtig wäre – und auch wenn ihr eine Übung macht, müßt ihr in diese ganz intensive Zeit des »ich bin« und »ich will« zurückgehen –, herauszufinden, welche *beliefs* zu dieser Zeit entstanden sind. Überlegt euch, weshalb ihr irgend etwas nicht durchgesetzt habt oder nur in Gedanken oder nur heimlich. Überlegt euch, welche Streitigkeiten oder auch nur welche Unausgesprochenheiten ihr mit euren Eltern hattet. Nehmt diese *beliefs* ganz bewußt wahr. Wenn eure Zähne noch immer schlecht sind von daher, dann habt ihr diese *beliefs* auch immer noch, ebenso die Gefühle.

Euch wurde gesagt, ihr müßt euer Image, eure Zähne, eure Kraft ständig pflegen, weil sie sonst verfallen. Ihr müßt also ständig üben. Ihr müßt nach jedem Essen, also nach jedem Aufnehmen von außen, eure Eigenenergie reinigen. Das ist Unsinn, denn wieso soll etwas, das ihr von außen aufnehmt, euch schädigen können?

Zucker hat hier eine ganz spezielle Wirkung, denn gerade in eurer Kultur wird sehr viel Zucker deshalb gegessen oder auch gegeben, um einen Eigenimpuls zu unterdrücken oder umzuwandeln: Anstatt Zuwendung, Aufmerksamkeit oder Auseinandersetzung erhält das Kind ein Bonbon. Deshalb greift Zucker die Zähne an, verstehst du? Nicht, weil die Zähne den Zucker nicht verarbeiten könnten.

Warum sind meine Zähne so gut, obwohl mein Vater auch dahinter her war, daß ich sie pflege?
Er hat dir aber ein anderes Glaubensmuster mitgegeben: Er hat dir mitgegeben, daß deine Eigenenergie von *innen* heraus gestärkt wird und auch durch Vermeidung bestimmter Ersatzbedürfnisse: durch Vermeidung von Schokolade, Süßigkeiten und von innen heraus durch Fluor – im übrigen keine unbedingt empfehlenswerte Therapie, aber eine die deswegen wirkt, weil man dem Kollektiv, das ja annimmt, daß mit sechs, sieben Jahren die ersten Löcher da sein müssen, entgegensetzen kann: »Nein, denn ich nehme ja Fluor.« Es ist viel schwieriger zu sagen: »Nein, ich nehme Bach-Blüten« oder »Nein, ich bin gesund und esse Äpfel.«

Du hast deine Einschränkungen als Jugendlicher relativ ehrlich durchlebt. Sie waren dir sehr bewußt, während die Zahnprobleme dort auftauchen, wo sie eben nicht ins Bewußtsein gelangen. Das hat nichts damit zu tun, daß du keine Kämpfe ausgefochten hättest, sondern, daß da keine Lüge aufgetaucht ist, etwas, das bei dir nicht ins Bewußtsein gelangt ist.

Ich möchte noch einmal betonen, daß ich jetzt verschiedene Ratschläge gegeben habe, die in sich natürlich nicht ganzheitlich waren. Ich setze schon voraus, daß ihr selber wißt, daß nicht allein die Joghurtpackung und das Weglassen bestimmter Waschmittel hilft, sondern nur das gesamte Programm eine wirkliche Heilung bringen kann. Also: *beliefs* aufschreiben, Gefühle ansehen, Energiebehandlungen, äußerliche und innerliche körperliche Anwendungen.

Ihr braucht nicht sofort anzufangen. Schreibt euch zuerst einmal ein Programm auf und seht zu, daß alle Bereiche abgedeckt sind. Als Hilfe: Körper, Seele (Emotionales), Geist (Intellekt), spirituelles Element. Alle Bereiche müssen jeweils abgedeckt sein und zwar auf jeder Ebene, das heißt, ihr bräuchtet zu jeder Krankheit mindestens 16 Behandlungsmethoden, ist euch das klar? Das klingt jetzt nach sehr viel, aber ihr macht das sehr häufig von selbst schon so.

N. (12 Jahre) braucht nun eine Brille. Weshalb?
Das hat erstens damit zu tun, daß er mehr nach innen schaut, dafür aber die äußere Welt nicht mehr so sehr wahrnehmen will. Nicht umsonst heißt es, daß Leute oft intelligenter oder gelehrter aussehen, wenn sie eine Brille tragen. Das heißt, er beschäftigt sich nicht mehr so sehr mit dem Physischen, sondern mehr mit dem Inneren, mit dem Gedanklichen.

N. hat sich im letzten halben Jahr sehr verändert, beispielsweise hat er momentan ein großes Bedürfnis, allein zu sein, auch ein wenig zu träumen und so weiter. Im Gegensatz zu früher hat er weniger Lust, etwas physisch zu verändern. Er sieht im Moment für sich keine andere Einstellungsmöglichkeit als die Kurzsichtigkeit.

Er möchte auch ganz bestimmte Situationen, die er physisch angehen müßte, einfach nicht sehen – beispielsweise sein unaufgeräumtes Zimmer –, weil sie zu stark in Diskrepanz zu seiner inneren Haltung stehen. Er fühlt sich wohl, wenn er jedoch sein Zimmer genau ansehen würde, dann müßte er etwas tun und würde aus seinem Nachdenken herausgerissen.

Seine Kurzsichtigkeit ist also eine Überbrückungsmaßnahme, um in eine neue Situation hineinzuwachsen. In zwei drei Jahren wird sie verschwinden.

Er sollte im Moment keinesfalls die Sehhilfe ständig aufbehalten, denn er sollte erleben, wie er die Dinge im Moment sehen will. Das gilt im übrigen für alle Brillenträger.

Woher kommen meine Rückenschmerzen?
Solarplexus- und Herzchakra sind teilweise blockiert.

Der Grund ist, daß du trotz mannigfaltiger Aktivität das Gefühl hast, deine eigentliche Energie nicht ausdrücken zu können, weder deine eigentliche Lebens- noch deine eigentliche Liebesenergie. Wenn jemand sehr viel aktiv tut und trotzdem die Früchte seiner Arbeit für ihn selbst nicht befriedigend sind, resultieren daraus eigentlich immer Rückenschmerzen.

Somit sei dir angeraten, mehr das zu tun, was du für dich verändert haben willst, beispielsweise die Wohnung umzugestalten. Insgesamt möchtest du physisch weit mehr verändern, vor allem dauerhaftere Dinge tun als beispielsweise Brotbacken. Nichts gegen das Brotbacken, es ist eine wunderbare Sache. Aber das Brot ist sehr schnell aufgegessen und dann sind die Schmerzen wieder da.

Es ist nicht so, daß du keine Lust hast, die Wohnung anzupacken, sondern du stellst zu hohe Ansprüche an dich. Euer Problem ist, daß ihr wollt, daß die Dinge von heute auf morgen fertig werden, so wie das Brot. Aber so schnell wie die Dinge entstehen, so dauerhaft sind sie meistens auch.

Weshalb nehmen Krebserkrankungen so zu – oder kommt uns das nur so vor?
Früher gab es ähnliche Krankheiten, aber es ist in der Tat so, daß diese Selbstzerstörung – die der Krebs ja letztlich ist, indem er sozusagen körperungeeignete nicht ins Gesamte hin-

einpassende Zellen im Übermaß produziert – zunimmt. Es ist keine Ausgewogenheit da. Krebs entsteht ja nur aus einer mangelnden Ausgewogenheit. Es ist ein Wachstum an der falschen Stelle, Wachstum um jeden Preis, Wachstum da, wo es nicht hingehört.

Natürlich gibt es äußere Ursachen, aber wenn ihr krebserregende Nahrungsmittel weglaßt, dann bekommt ihr ihn möglicherweise durch irgendeine Strahlung. Ihr holt ihn euch schon, wenn ihr ihn »braucht«.

Ihr wachst innerlich an der falschen Stelle, indem ihr euch beispielsweise nur auf eine Sache konzentriert und das Ganze außer acht laßt. Es gibt verschiedene Ursachen, und es ist immer schwierig, eine Krankheit global abzuhandeln.

Wenn ihr beispielsweise Darmkrebs habt, wird zuviel oder zuwenig zur Verdauung getan und es muß darum körperlich abgehandelt werden, denn in den meisten Fällen wird zwar alles hineingestopft, es wird alles genommen, aber nichts verdaut. Es wird alles aufgenommen, aber nicht mehr verwertet. Das bezieht sich auf alles, auf Materielles, auf Information, einfach auf alles – Wohlstandsgesellschaft. Es ist einfach ein Zuviel, ohne es zu brauchen. Zuviel Feuer ist tödlich, zuviel Wasser ist tödlich. Es geht um die richtige Ausgewogenheit. Das nur eben als Beispiel.

Eine andere Krankheit, die anscheinend sehr zunimmt, ist Diabetes. Wofür ist sie ein Symbol?
Nun, ihr habt sehr viele Krankheiten, die eigentlich gar nicht in diesem Sinn Krankheiten sind, sondern eher so etwas wie vorübergehende Allergien. Sie haben auch damit zu tun, daß anstatt mit Menschen oder Dingen wirklich in Kommunikation zu treten, einfach hineingestopft wird. Es ist kein Austausch, es ist kein Sich-öffnen, es ist kein »Lieben« da. Ich bin mit diesem Wort immer sehr zurückhaltend, aber es geht im Grunde um das Lieben, das Sich-einlassen und nicht um das einfache Konsumieren.

Zucker ist reine Energie und steht auch für Liebesenergie.

Du bist nicht mehr in der Lage, ihn abzubauen, du gibst ihn nicht mehr ab und deshalb bekommst du auch scheinbar von außen keinen mehr, verstehst du? Wenn du dich nicht öffnest, dann kann nichts zu dir durchdringen. Du versuchst aber das zu kompensieren, indem du immer mehr Zucker, Süßes oder irgend etwas, das damit in Verbindung steht, in dich hineinstopfst. Der Mensch strebt ja zum Ausgleich. Du konsumierst also auf allen Ebenen, auch auf der körperlichen, immer mehr Süßes. Das können übrigens durchaus auch Seminare sein! Es gibt sehr viele Süchtige bei euch. Das können durchaus immer neue Heilslehren sein, das kann die Wanderung von einem Guru zum nächsten sein oder das Ausprobieren von einer Diät nach der anderen, das Ausprobieren von einem Arzt nach dem anderen. Jeder hat da ein anderes Syndrom, aber letztlich sind eure »Zivilisationskrankheiten« alle relativ ähnlich, nur sind die Menschen verschieden, und jeder drückt es anders aus. Es ist aber das mangelnde Sich-öffnen, Geben und Einlassen. Es ist das Verschließen. Und die dadurch entstehende Leere und Starre wird zu füllen versucht durch immer mehr Konsum. Das funktioniert nicht. Es kann nicht mehr verwertet werden. Man stirbt daran. Denn wenn du immer nur einatmest – Asthma ist etwas ähnliches –, nichts mehr hergibst, Angst hast vor dem Tod, Angst hast vor dem Negativen, nicht ausatmest aus Angst, daß für den nächsten Atemzug keine Luft mehr da ist, dann funktioniert nichts mehr.

Daß ihr von Altersdiabetes sprecht, die angeblich fast jeder in einem bestimmten Alter hat, das hat mit der Verhärtung zu tun, die ja in eurer Zeit sehr häufig auftritt im Laufe des Lebens, das heißt, die äußeren *beliefs* verändern sich sehr schnell, und daher sind bei euch die meisten alten Leute nicht mehr weise, sondern verhärtet. Sie können sich nicht mehr öffnen. Es ist auch eine schwierige Zeit für sie, denn sie wollen ihre alten Überzeugungen verteidigen. Es hat sich in den letzten Jahren so viel verändert, daß es für sie tatsächlich schwierig ist. Also habt auch ein wenig Mitleid und geht auf sie zu, denn das, was sich verändert hat in den letzten hundert Jahren, innen wie außen, ist *enorm* in dieser Übergangsphase. Die Welt ist in keiner Weise mehr so, wie sie sie vor dreißig, vierzig oder fünfzig Jahren als die ihre gesehen haben. Und ihr wißt ja, wie es ist, wenn sich die *beliefs* außen verändern: Ihr versucht, dagegen anzukämpfen und euch abzublocken. Nehmen wir nur einmal den Verfall der Kirchen: Es gibt keine inneren stabilen Werte mehr. Es gibt plötzlich einen Fernsehapparat mit hundert möglichen Programmen, es gibt Videorecorder. Es ist überhaupt nicht außergewöhnlich, mit dem Flugzeug schnell irgendwohin zu jetten. Früher war eine Reise mit dem Zug etwas Unglaubliches. Die Welt hat solche Sprünge gemacht, daß es für alte Leute tatsächlich schwierig ist, da mitzuwachsen. Deshalb gibt es in eurer Gesellschaft so viele verhärtete Alte. Es ist allerdings auch so, daß sie eure verhärteten alten *beliefs* verkörpern. Es gibt sehr viele speziellen Alterskrankheiten, wie etwa die starke Verknöcherung, die oft im Alter eintritt. Es ist nicht so, daß man typischerweise im Alter verknöchert und sich nicht mehr so bewegen kann, es ist speziell bei *euren* Alten so.

Wie sieht es denn mit dem großen Komplex der Herzkrankheiten aus?
Sicherlich gab es früher auch sehr viele Krankheiten, aber die Menschen sind daran gestorben. Das darf man nicht vergessen. Es gab also auch früher Krebs und Zuckerkrankheit und sämtliche Zivilisationskrankheiten. Es gab immer Krankheiten. Sie fallen euch nur so auf, weil ihr irgendwie glaubt, bei eurer Medizin dürfe es doch keine Krankheiten geben. Und je mehr ihr dagegen ankämpft, desto schlimmer werden sie. Man hat früher gegen Krankheiten nicht so gekämpft. Man ist auch früher gestorben, aber es gab auch Zeiten, da hat man sehr viel länger gelebt.

Herzkrankheiten haben natürlich – das sagt euch ja der Name »Herz« schon – etwas mit dem Sich-öffnen zu tun, mit dem Lieben, mit dem Sich-einlassen auf das, was ist. Ihr seid wie Maschinen. Denkt an die »Managerkrankheit«! Zum

Schluß müßt ihr eurem Herzen auch noch »Schritt machen«. Das ist eine fürchterliche Vorstellung. Ihr diktiert euren Gefühlen, zu welchen Zeiten sie sich zu öffnen und zu schließen haben. Das Herz pumpt, atmet ein und aus, und wehe es tut das nicht regelmäßig, wehe, es bleibt einmal stehen vor Schreck, wehe, es rennt einmal zu schnell, weil man sich verliebt hat oder aufgeregt ist! Ein Schrittmacher: ein Takt exakt wie die Legehühner in der Legebatterie, genau acht Stunden am Tag arbeiten ... Versteht ihr? Es ist die totale Kontrolle. Und euer Herz spielt natürlich verrückt dabei, also die Gefühle, denn ihre körperliche Entsprechung ist das Herz. Ein Herzschrittmacher kommt bei solchen Menschen vor, die sich total und permanent kontrollieren.

Du hast gesagt, es gab Zeiten, da haben die Menschen viel länger gelebt. Die Wissenschaft streitet sich ja noch über die physischen Ursachen des Alterns. Einige sagen, es sei in den Genen programmiert, andere sprechen von Verschleiß. Wie siehst du das?
Euer Körper richtet sich nach euren Glaubenssätzen. Es gibt also in diesem Sinne keinen pyhsischen Alterungsprozeß.

Ihr nehmt natürlich momentan viele Dinge auf, die in irgendeiner Weise auch mit dem Tod zu tun haben, das heißt, ihr nehmt sehr viele tote Dinge zu euch. Das bedeutet, daß die Information in euren Zellen natürlich auch entsprechend eingebaut wird.

Andererseits ist es so, daß ihr eigentlich ohne Nahrung leben könntet, also die Information, die ihr braucht, auch aus der Luft und der Sonne beziehen könntet. Je weiter ihr euch verdichtet, desto schwieriger wird es, denn dann habt ihr immer mehr mit Mangel zu tun. Je größer eure Bäuche und eure Kühlschränke werden, desto größer ist die Angst vor Mangel, denn auch der größte Kühlschrank ist einmal leergegessen.

Der Alterungsprozeß tritt in eurer Zivilisaton vor allem dadurch ein, daß ihr das Gefühl habt, abzubauen, daß nicht ständig etwas Neues nachfließt und nachwächst. Ihr habt diese

Erfahrung nicht mehr, weil ihr immer nur versucht zu vertuschen und zu verdecken, daß es Tod gibt. Dadurch erlebt ihr aber nie, daß es nur ein Wandel ist, daß immer etwas nachkommt.

Ihr dürft euch nicht verändern, denn es ist »Jugend angesagt.« Daß es eine innere Schönheit gibt, seht ihr nicht. Das Altern ist in eurer Gesellschaft etwas, das als verpönt gilt. Man darf nicht altern, deshalb altert ihr auch alle so maßlos häßlich, denn ihr verknüpft Altern mit Häßlichkeit. Es gibt aber inzwischen einige Menschen, und es werden immer mehr, die nicht häßlich werden, sondern immer hübscher, wenn sie altern. Das hat mit der inneren Wandlung zu tun.

Eigentlich ist es so, daß ihr euren Körper jederzeit freiwillig aufgeben könnt, aber nicht müßt. Der physische Alterungsprozeß hat nur damit zu tun, daß ihr immer mehr tote alte verfallene Dinge in irgendeiner Form ansammelt.

Euer Altern ist nicht programmiert. Das wäre ja eine schöne Entschuldigung, da bräuchtet ihr euch ja nicht zu verändern. Auch euer Herz ist nicht programmiert, es schlägt einmal schneller und einmal langsamer, versteht ihr?

Das Problem ist, daß ihr nicht freiwillig lebt und sterbt. Das Problem ist der Kampf. Ihr habt doch kollektiv das Gefühl, daß ihr verdammt seid, hier zu leben und daß ihr dann irgendwann sterben müßt und weder zum einen noch zum anderen etwas dazutun könnt. Das ist schrecklich, ihr seid dann doch überhaupt nicht frei! Und gerade diese Menschen schreien am lautesten, daß sie frei wären, weil sie an überhaupt nichts glauben. Sie sind Gefangene, also müssen sie versuchen, diese unendliche Sinnlosigkeit und Leere und Unfreiheit mit irgend etwas zu füllen, mit möglichst viel Konsum, mit Überflüssigem. Aber, wie ihr wißt, letztlich schlägt sich der andere Pol ja wieder durch, das heißt, schlimmstenfalls stirbt der Körper tatsächlich, und dann merken sie schon, daß sie nicht tot sind.

Wenn ihr also zu starr, zu tot geworden seid, dann müßt ihr eben euren Körper ablegen und wieder ganz neu werden. Aber dazu braucht man nicht unbedingt sterben.

Die meisten von euch sterben ja eurer Ansicht nach sozusagen »vor Beendigung des Films«. Sie haben nicht das Gefühl, etwas abgeschlossen zu haben, und sie haben auch nicht das Vertrauen, daß sie bleiben können, so lange sie wollen. Das ist wie bei Spielfilmen, eineinhalb Stunden, dann ist er vorbei, so als hätte jemand die Uhr gestellt. Das ist *Unsinn*. Ihr könnt zehn oder zwanzig oder auch hundertfünzig werden, aber ihr *braucht* auch nicht älter als dreißig zu werden, versteht ihr? Ihr seid frei. Ihr aber glaubt, daß man mit zwanzig oder dreißig das ist, was man erwachsen nennt, mit vierzig reift man langsam, mit fünfzig sollte man sich in etwa in der Welt auskennen und dann wird es langsam kritisch, dann muß man den Wettlauf mit dem Tode antreten. Allein die Worte, die ihr benutzt! In Wirklichkeit seid ihr frei!

Husten und Schnupfen treten häufig auf. Was heißt das? Das hat damit zu tun, daß Altes, was man nicht mehr braucht, herauskommt. Leute, die ständig Schnupfen haben, wollen ständig etwas loswerden und können es entweder nicht loswerden oder wollen es nicht loswerden, wollen aber ihrer Umwelt zeigen, daß da etwas ist, was sie loswerden wollen. Das hat mit Aggressivität zu tun. Man braucht Aggressivität, um etwas sauberzumachen, um etwas wieder auf Hochglanz zu polieren. Alle Erkältungskrankheiten sind eigentlich ein Reinigungsprozeß, wo etwas altes Abgelagertes sowohl körperlich als auch von den *Glaubensmustern* her – das geht ja immer zusammen – herauskommt.

Bei euch leiden ja eigentlich die Gesünderen häufiger an diesen Dingen, denn sie können noch sehr schnell reagieren, etwas loswerden. Sie sind innerlich »sauberer«.

Ein chronischer Husten ist so, wie wenn jemand einen Putzfimmel hat: Man will etwas ganz anderes loswerden als das, was man denkt. Putzfimmel hat ja damit zu tun, daß sich jemand innerlich beschmutzt fühlt und dann wie wild beispielsweise die Fenster putzt.

Man kann aber Erkältungen auch vermeiden, indem man

innerlich erst gar nicht soviel ansammelt. Wenn ihr den Müll jeden Tag hinaustragt, dann werdet ihr nie vor einem Hausputz stehen, wie ihn Husten und Schnupfen darstellen. Obwohl natürlich ein jährlicher Frühjahrsputz auch Spaß macht. Aber stellt euch vor, ihr geht mit euren *beliefs* und mit eurem Körper analog so um, daß ihr soviel Müll hineinstopft, daß schon alles überquillt und stinkt! Irgendwann bricht die Tür und der Müll quillt heraus. Das sind körperliche Stoffe, die ihr aber analog zu euren inneren Überzeugungen angesammelt habt.

Natürlich gibt es äußere »Verursacher« für Erkältungen, aber das sind nicht die wirklichen Verursacher. Man kann nicht sagen, daß man von Kälte Schnupfen bekommt, aber wenn ihr innerlich schon bis zum Rande voll seid, dann begebt ihr euch auch noch in die Kälte und eßt die Dinge, die Schnupfen auslösen können. Es ist wie bei Katzen, die Gras fressen, damit sie sich übergeben können. Das ist ja auch ganz klug von euch, denn dann solltet ihr eigentlich gezwungen sein, euch zweieinhalb Tage ins Bett zu legen und einmal nichts zu tun, nichts aufzunehmen, auch nichts zu essen. Ihr habt dann ja auch gar keinen Hunger. Welcher Unsinn, ein krankes Kind zu zwingen, etwas zu essen, oder euch selbst! Es soll ja herauskommen, was zuviel ist, sonst ist es ja wie ein Hausputz, bei dem man mehr Dreck macht als beseitigt.

Wie geht ihr aber vor? Das erste Anzeichen von Schnupfen, und es wird sofort etwas dagegen getan – und zwar nicht, daß die Nase besser läuft, sondern, daß das sofort aufhört. Das geringste Anzeichen von Kopfschmerz, alle Warnsignale werden sofort ausgeschaltet. Ein Kind kann doch heute nicht mehr eine Woche von der Schule wegbleiben, es kann keine Masern mehr haben, es kann die ganzen Kinderkrankheiten nicht mehr durchleben.

Es ist nicht so, daß man krank sein *muß*, denn, wie gesagt, wenn ihr gar nicht erst zuviel ansammelt, bleibt ihr gesund. Auf der anderen Seite ist Krankheit aber der Reinigungsprozeß, und welcher Unsinn zu sagen, »das Müllhinaustragen ist schlecht, vergrößern wir halt den Müllbehälter und nageln die

Türen zu.« Je älter ihr werdet, desto schwieriger wird es aufgrund dieses ständigen Unterdrückens und Türenzuschlagens, bis es schließlich chronisch wird. Es kann nicht mehr heraus, es muß im Körper bleiben, es wird Krebs oder etwas anderes daraus, denn wo soll es denn hin? Es greift den Körper an, so wie der Müll, der irgendwann die Wände angreift, Schimmel verursacht und ähnliches.

Weshalb können sich Zähne nicht genauso regenerieren wie beispielsweise Knochen? Knochenbrüche wachsen ja wieder vollständig zusammen?

Zahnschäden könnten sich so regenerieren, natürlich. Es hat aber damit zu tun, daß ihr euch die Zeit dazu gar nicht nehmt. Erstens müßtet ihr in dieser Zeit fasten, damit die Zähne rein physisch nicht ständig wieder mit dem konfrontiert werden, was die Karies verursacht hat.

Natürlich ist die Nahrung allein nicht die Ursache. Zähne haben mit Durchsetzung, mit Aggressivität, mit Kauen zu tun. Wenn sie Schaden gelitten haben, dann müßtet ihr eine Zeit Ruhe haben, nicht beißen müssen, euch nicht durchsetzen müssen. Wann könnt ihr das denn, wenn ihr euch nicht einmal eine Woche für eine Grippe ins Bett legen könnt? Hättet ihr ein Jahr lang Zeit und würdet euch einmal ausruhen und öffnen, dann würden sich die Zähne regenerieren. Welcher Knochen heilt denn, wenn er nicht geschont wird? Bei komplizierten Knochenbrüchen liegt ihr doch auch ein halbes Jahr in Gips im Krankenhaus und bewegt euch nicht. Eure Zähne aber bleiben in Bewegung, also wie sollen sie denn heilen?

Außerdem solltest du dich auch nicht durchsetzen müssen. Du wärst auf die Hilfe der anderen angewiesen, du müßtest dich fallenlassen. Das geht zwar, wenn ihr ein Bein in Gips habt, aber wer traut sich das mit zwei gesunden Beinen?

Außerdem, welcher Knochenbruch würde denn heilen, wenn ihr ihn sofort so kompliziert verlötet, daß man gleich wieder laufen kann? So macht ihr es aber mit euren Zähnen. Dann können sie nicht mehr zusammenwachsen – beziehungsweise auch das ginge mit sehr viel Willenskraft, aber doch ungleich schwieriger.

Was hat die Kurzsichtigkeit bei einem Erwachsenen für eine Bedeutung, und läßt sie sich wieder normalisieren?
Die Kurzsichtigkeit hat mehrere Bedeutungen. Die erste Bedeutung ist, daß man die Welt so exakt oder scharf wie sie ist, nicht wahrnehmen will oder nicht wahrnehmen soll. Beispielsweise besteht sonst die Möglichkeit, sich zu sehr ins Detail zu verlieren. Die andere Seite ist, daß man die Schärfe der Welt nicht erträgt. Es treffen eigentlich immer beide Möglichkeiten mehr oder weniger stark zu. Sie treten auf alle Fälle immer gemeinsam auf, das heißt, es ist nicht ein Entweder-Oder, sondern eher eine Mischform.

Es reicht nicht, diesen berühmten Satz zu sagen: »Was will ich nicht sehen?« Es ist sehr viel besser, wenn ihr die Kurzsichtigkeit erst einmal akzeptiert. Es geht darum, daß ihr euch als das annehmt, was ihr im Moment seid und einfach davon ausgeht, daß es so, wie es im Moment ist, *richtig* ist und daß ihr nicht wieder am Verändern seid.

Nehmt einmal die Welt wirklich kurzsichtig wahr. Ihr müßt es *lieben.* Ich weiß, daß ihr oft im Alltag eine Sehhilfe braucht, aber ihr müßt euch an eure Sichtweise gewöhnen, ihr müßt euch mit ihr erst einmal anfreunden, wenn ihr zum Beispiel von kleinauf eine Brille getragen habt oder auch jetzt noch die ganze Zeit eine auf der Nase sitzen habt. Es geht darum, daß ihr voll und ganz erlebt, warum und daß ihr die Welt kurzsichtig seht: verschwommen, weich. Nur die Dinge, die relativ nah sind, sieht man in mehr oder weniger großer Schärfe.

Man sieht andere Dinge als andere Leute, erkennt die Leute beispielsweise eher an charakteristischen Bewegungen statt an den Gesichtszügen.
Richtig, es ist eine andere Form der Wahrnehmung. Es sind auch andere Farben, die ein Kurzsichtiger wahrnimmt, weil die Farben eine ganz andere Bedeutung gewinnen. Es werden

eher Schwingungen wahrgenommen. Ihr nehmt aber auch sehr viel leichter die Ausstrahlung eines Menschen oder eines Gegenstandes wahr, beispielsweise über die Farben oder über irgend etwas anderes, als sagen wir jetzt einmal ein Weitsichtiger. Die Welt hat für euch nicht diese realistische Schärfe. Das kannst du nun positiv oder negativ für dich sehen. Ich nenne es einmal wertfrei, daß die Realität gewissermaßen nicht nur als Realität wahrgenommen wird, sondern auch in etwas mystisch Darüberliegendem. Es gibt keine klare Grenze zwischen der Realität und dem anderen. Nur die Dinge, die ganz unmittelbar um den Kurzsichtigen herum sind, sind ganz greifbar. Sicherlich der ganz normale Alltag: Man muß aufstehen, auf die Toilette, man putzt sich die Zähne und so fort. Aber das Leben insgesamt ist eher von einer Mystik, von einem Zauber durchzogen.

Dann sind die Kurzsichtigen also eher diejenigen, die man als Traumtänzer bezeichnet?

Ja, richtig. Was nun der einzelne für sich als negativ oder positiv empfinden kann.

Der einzige Weg zur Normalsichtigkeit führt über ein Traumland, der einzige Weg führt über die Wunschvorstellung. Man muß sich *vorstellen* können, klar zu sehen. Es gibt natürlich inzwischen auch einigermaßen praktikable Methoden einer operativen Beseitigung. Davon möchte ich aber jetzt nicht sprechen. Ich halte es auch nicht unbedingt für ideal, da die Rückbildung oftmals zu gewaltsam geschieht und dafür andere Symptome auftreten können. Das kann aber durchaus für jemanden, der fast blind ist, lebensrettend sein.

Wie gesagt, der Weg führt zunächst einmal über die völlige Akzeptanz, man muß zunächst also einmal vergessen, daß man wieder klar sehen will. Das ist natürlich ein Problem.

Man muß sich zunächst einmal auseinandersetzen auch mit der Hilflosigkeit, die es mit sich bringt, kurzsichtig zu sein. Es ist ein Paradoxon: Wenn ihr wieder klar sehen wollt, dürft ihr nicht mehr klar sehen *wollen*. Ihr müßt es aber trotzdem glauben. Es sind wirklich Paradoxen. Jede Wahrheit ist ein Paradoxon. Und es geht natürlich nicht mit dem Willen, indem ihr für ein Wochenende die Brille abnehmt und intensiv versucht, euch mit eurem schlechten Sehen anzufreunden, um dann wieder klar sehen zu können. Wenn man sich wirklich damit angefreundet hat, ist es einem egal, daß man kurzsichtig ist – und in diesem Moment können Wunder geschehen.

Natürlich gibt es Sehtraining. Es ist für viele Menschen zu empfehlen. Das ist aber ein Schritt, der erst sinnvoll ist, wenn man sich mit dem, was die Kurzsichtigkeit für einen bedeutet, wie man sich damit fühlt, absolut angefreundet hat. Ihr macht das Sehtraining dann eher aus Spielerei und nicht, um unbedingt wieder besser sehen zu können. Das ist ja der beste Weg, um noch kurzsichtiger zu werden, wenn ihr meint, daß die Dinge so gefährlich sind, daß ihr sie ganz gut sehen müßtet.

Genauso wie die Kurzsichtigkeit von allein eingetreten ist, läßt sie sich auch von allein wieder normalisieren. Vertraut einmal darauf: Eure Augen haben sich von allein verändert in die Kurzsichtigkeit hinein, also haben sie auch die Fähigkeit sich wieder zu verändern in die Normalsichtigkeit hinein. Das ist doch logisch.

Es gibt, glaube ich, den gefährlichen kollektiven Glaubenssatz, daß die Sehkraft mit dem Alter nachläßt. Das muß doch nicht so sein, oder?
Natürlich nicht. Es gibt ja auch genügend Menschen, die im Alter sogar besser sehen. Erkundigt euch einmal in eurem Bekanntenkreis. Es gibt erstaunlich viele, tatsächlich. Die Sehkraft läßt eigentlich nur dann nach, wenn man sich mit diesen mystischen, phantastischen Bereichen, für die es ja jetzt langsam Zeit wird, nicht genügend auseinandersetzt. Aber das ist jetzt so pauschal, daß ich ein »Vorsicht, pauschaliert« davorsetzen möchte.

Nun, dann hoffe ich, daß ich euch einige Anregungen gegeben habe, die euch ein Stückchen weiter geöffnet haben für das, was ihr eigentlich seid. Ich wünsche euch viel Vergnügen mit euch selbst.

SCHLUSSWORT

Alles, was ihr gelesen und in euch nachgespürt habt, wird euch sehr vertraut – allzu vertraut – vorkommen und gleichzeitig allzuoft völlig unmöglich in bezug auf eure momentane Situation. Ich meine, daß ihr annehmt, daß das zwar rein theoretisch richtig ist, ja daß ihr sogar völlig davon überzeugt seid, *daß* es richtig ist. Ihr wißt es, ihr spürt es, es »schwingt« in euch, auf der anderen Seite ist aber scheinbar genau *eure* augenblickliche Situation im Leben *nicht* betroffen. Dieser Zustand ist menschlich. Achtet nicht auf ihn. Das bedeutet nicht, daß ihr ihn wegdrängen sollt. Achtet einfach nicht allzusehr auf ihn, nehmt ihn wahr, aber bleibt trotzdem bei diesem, was in euch angerührt wurde. Alles, was in euch angerührt wurde, alles, was ich euch in diesem Buch gesagt habe, ist auf *jeden* Bereich eures Lebens übertragbar. Das wißt ihr auch. Ihr habt die Kraft, es umzusetzen. Ihr seid nicht allein damit.

Ich wünsche euch, daß ihr, ohne euch allzusehr zu verlieren, einfach, gerade, mutig und freudig den Weg gehen könnt, von dem ihr wißt, daß ihr ihn gehen werdet. Und wie ihr auch wißt, begleite ich – das, was ich für euch bin – euch dabei.

Aaron

Auf diesem Coupon können Sie, liebe Leserin und lieber Leser, eine Frage an Aaron stellen, die von allgemeinem Interesse ist. Wir veröffentlichen eine Auswahl der beantworteten Fragen in unserer Kundenzeitschrift *esoterik aktuell* (erhältlich im Buchhandel oder beim Verlag).

Meine Frage an Aaron:

Bitte einsenden an:

Verlag Hermann Bauer
Lektorat
Postfach 167
79001 Freiburg